프루스트가 사랑한 작가들

프루스트가 사랑한 작가들

초판 1쇄 발행 | 2012년 10월 25일
초판 2쇄 발행 | 2024년 5월 20일

지은이 | 유예진
펴낸이 | 조미현

책임편집 | 서현미
교정교열 | 장미향
디자인 | 주수현

펴낸곳 | (주)현암사
등록 | 1951년 12월 24일 제10-126호
주소 | 04029 서울시 마포구 동교로12안길 35
전화 | 365-5051 · 팩스 | 313-2729
전자우편 | editor@hyeonamsa.com
홈페이지 | www.hyeonamsa.com

유예진 ⓒ 2012
ISBN 978-89-323-1636-9 03860

이 도서의 국립중앙도서관 출판시도서목록(CIP)은 e-CIP홈페이지(http://www.nl.go.kr/ecip)와 국가자료공동목록시스템(http://www.nl.go.kr/kolisnet)에서 이용하실 수 있습니다.
(CIP제어번호: CIP2012004555)

* 이 책은 저작권법에 따라 보호받는 저작물이므로 저작권자와 출판사의 허락 없이
  이 책의 내용을 복제하거나 다른 용도로 쓸 수 없습니다.
* 저작권자와 협의하여 인지를 생략합니다.
* 책값은 뒤표지에 있습니다. 잘못된 책은 바꾸어 드립니다.

* 이 책은 2011년도 정부(교육과학기술부)의 재원으로 한국연구재단의 지원을 받아 연구되었습니다.
  (NRF-2011-35C-A00841)

잃어버린 시간을 찾아가는 열 갈래의 길

프루스트가 사랑한 작가들

유예진 지음

현암사

머리말

잃어버린 시간을 찾아가는 열 갈래 길과
프루스트가 사랑한 작가들

이 책에는 프랑스 현대문학의 장을 열었다고 평가받는 마르셀 프루스트의 소설 『잃어버린 시간을 찾아서』와 관계된 소설가, 시인, 극작가, 문학평론가 등 열 명의 작가가 등장한다. 이들 대부분은 프루스트 소설에 영향을 주는 인물들로 프랑스 문학사에 중요한 획을 그었을 뿐만 아니라 프루스트와도 직간접적으로 관계를 맺었다. 재미있는 사실은 이들이 『잃어버린 시간을 찾아서』에 실명 또는 가명, 익명으로 등장하여 소설의 내용을 한층 풍부하게 만들어 준다는 점이다. 당시 프랑스 문단을 주름잡았던 작가들을 통해 프루스트의 문학관과 작가론을 살펴보는 일은 대단히 흥미 있는 작업이 될 것이다.

이들 중 프루스트가 창조한 인물 베르고트를 제외하고는 모두가 실존했던 프랑스 작가들로 이 책에는 이들을 활동 시기에 따라 실었다. 17세기 작가로는 세비녜 부인과 라신이 있다. 세비녜 부인은 자신을 떠나 멀리 출가한 딸과 30년 넘게 편지를 주고받았는데 이 편지들은 뒷날 프랑스 서간문학의 정수로 평가받는다. 소설 속에서 마르셀의 할머니와 어머니는 이별의 감정이나 모정을 이야기할 때마다 그녀의 편지를 인용한다. 라신의 비극 『페드르』, 『아탈리』는 다양한 형태의 사랑을 비극적으로 보여 주는데 이 작품들은 마르셀과 알베르틴의 관계에서 여러 차례 언급된다.

19세기 작가로는 발자크, 상드, 플로베르, 공쿠르 형제, 말라르메가 있다. 프루스트는 발자크의 『인간 희극』에 등장하는 인물들의 회귀성과 건축물에 비교되는 견고한 구조를 소설 속에 그대로 차용하고 있다. 상드의 전원소설인 『프랑수와 르 샹피』는 프루스트의 소설 속에서 맨 처음과 맨 마지막에 언급되는 문학 작품으로 마르셀을 작가의 길로 이끄는 계기가 된다. 플로베르의 경우 그의 대표작 『감정 교육』, 『보바리 부인』이 프루스트의 소설에 어떻게 흡수되었는지를 통해 그에 대한 프루스트의 평가를 엿보고자 했다. 공쿠르 형제의 일기는 모작으로 소설 속에 삽입되는데 마르셀은 그것을 읽으며 자신에게는 공쿠르 형제와 같은 자연주의적 관찰력은 없을지라도 고유의 인상주의적 감성을 인식한다. 프루스트는 베일에 싸인 듯한 말라르메의 상징주의에는 동의할 수 없었지만 소설 속에 말라르메의 시를 언급하며 위대한 시인에게 경의를 표하고 있다. 소설 속 유일하게 실존 인물이 아닌 작가 베르고트는 프루스트가 자신의 멘토이기도 한 아나톨 프랑스를 모델 삼아 창조했는데 그는 작가가 피해야 할 함정과 지향해야 할 이상을 형상화한 인물을 연기한다.

20세기 작가로는 지드와 바르트가 있다. 프루스트의 소설 편집인이기도 한 지드는 프루스트와 마찬가지로 동성애자라는 공통점이 있었음에도 동성애를 바라보는 이 두 작가의 시선과 그것을 소설 속에 다루는 방식은 너무나 달랐다. 이 책의 마지막 작가인 바르트는 프루스트 사후의 평론가로 1970년대에 구조주의자로 활발히 활동한 그에게 프루스트의 소설이 미친 영향은 절대적이었다. 그러므로 바르트의 글에서 『잃어버린 시간을 찾아서』의 흔적을 살펴볼 수 있으며, 프루스트 소설의 문학적 가치를 새삼 확인하는 기회가 될 수 있기에 '프루스트가 사랑한 작가들'에 포함시켰다.

이렇듯 『잃어버린 시간을 찾아서』에는 수많은 실존 작가와 문학 작품이 프루스트가 창조한 허구의 인물과 섞여 흥미로운 실타래를 엮고 있으며, 그것들을 하나하나 풀어 나가는 일은 소설을 읽는 또 다른 재미를 안겨 줄 것이다.

『잃어버린 시간을 찾아서』는 주인공 마르셀이 작가로서의 소명을 발견해 가는 과정을 그린 일종의 성장소설이다. 그러나 총 7권으로 된 이 방대한 소설을 이렇게 간단하게 설명한다는 것은 단순히 줄거리에 갇혀 이 소설이 갖고 있는 다양한 매력을 무시하는 결과를 낳을 수 있다. 프루스트 자신도 예술 작품의 가치는 내용이 아니라 표현 방법에 있다고 하지 않았던가. 우리가 샤르댕의 정물 그림을 보고 감동하는 이유는 그림의 소재가 된 식탁이나 꽃, 과일 등이 아름답기 때문이 아니라 그것을 새롭게 해석한 화가의 시선, 그리고 그것을 표현한 화가 고유의 붓놀림 때문일 것이다.

더군다나 『잃어버린 시간을 찾아서』의 주인공이자 이야기를 전개해 가는 화자는 프루스트와 같은 이름을 가진 마르셀이라는 인물이다. 이런 사실에서도 짐작할 수 있듯이 이 소설은 프루스트 자신의 개인적인 경험을 담고 있다(작가 스스로는 소설의 자서전적인 요소를 극구 부인하지만). 그리하여 독자는 마르셀이 콩브레라는 작은 시골 마을에서 방학을 보내는 유년기부터 제1차 세계대전을 겪고 피폐해진 파리에서 중년을 맞기까지 그의 육체적, 정신적, 사회적 성장을 지켜보는 동시에 프루스트의 일생을 점쳐 보게 되는 것이다.

주인공 마르셀은 자신이 진정으로 무엇을 좋아하는지, 무엇을 하고자 하는지도 모른 채 그저 섬세하고 예민한 감수성으로 삶의 다양한 측면, 가령 사랑, 우정, 그리고 사교계 등을 두루 경험한다. 그런 그가 나이 마흔이 넘어 무료함과 나태함에 스스로를 맡기려는 찰나 어떤 기억의 연속 작용으로 예술이야말로 자신의 인생에 의미를 부여할 수 있는 유일한 길임을 깨닫는다. 그럼으로써 소년 시절 꿈꾸던 작가로서의 소명을 재발견하게 되고 '잃어버린 시간', 즉 과거를 찾아가는 글을 쓰기로 결심한다. 그는 영웅이나 악당이 등장하지 않는 평범한 이야기지만, 그것이 바로 자신의 삶이기에 이를 소재로 한 소설을 쓰는 데 남은 생을 바치기로 결심한다. 잃어버린 시간을 되찾음으로써 현재가 의미를 갖고 동시에 미래로 연결되는 것이다.

이 책은 한번쯤 『잃어버린 시간을 찾아서』를 읽고자 시도해 봤으나 소설의 방대함과 난해한 문체 때문에 중도에 포기해야 했던 독자들, 그리고 프랑스 문학에 관심이 있는 독자들에게 프루스트의 소설을 읽는 새로운 방법을 제시한다. 이 책을 통해 17세기 고전주의에서 20세기 구조주의까지 프랑스 문단을 지배했던 문인들의 글과 사상을 간접적으로나마 접함으로써 『잃어버린 시간을 찾아서』에 접근할 수 있는 새로운 기회가 되었으면 한다. 책 말미에는 세비녜 부인의 편지, 공쿠르 형제의 일기, 상드와 플로베르, 프루스트와 지드가 주고받은 편지를 실어 이 작가들에 대한 독자의 이해를 돕고자 했다.

차례

|머리말| 잃어버린 시간을 찾아가는 열 갈래 길과 프루스트가 사랑한 작가들 •5

감각에 의존한 인상주의적 필치의 서간문 작가
세비녜 부인 Madame de Sévigné •16

사랑의 다양한 형태를 비극적으로 표현한 숙명론자
라신 Jean Racine •42

소설에 의해 성장하는 인물들의 연대기
발자크 Honoré de Balzac •74

도덕론에 입각한 서정적인 전원소설
상드 George Sand •94

'느림의 소설'을 추구한 완벽주의자
플로베르 Gustave Flaubert •114

마르셀에게 작가로서의 소명을 깨닫게 해 준 일기의 작가들
공쿠르 형제 Edmond de Goncourt | Jules de Goncourt •138

미완성으로 남은 위대한 책의 작가
말라르메 Stéphane Mallarmé •158

프루스트의 작가론을 상징하는 소설 속 허구의 인물
베르고트 Bergotte •180

해방된 자아의 행복을 만끽한 자유로운 영혼
지드 André Gide •200

프루스트를 숭배한 순수한 마르셀주의자
바르트 Roland Barthes •220

|부록|
세비녜 부인의 편지 •244
상드와 플로베르의 편지 •250
공쿠르 형제의 일기 •263
프루스트와 지드의 편지 •271
참고문헌 •277

■ 7세의 프루스트와
동생 로베르, 1877.

■ 17세의 프루스트.
폴 나다르 사진, 1887.

■ 콩도르세 고등학교 앞에 모여 있는 학생들.
프루스트는 당시 부유한 자제들이 다니는 이 학교에 통학했다.
장 베로, 1903, 카르나발레 박물관, 프랑스.

■
프루스트(맨 왼쪽)와 스트로스 부인, 1893.
스트로스 부인은 작곡자 조르주 비제의 미망인이자 당시 파리에서 가장 유명한 살롱의 여주인이기도 했다. 그녀의 살롱에서 프루스트는 스완의 모델이 되는 미술품 수집가 샤를 아스를 비롯해 다양한 문인, 예술가들을 만날 수 있었다.

■ 30세의 프루스트, 1900.

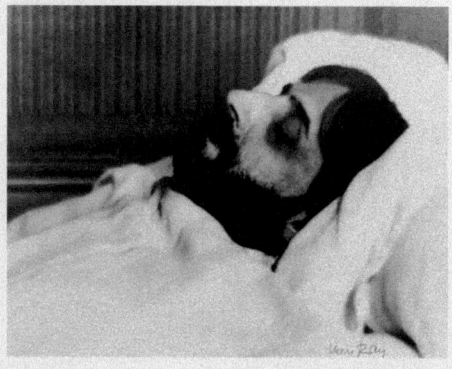

■ 침대에서 마지막 숨을 거둔 프루스트(당시 52세).
맨 레이 사진, 1922.

세비녜 부인

Madame de Sévigné, 1626~1696

감각에 의존한 인상주의적 필치의 서간문 작가

세비녜 부인은 프랑스 문학사에서 가장 유명한 편지들을 남긴 서간문 작가의 한 명으로 알려져 있다. 그녀는 태어난 이듬해에 아버지를 잃고, 일곱 살 때는 어머니마저 잃어 어린 나이에 고아가 된다. 하지만 할아버지의 보살핌 속에서 탄탄한 교육을 받으며 나름대로 행복한 어린 시절을 보낸다. 열여덟 살 때 앙리 드 세비녜와 결혼하고 1남 1녀를 두지만 남편이 결투에서 목숨을 잃자 스물다섯의 나이에 홀로 어린 자식들의 양육을 책임지게 된다. 어려서 어머니를 여읜 경험이 있어서일까? 딸 프랑수아즈 드 세비녜에 대한 그녀의 모정은 극단적이라고밖에 할 수 없다. 그녀는 딸이 그리냥 백작과 결혼하여 프랑스 남쪽 프로방스 지방으로 떠나게 되자 일주일에 평균 서너 통의 편지를 써 보낸다. 이렇게 해서 30여 년간 딸에게 보낸 1,000여 통의 편지들이 그녀의 사망 후에 출판된다. 아쉽게도 세비녜 부인이 보낸 편지만 존재할 뿐, 그녀가 딸한테서 받은 편지는 전해지지 않는다. 세비녜 가족이 없애 버렸기 때문이다.

17세기는 여성들이 감히 작가가 될 생각을 하지 못했던 시대다. 세비녜

세비녜 부인의 딸 프랑수아즈 드 세비녜.
피에르 미냐르, 1669, 카르나발레 박물관, 프랑스.

부인도 문학사에 이름을 남기려는 의도는 없었다. 그녀가 사망한 후 20여 년이 지난 1725년, 세비녜 부인의 편지 28통이 비공식적으로 출판된다. 그러다 세비녜 부인의 외손녀가 할머니의 편지들을 공식 출판할 결심을 하게 된다. 그녀는 지나치게 사적이거나 혹은 문학적으로 가치가 덜하다고 판단한 편지를 임의로 제외하고, 내용을 일부 수정하여 두 차례에 걸쳐 대부분의 편지를 출판한다. 그러나 후손에 의해 편지 원본이 변형된 것은 두고두고 안타까운 일이다. 세비녜 부인의 편지는 딸에 대한 한결같은 사랑, 당시 귀족들의 사교계 문화, 독후감 등을 섬세한 필치로 담고 있어 고전주의 정신을 그대로 드러낸다. 그리고 이 서간집은 이후 18세기 프랑스 문학에서 유행하게 되는 서간체 소설에 큰 영향을 끼친다.

당시 프랑스는 리슐리외와 마자랭 재상으로 이어지는 절대왕정이 수립

되면서 귀족들은 정치적, 사회적 특권을 대부분 박탈당한 상태였다. 물론 경제적으로도 여유롭지 못했다. 이러한 불리한 상황에서 귀족들이 자신들의 위상을 드높이는 유일한 방법은 오랜 가문의 역사, 그리고 살롱 문화를 통해 갈고닦은 '비앙세앙스bienséance', 즉 귀족적 예의범절을 지키는 것이었다. 따라서 그들의 편지는 반드시 규범화된 형식을 따라야만 했다. 편지의 수신자에 대한 호칭이나 첫 인사말, 안부 인사, 본론, 그리고 맺음말까지 일정한 순서와 틀이 있었다. 보내는 이와 받는 이 모두 이런 형식을 당연한 관례로 받아들였다. 세비녜 부인 역시 자신보다 신분이 높은 귀족들에게 편지를 쓰거나, 혹은 결혼, 탄생 등을 알리는 공식적인 편지를 쓸 때는 '비앙세앙스'를 따랐다. 그러나 딸에게 쓰는 편지에서는 이 틀에서 벗어나 조금은 자유롭고 특유한 유머와 상상력을 동원했다.

또한 당시 공공연히 행해지던 편지 문화의 특징은 살롱 등에서 여러 사람이 돌려가면서 읽었다는 것이다. 사람들은 삼삼오오 둘러앉아 편지의 형식과 내용, 그리고 발신자에 대해 입방아를 찧었다. 따라서 편지를 쓰는 사람은 자신의 교양이 다른 이들의 분석의 대상이 될 것을 염두에 두고 더욱 정성 들여 쓸 수밖에 없었다. 이처럼 편지가 외부인에게 공개되는 운명이 되자 일종의 비밀 코드가 생겨났다. 이는 보내는 이와 받는 이, 두 사람만 알 수 있고 다른 사람에게는 별 뜻이 없는 표현들로 채워졌다. 세비녜 부인 또한 딸에게 편지를 쓸 때 비밀 언어를 사용했는데 주로 고전 문학에서 따온 인용구들로 돼 있었다. 이는 그 문장이 놓인 맥락이나 그 말의 주인공을 알고 있는 사람에게만 의미가 있는 것들이다.

할머니와 어머니, 그리고 세비녜 부인

『잃어버린 시간을 찾아서』에서 세비녜 부인을 가장 많이 언급하는 인물은 마르셀의 외할머니(앞으로는 단순히 할머니라 칭함)와 어머니다. 그중 할머니는 어린 손자에게 미적, 문학적으로 가장 지대한 영향을 끼치는 인물이다. 손자에게 조르주 상드의 소설을 선물하고 손자의 방에 풍경 사진 대신 명화를 담은 판화를 걸어 놓게 함으로써 '여러 겹 입힌 예술'의 가치를 강조한다. 할머니의 영향을 받은 어린 마르셀의 독서 목록은 주로 고전 작가들로 이루어진다.

할머니는 세비녜 부인과도 겹쳐 보인다. 극진한 모정의 상징 세비녜 부인은 할머니가 가장 좋아하는 작가이기도 하다. 할머니는 대화 중에 세비녜 부인의 편지를 즐겨 인용하곤 한다. 딸에 대한, 즉 마르셀의 어머니에 대한 할머니의 애정 역시 그리냥 백작 부인이 된 딸을 향한 세비녜 부인의 애정을 떠올리게 할 정도다.

마르셀의 할머니는 문학뿐만 아니라 생활의 모든 것에서 '자연스러움'을 으뜸으로 평가한다. 그녀는 반듯하게 손질된 정원보다는 야생의 자연스러움을 좋아해서 정원을 일부러 비대칭으로 꾸미고, 빳빳하게 풀 먹인 옷에 거부감을 느끼며, 장식이 화려한 요리를 싫어한다. 또한 사람을 평가할 때도 인위적인 표정이나 행동이 몸에 밴 사람보다는 감정 표현이 자연스러운 사람을 선호한다. 할머니가 마르셀의 친구이자 게르망트 가문의 사람인 로베르 드 생루를 좋게 본 이유도 그가 "세비녜 혹은 보세르장 부인이라고 서명되어 있을 법한 편지의 문구와 같이 가장 적절하고 진심이 그대로 드러나는 표현"을 빌려 마르셀에 대한 애정을 거침없고 자연스럽게 드러냈기 때문이다. 마르셀의 할머니는 생루의 자연스러움, 감정에 대한 솔직함을 높이 샀으며 이것은 그녀가 세비녜 부인의 편지를 좋아하는 이유이기도 하다.

반대로 할머니는 손자의 친구 블로크에 대해서는 부정적으로 평가하며 손자가 그와 어울리는 것도 반대한다. 마르셀이 블로크를 식사에 초대했을 때 그는 신발에 진흙을 잔뜩 묻히고 온몸이 흠뻑 젖은 채 예정보다 한 시간 반이나 늦게 도착한다. 마르셀의 아버지가 "비가 오는 줄은 몰랐는데."라고 말하자 블로크는 사과는커녕 "저는 일기예보에는 통 관심이 없을 뿐만 아니라 부르주아의 상징인 시계와 우산에 거부감이 있습니다."라며 다소 엉뚱하게 대답한다. 또한 할머니가 몸이 아프다는 사실을 알고는 갑자기 감정이 격해져 울음이 터져 나오려는 것을 간신히 참는다. 이 모습을 본 할머니는 "나를 처음 보는데 그런 감정이 어떻게 진실할 수가 있겠니? 그 애가 미치지 않은 이상에야……."라며 의심스러운 눈길을 보낸다.

할머니가 마르셀에게 세비녜 부인의 서간집을 권한 이유이자 그녀 자신이 세비녜 부인을 그토록 좋아한 이유는 비교적 단순하다. 할머니에게 세비녜 부인은 인생의 밝고 행복한 측면을 갖고 있는 어머니상이었던 것이다. 따라서 육체적, 정신적으로 심약한 손자가 나쁜 방향으로 쏠리는 경향이 있음을 눈치채고 그를 '구원'하기 위해 사랑과 행복으로 가득한 세비녜 부인의 편지를 권한 것이다. 할머니는 세비녜 부인과 상반되는 작가, 즉 마르셀이 피해야 할 작가로 현대 사회의 고통과 불행을 노래한 보들레르,

에드거 앨런 포, 폴 베를렌, 랭보를 꼽는다.

마르셀의 문학적 취향은 할머니의 영향을 받아 형성되었음을 부정할 수 없다. 그렇지만 마르셀이 무비판적으로 할머니가 안내한 길을 따랐던 것은 아니다. 할머니가 '피해야 할 작가들'로 꼽았던 네 명의 시인은 마르셀이 모두 인정한 천재 작가들이었다. 또한 할머니는 세비녜 부인의 서간집을 처음부터 끝까지 완독하기를 반복하지만 할머니의 권유로 세비녜 부인의 서간집을 손에 들게 된 마르셀은 손 가는 대로 아무 곳이나 펼쳐 읽는다. 이러한 독서법은 마르셀에게 세비녜 부인의 편지는 하나의 완전한 유기체로서가 아니라 여러 조각으로 이루어진 단편들의 집합이라는 인상을 심어 주며, 이는 앞으로 언급할 인상주의적 필치와도 일맥상통하는 것이다.

할머니 못지않게 세비녜 부인을 자주 언급하는 이는 바로 마르셀의 어머니다. 그러나 어머니는 할머니와 달리 마르셀을 세비녜 부인의 아들인 샤를 드 세비녜와 비교하기 위한 목적으로 인용한다. 가령 마르셀이 발베크에서 만난 알베르틴과 연인 관계로 발전하자 이를 못마땅하게 여겨 편지에 세비녜 부인을 인용하는 식이다. 당시 어머니는 콩브레에 사는 레오니 아주머님의 병간호를 위해 파리를 떠나 있었다. 그 기회를 이용해 마르셀은 빈 아파트에서 '꽃 핀 처녀들' 중 한 명인 알베르틴과 동거를 시작한다. 어머니는 그러한 아들에게 분명히 반대의사를 밝히고 편지를 써서 전달할 때는 행여 알베르틴이 편지를 읽을까 봐 마르셀만이 이해할 수 있는 비밀 언어를 사용한다. 이때 세비녜 부인의 편지를 인용하는데 세비녜 부인이 그 표현을 어떤 맥락에서 썼는지 알고 있는 마르셀만이 어머니의 의도를 이해할 수 있다.

콩브레에서 내 생각이 완전한 검정색이라고 할 수는 없지만 잿빛 나는 갈색이라고 해두마. 이곳에서 엄마는 언제나 네 생각뿐이란다. 늘 건강하고, 하는 일이 잘되길 멀리서 빈다. 이 모든 것이 개와 늑대 사이에 어떻게 작용한다고 생각하니? …… 대체 너는 돈을 어디에 그렇게 쓴다는 말이니? 너는 샤를 드 세비녜가 그랬듯이 원하는 바가 무엇인지도 모르고 마치 너 자신이 "동시에 두세 사람이라도 된 듯" 여겨지는 모양이구나. 하지만 적어도 돈 씀씀이에 있어서만큼은 샤를 드 세비녜를 흉내 내지는 말거라. "그렇게 보이지도 않으면서 돈을 낭비하고, 놀음을 하지도 않으면서도 돈을 잃고, 빚을 갚는 것도 아니면서 지출하는 사람"이 되지 않기를 바란다. -「갇힌 여인」

세비녜 부인의 편지를 읽어 보지 못한 알베르틴은 '잿빛 나는 갈색', '개와 늑대'에 대한 비유와 샤를 드 세비녜에 대한 이야기를 이해하지 못할 것이다. 이는 비단 알베르틴뿐만 아니라 소설의 독자도 마찬가지다. '잿빛 나는 갈색'은 세비녜 부인이 1671년 6월 14일 딸에게 보낸 편지에 등장하는 표현으로 라 로슈푸코의 표현을 빌린 것이다. 생각이 완전한 검정색이라고 할 만큼 암울하지는 않지만 그렇다고 밝지도 않은, 즉 염려로 가득한 잿빛에 가까운 갈색이라는 의미다. '개와 늑대'는 1675년 9월 29일자 편지에서 인용한 것인데, '개'는 아침, 밝음을 의미하고 '늑대'는 밤, 어두움을 의미한다. 따라서 '개와 늑대 사이'는 아침과 밤 사이, 즉 하루 종일을 의미하는데, 근심에 싸여 생활하고 있다는 말이다. '동시에 두세 사람이라도 된 듯'한 샤를 드 세비녜에 대한 표현은 1680년 5월 27일자 편지에서 인용한 것이다. 어머니는 마르셀이 지나치게 돈을 낭비한다고 나무란다. 하지만 이는 아들이 알베르틴과 결혼할 생각이 있다는 것을 알고는 이를 직접적으로 반대하기보다는 일부러 덜 중요한 일로 나무라서 아들의 기분을 상하지 않게 하기 위한 것으로 이해된다.

금전적인 문제로 어머니는 또 한 번 마르셀에게 충고한다. 아들이 알베르틴을 위해 마차를 빌리려고 할 때다. 어머니는 세비녜 부인이 아들 샤를에게 썼던 편지를 인용한다.

> 샤를 드 세비녜처럼 되지는 말거라. 세비녜 부인은 아들에게 "네 손은 돈을 녹여 버리는 아궁이이구나."라고 말하고는 했단다.

성공한 의사 아버지와 부유한 유대인 집안의 어머니를 두었던 프루스트는 어린 시절부터 친구들에게 씀씀이가 헤펐고, 팁도 상상을 초월하게 주는 것으로 유명했다. 어머니는 번듯한 직업도 없이 부모의 재산이나 축내는 프루스트를 진심으로 걱정했다. 이는 소설 속 마르셀과 어머니의 관계에 고스란히 투영되어 나타난다. 프루스트의 어머니는 실제로 요독증에 걸려 고생하는데 소설 속에서 마르셀의 어머니, 그리고 할머니까지 요독증 환자로 나오는 것은 결코 우연한 설정이 아닐 것이다.

하지만 분명히 해야 할 점은 소설 속에 인용되는 세비녜 부인을 작가 세비녜 부인과 동일시할 수는 없다는 사실이다. 마치 작가 프루스트가 소설 속 주인공 마르셀과 자신은 별개의 인물이라고 여러 번 강조한 것과 마찬가지다. 소설 속 세비녜 부인은 실존했던 인물에 프루스트가 상상력을 한 겹 입힌 인물로 이해해야 한다. 마르셀의 할머니는 세비녜 부인을 언급할 때면 항상 또 다른 작가 '보세르장 부인'을 등장시킨다. 이 인물은 프루스트가 창조해 낸 허구의 여성 작가다. 발베크로 향하는 기차 안에서 할머니는 세비녜 부인의 서간집과 보세르장 부인의 회고록을 번갈아 읽는데 그녀가 가장 좋아하는 작가들을 이야기할 때면 이 두 명의 여성 작가를 같이 언급한다. 소설 속에서 두 사람은 자신의 감정을 가감 없이 표현한 작가들로 묘사된다.

프루스트는 실존했던 세비녜 부인과 허구의 인물 보세르장 부인을 나란히 언급함으로써 소설가로서의 상상력을 마음껏 펼쳐 보이는 동시에 세비녜 부인을 실존했던 세비녜 부인과 동일시하는 것은 무리가 있음을 암시한다. 마르셀의 할머니와 어머니가 세비녜 부인에 대한 열정으로 가득하다고 해서 실제로 프루스트의 할머니와 어머니가 세비녜 부인의 애독자라고 할 수 없는 것과 같은 이치다.

실제로 프루스트의 할머니가 세비녜 부인을 즐겨 읽었다는 사실을 증명할 수 있는 자료는 어디에도 없다. 또한 프루스트가 어머니와 주고받은 편지들을 보면 소설 속에서 마르셀에게 세비녜 부인의 편지를 인용하던 어머니와는 달리 오히려 프루스트가 어머니에게 세비녜 부인의 편지를 인용한다. 프루스트의 어머니는 아들을 통해 세비녜 부인을 알고 나서야 세비녜 부인의 편지를 읽게 된다. 프루스트가 자신의 경험과 주변 인물을 통해 에피소드와 등장인물을 창조해 낸 것은 사실이지만 작가의 전기는 허구의 인물들과 구분되어야 한다. 프루스트는 소설가로서의 재량을 마음껏 발휘하여 자신을 마르셀뿐만 아니라 주인공의 어머니와 할머니, 또 그 밖에 다른 인물에게 투영한 것이다.

이별, 그리고 사랑

또한 소설 속에서 세비녜 부인은 이별의 상징으로 쓰인다. 세비녜 부인에게 편지는 멀리 떨어진 딸과 끊임없이 소통하고 싶은 욕구를 충족시켜 주는 도구다. 소설 속에서도 할머니와 어머니는 여행, 혹은 죽음을 통해 사랑하는 사람과 이별하는 상황에서 세비녜 부인을 언급한다.

마르셀은 할머니와 하녀 프랑수아즈와 함께 프랑스 북부 해변 마을인 발베크로 여름휴가를 가게 된다. 이때 처음으로 그는 어머니와 오랜 기간을 떨어져 지내게 된다. 익숙한 파리의 집과 가족, 특히 어머니와 떨어져 지내야 하는 마르셀은 새로운 곳에 대한 설렘보다는 걱정으로 마음이 심산하다. 무엇보다 이 짧은 이별이 결국은 다가올 영원한 이별을 준비하는 첫 과정으로 생각되기 때문에 더욱 그러하다. 자신이 없는 빈집에 들어가는 어머니는 더 이상 자신이 알고 있는 어머니가 아니라 낯선 공간 속의 낯선 어머니다. 마르셀은 이러한 사실을 받아들이기가 힘들다.

또한 마르셀은 발베크로 가는 것을 귀양 보내지는 것이라 생각한다. 의지력이 약하고 뚜렷한 목표 의식이 없는 그는 어머니와 할머니에게 늘 걱정을 안겨 주었다. 이런 사실을 잘 알고 있기에 자신이 원하지도 않는 발베크행을 어머니가 자신에게 벌을 내리는 것으로 받아들인다. 그런 아들을 안쓰럽게 바라보는 어머니를 두고 할머니는 세비녜 부인과 비교한다.

내 딸아, 우리가 어디쯤 있을지 언제나 지도를 보고 눈으로 좇을 네 모습이 영락없는 세비녜 부인이구나.

소설 속 발베크의 모델이 된 노르망디의 카부르 해변.
르네 프리네, 1896, 오르세 미술관, 프랑스.

프루스트는 부유한 관광객들이 몰려드는 카부르의 그랑 호텔에서 1907년에서 1914년까지 여름철을 보냈다.

    어머니 또한 울음을 터뜨리기 일보 직전인 심약한 아들을 보며 세비녜 부인의 편지를 인용한다. "네게 없는 용기를 엄마가 대신해서 내야겠구나." 편지와 다른 점이라면 부모 자식 사이에서 마음이 더 약한 자가 아들이라는 사실이다. 편지에 등장하는 세비녜 부인은 항상 딸에 비해 약한 존재로 그려진다. 딸은 담담한 심정으로 어머니를 떠나 남편을 따라 프로방스 지방으로 가지만 세비녜 부인은 딸과의 헤어짐을 커다란 고통으로 느낀다.
    물리적으로 잠시 떨어져 지내야 하는 상황뿐만 아니라 죽음이라는 영원한 이별을 이야기할 때에도 세비녜 부인이 등장한다. 『잃어버린 시간을 찾아서』에서 큰 사건이라면 단연 할머니의 죽음을 꼽을 수 있다. 마르셀의 성장 과정에 지대한 영향을 미치는 것도 바로 할머니의 부재다. 하지만 그로 인해 가장 충격을 받는 이는 사실 마르셀이 아니라 마르셀의 어머니다. 할머니가 죽자 어머니가 할머니의 자리를 대체하는 것처럼 그려지는데 어머니에게 나타나는 육체적 변화에서도 마르셀은 할머니를 떠올릴 정도다.

내 앞에 있는 사람은 더 이상 엄마가 아니라 할머니의 모습을 하고 있었다……. 엄마에게 딸로서 맞는 할머니의 죽음이 가져오는 고통은 자신 안에 담아 두고 있던 사랑하는 이가 모습을 드러내며 번데기 껍질을 벗고 변신하는 것을 촉발시킨 듯했다……. 사랑하는 사람이 죽자 엄마는 더 이상 다른 그 누군가가 되는 것에 죄책감을 느끼는 듯했다. 엄마는 오로지 과거에 할머니가 어땠는지, 그리고 자신은 어땠는지에 대해서만 집착했으며 그녀 자신이 그대로 할머니가 되어 가기를 결심한 듯했다. -「소돔과 고모라」

할머니를 여읜 후 어머니는 할머니의 가방, 옷, 장갑을 고스란히 사용한다. 그렇게 육체적으로 자신의 어머니를 닮아 간다. 할머니의 옷을 입음으로써 더 이상 존재하지 않는 대상과 동일시하려는 모습에서 독자들은 자신을 딸에 투영하여 딸과 동일시하려는 세비녜 부인을 떠올린다.

더 이상 존재하지 않는 할머니에게 집착하는 모습을 상징적으로 보여 주는 또 다른 대목을 보자. 바로 아무리 값나가는 세비녜 부인의 친필 편지라도 어머니가 할머니로부터 물려받은 세비녜 부인의 서간집과는 바꾸지 않을 것이라 사색하는 부분이다. 제아무리 희귀하고 금전적, 역사적으로 가치 있는 원본일지라도 할머니의 손때가 묻어 있는 세비녜 부인의 서간집만은 못한 것이다.

또한 수화기 너머로 듣는 어머니의 목소리는 할머니의 목소리로 혼동될 정도로 똑같다. 어머니의 목소리를 들으며 마르셀은 할머니가 살아 있을 때 그녀와 통화를 하려고 했으나 기기적인 문제로 장거리 통화가 중단되었던 경험을 떠올린다. 할머니의 목소리를 들을 수 없게 되자 마치 할머니가 돌아가신 것 같은 고통스러운 감정을 느꼈다. 그는 그때 할머니의 다가올 죽음을 미리 경험했던 것이다.

어머니는 할머니가 그랬던 것처럼 발베크로 여행을 간다. 하지만 이번에는 마르셀과 함께가 아니라 혼자다. 파리를 떠나 발베크로 가면서 어머니는 마르셀에게 세 통의 편지를 보내는데 세 통 모두 세비녜 부인을 인용하고 있다. 그것을 읽으며 마르셀은 어머니가 자신에게 보낸 편지라기보다는 할머니한테 쓴 편지 같다는 인상을 받는다. 발베크에 도착한 어머니는 할머니를 기리기 위해 날마다 해변에 앉아 세비녜 부인의 서간집을 읽으며 하염없이 시간을 보낸다. 그러나 책을 읽다가 세비녜 부인이 딸에게 "내 딸아!"라고 부르는 장면이 나올 때마다 마르셀의 어머니는 자신을 부르는 할머니의 목소리를 듣는 듯한 착각을 일으키고 더 큰 슬픔에 빠져 스스로를 위로해야 한다.

할머니를 여의고 얼마 있다 어머니는 마르셀과 베네치아로 여행을 한다. 여행지에서 마르셀은 검은 상복 차림의 슬픈 어머니가 곤돌라에 탄 채 자신을 기다리고 있는 모습에서 세상을 떠난 할머니의 모습을 본다.

그렇다고 소설 속의 모든 인물이 세비녜 부인에 대해 절대적인 애정을 보이는 것은 아니다. 소르본 대학의 교수 브리쇼 박사는 자신의 학식을 여러 사람 앞에 자랑하는 일에서 큰 기쁨을 느끼는 인물이다. 그런 그가 세비녜 부인을 가리켜 '늙은 속물'이라고 표현하는데 세비녜 부인이 그렇다기보다는 오히려 브리쇼 박사의 편협함을 드러낼 뿐이다. 캉브르메르라는 인물 또한 세비녜 부인은 작가로서 자질이 의심스럽다고 말한다.

그 밖에도 할머니의 옛 친구 빌파리시스 부인 또한 세비녜 부인에게 호의적이지 않은 대표적인 인물로 그려진다. 할머니는 생존 당시 발베크의 호텔에서 이 친구와 재회하게 되는데, 이때 빌파리시스 부인은 세비녜 부인의 편지에서 아무런 감동을 받지 못하겠다고 이야기한다. 오히려 억지를 부린 것 같다며 세비녜 부인의 진심을 의심하기까지 한다. 시집간 딸을 그렇게나 그리워하고 30여 년간 하루가 멀다 하고 사랑한다는 편지를 쓰는 걸로 봐서 세비녜 부인이 과장하는 버릇이 있는 것 같다는 것이다.

또한 빌파리시스 부인은 마르셀의 어머니에 대해 이야기하다가 "아니, 따님이 매일 편지를 쓴다고요? 대체 서로 무슨 할 말이 그렇게나 많대요?"라며 마르셀의 어머니와 할머니가 주고받는 애정 표현 방식에 놀란다. 이에 할머니는 공유하는 감정이 너무나 다른 빌파리시스 부인을 낯설게 느끼며 질문에 대답할 가치를 느끼지 못한다. 그러면서 할머니는 자신의 감정을 그대로 표현한 세비녜 부인을 다시 한 번 인용한다.

딸의 편지를 받자마자 다시 다음 편지를 기다리게 된답니다. 그 애의 편지를 받기 위해 숨 쉬고 있다고 할 수 있지요.

마침내 할머니는 서로 이해하고 나눌 수 있는 감정이 없는 빌파리시스 부인과는 되도록 마주치지 않기 위해 그녀가 있을 만한 곳을 피한다.

빌파리시스 부인에게는 조카인 샤를뤼스 남작이 있다. 놀라운 사실은 그가 세비녜 부인의 열성 팬이라는 점이다. 마르셀의 할머니와 어머니가 세비녜 부인의 편지를 좋아하는 것은 그렇다 쳐도 동성애자이자 냉소적이며 심지어 여성 비하적인 발언을 서슴지 않는 샤를뤼스가 세비녜 부인의 편지를 즐겨 읽는다니 뭔가 납득하기 어려운 점이 있다. 그는 마르셀에게 서간집 희귀본을 선물하기도 한다. 샤를뤼스는 다음과 같이 세비녜 부인을 인용한다.

세비녜 부인이 딸과 헤어지면서 쓴 편지는 정말 아름답습니다. "너와의 이별은 내 가슴에 너무 큰 고통이기에 그것이 몸의 고통으로 드러난단다. 사랑하는 이가 없는 상황에서 우리는 현재로부터 자유롭단다. 시간이 지나 다시 만나게 될 그날만을 열망하며 지내게 되지." -「꽃핀 소녀들의 그늘에서」

할머니는 "남자가 그렇게나 세비녜 부인을 깊이 이해하고 있다니 놀랍다"며 샤를뤼스가 자신이 좋아하는 작가를 인용한 사실에 반색하는 한편 그에게서 "여성스러운 섬세함과 감수성"을 발견한다. 당시 할머니는 샤를뤼스 남작이 동성애자라는 사실을 모르고 있었다. 어쩌면 프루스트는 앞으로 밝혀질 샤를뤼스의 성 정체성에 대해 복선을 깔아 놓은 것인지도 모른다.

샤를뤼스가 세비녜 부인을 좋아한 이유는 마르셀이나 할머니와는 다르다. 그는 세비녜 부인이 딸에게 자신을 투영함으로써 자신과 딸을 동일시하는 나르시스적 사랑을 좋아했다. 자신이 사랑하는 대상과 자신 사이의 경계를 허물어뜨려 하나가 될 수 있다는 사실에 매혹되었던 것이다. 이 일체감은 상대가 누구냐보다 오직 사랑하는 행위 자체에 초점이 맞춰진다.

인생에서 중요한 것은 사랑하는 대상이 아니라…… 사랑하는 행위입니다. 세비녜 부인이 딸을 향해 느끼는 감정은 그녀의 젊은 아들이 애인들과 가졌던 진부한 관계들보다는 오히려 라신이 『앙드로마크』나 『페드르』에서 묘사한 감정과 매우 비슷하지요……. 우리가 사랑이라는 이름으로 지나치게 좁은 틀을 정해 놓은 것은 인생에 대한 거대한 무지에서 비롯된 것이라 할 수 있습니다. -「꽃핀 소녀들의 그늘에서」

동성애자 샤를뤼스에게 세비녜 부인의 이러한 사랑은 매우 설득력 있게 다가왔으리라. 샤를뤼스가 사랑하는 대상은 젊은 바이올린 연주자 모렐을 포함해 한때 마르셀의 할머니가 즐겨 찾던 양장점의 조끼 재단사이자 나중에는 샤를뤼스를 위해 남창굴을 운영하는 쥐피앵, 그리고 그곳에서 스쳐 지나가는 다양한 신분과 계급의 젊은이들까지 그야말로 각양각색이다.

조카인 샤를뤼스가 세비녜 부인을 열렬히 숭배하는 듯한 발언을 하며 세비녜 부인의 편지는 일종의 연애편지라고 하자 빌파리시스 부인은 "그건 사랑이라고 말할 수 없단다. 세비녜 부인이 편지를 쓴 대상은 바로 자신의 딸이지 않니?"라고 반문한다. 하지만 샤를뤼스는 세비녜 부인의 딸에 대한 감정을 모정으로 한정 짓지 않고 사랑이라는 이름으로 이해한다. 샤를뤼스에게 세비녜 부인은 자신의 성 정체성을 정당화시킬 수 있는 작가였던 것이다.

이렇듯 세비녜 부인은 소설 속 다양한 등장인물을 통해 때로는 헤어짐과 죽음이라는 이별 앞에서 느끼는 슬픔과 고통을, 그러나 근본적으로는 사랑(그것이 모성애건 동성애건)이라는 감정을 뛰어나게 표현한 작가로 인용된다.

인상주의적 필치

할머니와 어머니, 샤를뤼스 남작이 세비녜 부인의 애독자가 된 이유는 편지의 내용에 있었다. 반면 마르셀은 형식, 즉 감정을 표현하는 그녀 고유의 필치에 감탄한다. 여기에서 우리는 프루스트가 강조한 문체의 중요성을 새삼 떠올리게 된다.

마르셀은 발베크로 향하는 기차 안에서 처음 세비녜 부인의 편지를 접한다. 할머니가 가장 좋아하는 책이자 늘 지니고 다니는 세비녜 부인의 서간집을 손자에게 권한 것이다. 마르셀은 처음에는 시큰둥하게 반응한다. 하지만 이내 세비녜 부인의 편지에 감탄하게 된다. 그녀의 '인상주의적 필치'를 발견했기 때문이다.

세비녜 부인의 편지에 나타난 글의 특징은 사람이나 사물, 풍경을 지각한 순서에 따라 묘사한다는 것이다. 가령 어떤 풍경을 접했을 때는 현상을 먼저 묘사하고 나중에 왜 그런 현상이 벌어졌는지 근본적인 원인을 밝힌다. 눈에 보이는 현상을 분석하기보다는 지각에 의존하고 감각을 신뢰하는 방식이다. 마르셀은 이런 필치를 '인상주의적 필치'라 이름 붙인다.

그런 면에서 마르셀의 시선은 세비녜 부인의 것과 닮아 있다고 할 수 있다.

마르셀은 '습관'과 '논리'를 경계해야 할 대상으로 간주했다. 습관은 우리에게 하나의 일정한 세상을 보여 준다. 그림자는 검정색이라 단정 짓게 만들고, 바다와 하늘은 당연히 구분된다고 믿게 만든다. 하지만 인상주의적 시선으로 보면 무한대의 다양한 세상이 있을 뿐이다. 습관과 논리에서 벗어나면 그림자는 검정색일 뿐만 아니라 파란색, 보라색, 갈색 등 다양한 색으로 관찰된다. 일기에 따라 바다와 하늘의 구분도 그리 명확하지 않고 어디까지가 바다이고 어디서부터가 하늘인지 그 경계가 불분명하다. 세비녜 부인의 필치는 이러한 인상주의적 현상학을 따르고 있는데 바로 이 점에 마르셀은 매혹된다.

또한 논리적인 시선으로 보면 세상은 단조롭고, 오로지 한 가지 진실만을 담고 있는 것처럼 여겨지지만 논리가 아닌 '감각'에 의존하게 되면 세상은 보는, 혹은 느끼는, 듣는 사람의 인상에 의해 얼마든지 다양한 진실을 보여 준다.

콩브레의 레오니 아주머님 댁에서 어린 시절을 보낼 당시, 레오니 아주머님이 병에 걸리자 마르셀의 부모는 아들을 마을 성당 옆에 있는 작은 방으로 격리시킨다. 낯선 곳에서 혼자 밤을 지내는 마르셀은 창문 너머에서 들려오는 기괴한 소리가 멸종된 것이 분명한 매머드 떼 소리, 혹은 야수들의 울부짖음이라고 생각한다. 하지만 이내 그 소리가 철로의 기계 마찰음이라는 것을 알고는 안심하며 잠을 청한다. 기괴한 소리가 기계음이라는 사실을 몰랐을 때 매머드 떼의 발자국 소리로 묘사하는 것이 바로 원인이 아닌 현상에 초점을 맞춘 인상주의적 묘사다.

마르셀이 세비녜 부인의 필치에 반한 이유가 바로 이런 인상주의적 필치 때문인데 바로 같은 이유에서 마르셀은 종종 '실수'를 한다. 그것이 실수였음을 깨닫게 되는 것도 한참이 지나서이다. 이는 그 실수라는 것이 눈에 보이는 것을 그대로 믿고 묘사하는 데서 비롯된 것으로 이성이나 논리보다는 감각과 지각에 의존하기 때문이다.

가령 마르셀이 처음 샤를뤼스 남작을 보게 되는 것은 스완이 잠시 출장을 간 사이 샤를뤼스가 스완의 아내 오데트와 함께 산책하고 있을 때다. 이에 대해 콩브레 사람들은 오데트가 샤를뤼스와 바람을 피운다고 수군댄다. 뿐만 아니라 마르셀은 샤를뤼스와 몇 차례 개인적인 만남을 가지면서 샤를뤼스가 여성스러운 남자들에게 혐오감을 갖는다는 식의 말을 하자 그를 가부장적이며 극도로 보수적인 인물로 평가한다.

샤를뤼스가 동성애자라는 사실이 드러나는 것은 한참 뒤인 「소돔과 고모라」, 즉 소설의 제4권에서이다. 처음부터 스완은 샤를뤼스가 동성애자라는 사실을 알고 있었고 오데트를 혼자 두고 떠나는 것이 마음에 걸려 일부러 샤를뤼스에게 아내와 함께 시간을 보내도록 부탁한다. 오데트가 지루해하지 않게 하는 한편 다른 남자를 만나지 못하게 감시하도록 한 것이다. 하지만 마르셀과 마을 사람들, 그리고 독자들에게까지 한참 동안 그 같은 사실을 숨기고는 오데트와 샤를뤼스를 내연의 관계로 오해하도록 설정한 것이다.

또 다른 예로 마르셀과 질베르트의 첫 만남을 꼽을 수 있다. 마르셀이 스완과 오데트의 딸인 질베르트를 처음 본 것은 그녀가 정원에 있을 때다. 마르셀이 그녀를 먼발치에서 바라보자 눈이 마주친 질베르트는 손짓으로 상스러운 욕을 해 보인다. 깜짝 놀란 마르셀은 질베르트에게 더욱 묘한 감정을 느낀다. 하지만 그때 질베르트의 손짓은 호의를 보이기 위한 행동이었는데 멀리 있는 마르셀이 오해했던 것이다. 그러나 마르셀이 질베르트의 진정한 의도를 알게 되는 것은 역시 한참 지나서이다.

이렇듯 독자들에게 등장인물의 실재를 처음부터 말해 주지 않고 잘못된 길을 따라가게 만든 후 나중에야 '눈에 보이는 것'은 '실재'와 다를 수 있다고 선언하는 것이 인상주의적 서술의 특징인데, 화자 마르셀이 이야기를 풀어 가는 방식이기도 하다. 이러한 기법을 세비녜 부인은 이미 17세기에 차용한 것이다. 마르셀은 달밤의 유혹에 빠져 충동적으로 집을 빠져나와 산책하게 된 경위를 묘사한 세비녜 부인의 편지를 인용한다.

> 나는 유혹에 저항할 힘이 없었단다. 필요도 없는 머리덮개와 윗도리를 잔뜩 챙기고 내 방 공기만큼이나 선선한 바람이 불어 주는 산책로를 따라 나섰단다. 그곳에는 정말 희한한 것들이 많이 있었단다. 검정색과 하얀색 옷을 걸친 수도승, 회색과 하얀색 옷을 입은 수녀, 여기저기 널려 있는 빨래, 나무기둥 바로 밑에 묻힌 시체들 등 정말 말도 안 되는 것들이었지.
> -「꽃핀 소녀들의 그늘에서」

이 편지는 1680년 6월 12일 세비녜 부인이 딸에게 보낸 것이다. 그녀는 자신이 본 '검정색과 하얀색 옷을 걸친 수도승', '회색과 하얀색 옷을 입은 수녀' 등이 무엇인지 설명하지 않는다. 이는 편지를 인용하는 마르셀 또한 마찬가지다. 그것은 수도승이나 수녀라기보다는 어스름한 달빛을 받은 바위나 나무였을 것이다. 하지만 자신의 첫인상을 충실하게 표현함으로써 그 사물의 본질이 무엇인지 이성적으로 해석하려는 습관에서 자유롭게 해 준다. 이런 묘사는 편지를 읽는 딸이 지루함을 느낄 틈을 주지 않으면서 그녀의 상상력을 자극한다.

마르셀이 다음 편지를 인용하는 부분은 화가 엘스티르의 이름이 처음 등장하는 곳이다.

> 세비녜 부인은 내가 곧 발베크에서 만나게 될 엘스티르라는 이름의 화가와 같은 부류의 위대한 예술가라는 점에서 더욱 강한 인상을 남겼다. 엘스티르는 사물을 바라보는 나의 시각에 커다란 영향을 주었는데 나는 발베크에서 세비녜 부인이 그와 동일한 방식으로 사물을 표현하는 것을 알게 되었다. 즉 원인부터 설명하는 것이 아니라 우리의 지각이 받아들인 순서대로 표현하는 것이다. ─「꽃핀 소녀들의 그늘에서」

사실 엘스티르는 소설에 이미 여러 차례 등장한 인물이다. 바로 저속한 베르뒤랑 부부가 주최하는 살롱에서이다. 그곳에서 그는 속된 말을 거리낌 없이 지껄이며 시시한 농담으로 초대되어 온 손님들을 웃기려 애쓰는 모습으로 그려진다. 하지만 이때 그는 '비슈 씨'라는 별명으로 통할 뿐 이름은 소개되지 않는다. '비슈'는 젊은 처녀에 대한 애칭으로 사용되지만 주로 고급 창녀나 화류계 여자를 비유하는 이름으로 통용되는 단어다. 엘스티르가 얼마나 속된 인물인지 상징적으로 보여 주는 것이다.

하지만 화가로서의 엘스티르는 사교계 인물 '비슈 씨'와는 완전히 다르다. 화가 엘스티르는 마르셀에게 인상주의적 시선의 중요성을 깨닫게 해 줌으로써 마르셀이 인상주의에 바탕을 둔 소설을 쓰는 데 중요한 역할을 한다. 여기서 우리는 프루스트가 『생트뵈브에 반박하여』(미완성 문학 평론서로 프루스트 사후에 출간됨)를 통해 펼쳤던 논리, 즉 예술가로서의 '나'는 사적인 '나'와 엄밀히 구분되어야 하며, 예술 작품의 진정한 가치를 판단할 때 유일한 기준이 되어야 하는 것은 어디까지나 작품 그 자체이며 작가의 삶이나 성격 등을 기준으로 삼는 전기적 비평은 마땅히 피해야 하는 함정이라는 논리를 엿볼 수 있다.

세비녜 부인과 화가 엘스티르를 같은 선상에 놓고 볼 때 이들과 사물을 바라보는 시선이 같은 작가가 등장한다. 바로 마르셀이 세비녜 부인의 편지를 언급할 때면 어김없이 인용하는 도스토예프스키다.

> 세비녜 부인은 엘스티르, 도스토예프스키와 마찬가지로 사물을 논리적인 순서로 설명하는 것, 다시 말해 원인부터 시작하는 것이 아니라 반대로 결과부터 묘사한다. 이런 원리를 통해서 도스토예프스키는 소설 속 인물들을 소개한다. 도스토예프스키의 인물들은 엘스티르의 그림에서 볼 수 있는 바다인지 하늘인지 혼동시키는 풍경처럼 독자를 당황시킨다. 교활한 것처럼 묘사된 인물이 본질적으로는 선한 사람임이 밝혀질 때, 혹은 그 반대일 때 독자는 놀란다. ―「갇힌 여인」

이렇듯 보는 이의 인상에 따라서 사람이나 사물, 풍경의 본질이 실재와 다르게 받아들여지는데 이 같은 표현 방식을 마르셀은 '세비녜 부인의 도스토예프스키적인 요소'라고 부른다. 17세기 프랑스의 서간체 작가인 세비녜 부인, 소설 속 허구의 화가 엘스티르, 그리고 19세기 러시아 소설가

도스토예프스키의 초상.
바실리 페로프, 1872, 트레차코프 미술관, 러시아.

도스토예프스키. 너무나 동떨어진 시공간에 속한 이 인물들은 예술을 표현하는 방식도 편지, 그림, 소설로 각기 다르다. 하지만 프루스트는 이 세 명의 예술가를 인상주의라는 공통분모 속에 유기적으로 연결한 것이다.

프랑스 문단은 크게 두 가지 이유에서 세비녜 부인을 높이 평가한다. 첫째는 17세기 귀족의 살롱 문화를 들여다볼 수 있게 해 줄 뿐만 아니라 그녀와 동시대를 살았던 인물들의 생활상과 대화를 기록한 역사적으로 가치 있는 자료를 남겼다는 이유다. 둘째는 딸에 대한 어머니의 지고지순한 사랑을 30여 년간 때로는 솔직하고 재치 넘치며 때로는 비앙세앙스의 모범을 보이는 고유의 문체로 표현함으로써 문학적으로 가치 있는 편지를 남겼기 때문이다.

그렇다면 프루스트는 세비녜 부인의 어떤 요소에 매료된 것일까? 후자라고 함이 적절할 듯하지만 그가 세비녜 부인을 『잃어버린 시간을 찾아서』에 등장시킨 이유 중 하나는 편지의 내용에 있을 것이다. 즉 세비녜 부인의 편지에서 모정으로 한정되는 감정이 아니라 보다 보편적인 사랑, 이별과 죽음이라는 범인류적인 감정을 보았기 때문이다. 사랑하는 대상이 이성이건 동성이건, 혹은 가족이건 그 대상에 초점을 맞추지 않고 사랑하고 있다는 행위 자체에 가치를 두어 소설 속 등장인물들의 다양한 상황에 적용한 것이다.

하지만 프루스트에게 세비녜 부인이 보다 큰 의미를 갖는 이유는 편지의 형식에서 찾을 수 있다. 이른바 그가 '인상주의'라고 정의한 필치를 통해 그러한 감정들을 표현했다는 사실에 있다. 프루스트는 세비녜 부인에게서 자신이 글쓰기를 통해 추구하는 것, 즉 무엇을 표현하느냐가 아니라 어떻게 표현하느냐의 중요성을 엿보았을 것이다.

「되찾은 시간」에서 마르셀은 예술 작품의 소재는 중요하지 않다는 결론에 도달한다. 그리하여 자신의 지나온 삶(그것이 아무리 평범하고 진부하다 해도)을 앞으로 쓰게 될 소설의 소재로 차용할 결심을 하게 되고 그것을 자신만의 고유한 문체로 표현하여 예술 작품으로 승화하고자 한 것이다. 그럼으로써 기억 속에 묻힌 과거, 즉 잃어버린 시간을 되찾고자 한 것이다. 세비녜 부인은 그런 마르셀에게 자신을 둘러싼 세상을 바라보는 시선을 정하는 데 동기를 부여한 인물이다. 그리고 작가로서 자신이 차용할 필치를 엿보게 했다는 점에서 세비녜 부인은 남다른 의미를 갖는다.

라신
Jean Racine, 1639~1699

사랑의 다양한 형태를 비극적으로 표현한 숙명론자

장 라신은 17세기 프랑스의 비극작가로 주로 그리스 고전에서 작품의 소재를 발견하여 『베레니스』, 『앙드로마크』, 『아탈리』 등의 비극을 남겼다. 세 살 때 고아가 되어 조부모의 손에서 자라지만 할아버지마저 돌아가시자 할머니를 따라 포르루아얄 수도원에 들어가 교육을 받는다. 파리 교외에 있는 포르루아얄은 7세기에 얀선파가 종교 운동의 본거지로 삼은 곳이다.

라신의 작품 세계를 지배하는 비극적인 숙명론 혹은 인류관을 이해하기 위해서는 그가 교육받은 얀선주의를 이해하는 것이 필수적이다. 얀선주의에 의하면 인간은 각자의 숙명을 타고나는데 신의 은혜를 입고 태어난 자와 그렇지 못한 자로 나뉜다고 한다. 이렇듯 숙명론을 믿는 얀선주의는 후에 인간의 자유의지를 주장하며 적극적인 사회활동을 펼치는 예수회와 극명하게 대립하는 모습을 보인다.

포르루아얄에서 자라난 라신은 얀선주의의 비관론적인 이념에 다분히 영향을 받게 된다. 라신의 비극 작품은 연애 감정을 일종의 질환으로 다루며 그것의 파괴적인 힘은 사랑에 빠진 자신뿐만이 아니라 자신이 사랑하

라신의 초상.
장 바티스트 상테르, 1690년경,
베르사유 궁전, 프랑스.

는 대상까지도 파멸로 몰고 가는 것으로 그린다.

라신은 사제직과 작가의 길 사이에서 망설이다가 결국 작가의 길을 택한다. 당시 프랑스의 국왕은 태양왕이라 불리는 루이 14세로 그는 상금이나 연금을 통해 재능 있는 문인들을 재정적으로 지원함으로써 프랑스 고전 문학이 꽃필 수 있게 하는 데 결정적인 역할을 한다. 라신은 루이 14세가 병에 걸렸을 때 그의 완쾌를 비는 시를 썼고, 국왕이 결혼할 때는 축하 시를 바쳐 상금을 받으면서 작가의 길을 걷게 된다.

루이 14세가 통치하던 당시 프랑스 문단은 연극이 대세였다. 라신과 동시대에 활동했던 희극작가 몰리에르, 그리고 라신과 고전 비극작가의 쌍벽을 이루는 코르네유 등은 오늘날 프랑스 교과서에 실려 있는 희곡 작품들을 한 해가 멀다 하고 경쟁적으로 발표한다.

당시 고전주의 연극은 독특한 규율의 지배를 받고 있었다. '삼일치의 법칙'이 그것인데 행위, 시간, 장소의 통일을 지켜야 한다는 법칙이었다. 즉 극의 줄거리는 일관되게 하나의 큰 흐름을 따라야 하고, 극의 전개는 24시간을 넘지 말아야 하며, 장소는 오로지 한곳이어야 했다. 오늘날 이러한 법칙은 지나치게 인위적이며 작가의 창작에 방해가 되는 것으로 이해될 수 있다. 하지만 17세기와 18세기 프랑스에서 이러한 삼일치의 법칙을 준수하여 작품을 쓴다는 것은 오히려 극작가의 재능을 증명하는 것으로 인식되었다.

재미난 모순은 프랑스 고전주의 작가들이 그렇게나 심혈을 기울여 지킨 삼일치의 법칙이 아리스토텔레스의 『시학』을 잘못 이해한 데서 기인했다는 사실이다. 아리스토텔레스는 서양문학의 정석이 된 『시학』에서 연극이 지향해야 할 길을 정의한 바 있는데, 이때 그는 극의 줄거리는 일관된 통일성을 가지고 단일 사건을 다루어야 한다고 명시했다. 또한 "해가 넘어가기 전에" 이야기가 전개되어야 한다고 강조하기는 했으나 무대에서의 시간이 실제 극이 전개되는 시간과 일치해야 한다거나 그 장소가 한곳이어야 한다는 내용은 없다.

하지만 이렇듯 행위, 시간, 장소를 억제함으로써 17세기 프랑스 고전주의 연극은 실재감을 강조하게 되었고 인물의 행동보다는 심리 갈등에 초점을 맞추게 되었다. 이에 더해서 코르네유와 라신 등은 자신의 작품을 모두 12음절의 시구로 통일하기도 했다. 따라서 연극배우들이 이들 작품의 대사를 읊을 때는 정해진 리듬에 따라 강약 표현이 가능하여 마치 노래하는 듯한 느낌을 주었다. 극작가들은 이렇듯 엄격한 규칙을 지키며 동시에 인물의 내면을 최대한 극적으로 묘사하기 위해 단어의 선택과 그 배열까지도 고려해야 하는 언어의 마법사가 되어야 했던 것이다.

내용과 형식이 엄격히 규제를 받는 고전작품에 대해서 고등학생이던 프루스트는 작문 숙제에 다음과 같이 적는다.

> 예술가들은 우리가 간혹 규칙이라 부르는 요구 사항을 충족할 때 창작의 절정기에 있다. 그러한 시기에 그 작가는 『르 시드』나 『앙드로마크』를 쓰게 된다. 자신의 영혼을 가장 잘 표현하게 될 때 그는 인류 전체의 영혼을 표현하게 되는 것이다.

『르 시드』는 코르네유의 대표작이며 『앙드로마크』는 라신이 비극으로는 처음으로 성공을 거둔 작품이다. 프루스트는 삼일치의 법칙을 따른 고전주의 작품은 규율의 한계를 넘어서 작가의 역량이 최고점에 있을 때 집필된 것이라고 여겼다.

마르셀의 다양한 사랑을 상징적으로 보여 주는 『페드르』

『잃어버린 시간을 찾아서』에서 라신은 주로 『페드르』(1677), 『에스테르』(1689), 『아탈리』(1691)라는 세 작품을 통해 언급된다. 『페드르』는 라신의 많은 비극이 그렇듯 고대 그리스 작품에 바탕을 두고 있다. 『페드르』는 에

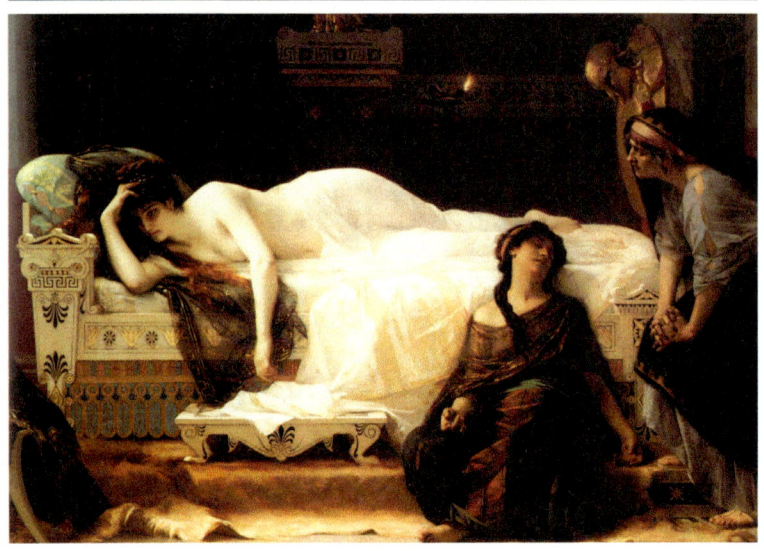

알렉상드르 카바넬, 「페드르」, 1880, 파브르 미술관, 프랑스.

우리피데스의 『히폴리토스』를 모델로 삼아 왕비 페드르의 비극적인 사랑을 그리고 있다.

　페드르의 남편 테제는 전쟁에 나간 후 소식이 끊긴다. 페드르는 테제와 전 부인 사이에서 난 아들 이폴리트에 대해 말 못할 사랑을 간직하고 있다. 어느 날 그녀는 이폴리트가 다른 곳으로 부임되어 떠날 것이라는 소식과 테제의 사망 소식을 동시에 접한다. 페드르는 절망에 빠진 심정으로 이폴리트에게 사랑을 고백한다. 의붓어머니의 사랑 고백에 이폴리트는 당황한다. 무엇보다 아리시라는 여인을 사랑하고 있기에 페드르의 사랑을 받아들일 수가 없다. 설상가상으로 죽은 줄 알았던 테제가 돌아온다. 페드르와 이폴리트 사이가 전과 달리 어색한 것을 눈치챈 테제는 두 사람 사이에 무슨 일이 있었음을 짐작한다. 그러나 페드르의 유모 외논은 왕비를 지키기 위해서 이폴리트가 페드르에게 사랑을 고백했다고 거짓말을 한다. 이에 노한 테제는 아들 이폴리트를 자신의 왕국에서 내쫓아 죽음을 맞게 한다. 페드르는 모든 비극이 자신의 잘못으로 인한 것이라는 죄책감에 테제에게 사실을 고백하고 스스로 목숨을 끊는다.

라신의 비극의 정수인 『페드르』에는 프루스트가 그리는 사랑의 모든 형태가 녹아들어 있다. 페드르의 사랑은 두 가지 이유에서 비극이라고 할 수 있는데, 첫째는 비록 친아들은 아니지만 이폴리트에 대한 페드르의 사랑이 아무에게도 축복받을 수 없는 근친상간적인 사랑이라는 점이다. 둘째는 그녀 스스로가 자신의 이러한 감정에 죄책감을 느끼고 있다는 점이다. 자신의 사랑이 실현 불가능할 뿐만 아니라 도덕적으로도 비난받아 마땅하며 자신의 명예를 더럽히게 된다는 사실을 알면서도 마음을 어찌할 수 없는 것이다. 즉 의지보다도 강렬한 사랑이 페드르의 비극의 원천이다. 라신은 사랑을 치유할 수 없는 일종의 질환으로 그렸다.

『페드르』는 「스완네 집 쪽에서」에서 처음 언급된다. 어린 마르셀이 정든 콩브레를 떠나 파리로 돌아가야 할 때 마르셀의 어머니는 예쁘게 치장한 아들의 사진을 기념으로 남기고 싶어 한다. 어머니가 마르셀의 머리를 곱슬거리게 하고 새 모자를 씌우지만 콩브레를 떠나기 싫은 마르셀은 이별이 주는 아픈 감정을 어떻게 소화해야 할지 모른다. 마르셀은 자신이 좋아하는 산사나무들이 있는 곳으로 달려가서는 엄마가 애써 치장해 준 것도 아랑곳하지 않고 뾰족한 가지를 껴안고 꽃에 입을 맞추고 눈물을 흘린다.

그 모습을 묘사할 때 화자는 페드르의 독백을 인용한다.

헛된 장식이 무겁게 짓누르고……
내 옷을 치장하고 이마 위로 머리를 가지런히 정리하는 성가신 손

이것은 페드르가 자신에게 옷을 입히고, 머리를 장식해 주는 유모 외논의 손길을 귀찮게 여기며 하는 독백이다. 어머니가 콩브레를 떠나야 하는 자신의 슬픈 마음을 이해하기는커녕 귀찮게 어색한 옷을 입히는 상황을 페드르의 비극에 견준 것이다. 소년 마르셀이 자신을 비극의 남자가 아닌 여주인공과 동일시하여 터져 나오는 슬픔을 묘사한 것은 프루스트가 자신 안에 있는 여성으로서의 또 다른 자아를 간접적으로 묘사한 것이리라.

라 베르마가 연기하는 「페드르」

『페드르』는 마르셀이 질베르트와 사랑에 빠지는 계기가 되기도 한다. 마르셀에게는 동급생 친구 블로크가 있다. 블로크는 나름대로 글을 끄적거리며 현학적인 체하는 겉멋이 잔뜩 든 친구다. 그런 블로크가 결코 미더운 것은 아니지만 마르셀은 블로크가 꼭 읽어 봐야 한다면서 빌려 준 베르고트라는 작가의 책을 접한다(『잃어버린 시간을 찾아서』에서 베르고트는 프루스트가 창조한 허구의 작가다). 곧 마르셀은 베르고트의 문체에 흠뻑 빠져들게 되고 이

사라 베르나르.
펠릭스 나다르 사진, 1864.

『페드르』, 『에스테르』 등의 고전뿐만 아니라 현대적인 연극 작품도 활발히 공연하였던 그녀는 당대 프랑스 최고의 여배우였다. 프루스트는 그녀를 모델로 소설 속 라 베르마를 창조한다.

때부터 베르고트에 대한 마르셀의 관심은 절대적인 것으로 변한다.

마르셀은 베르고트의 모든 것을 알고 싶어 그와 친분이 있는 스완에게 작가가 좋아하는 배우가 누구인지 묻는다. 그러자 스완은 주저하지 않고 베르고트는 『페드르』를 연기할 때의 라 베르마를 하나의 예술 작품이라고 평가한다고 일러 준다. 덧붙여 스완은 자신의 딸 질베르트와 베르고트가 매우 가까운 친구 사이라고도 알려 준다. 그때까지 연극을 관람해 본 경험이 없던 마르셀에게 자기 또래이면서 유명 작가와 우정을 쌓는 질베르트는 감히 범접할 수 없는 존재로 비친다. 그러나 마르셀은 먼발치에서 그녀를 바라보기만 할 뿐 감히 다가갈 생각을 못하고 콩브레를 떠나게 된다.

파리로 돌아온 마르셀은 날마다 오후가 되면 하녀 프랑수아즈와 함께 샹젤리제에 있는 공원을 산책하곤 하는데 어느 날 공원에서 질베르트와 우연

마리 드 베나르다키(당시 19세).
폴 나다르 사진, 1893.

질베르트의 모델이 된 마리는 프루스트가 열두 살 때 파리의 샹젤리제에서 매일같이 어울리던 소녀였다. 프루스트는 부유한 러시아 외교관의 딸인 마리의 이국적인 매력과 자유분방함에 푹 빠져 있었다. 후에 프루스트는 마리를 자신의 첫사랑이었다고 회상한다.

히 재회한다. 이때부터 두 사람은 급속히 가까워지고 마르셀이 질베르트의 초대를 받아 집을 방문하는 사이로 발전한다. 질베르트에게 베르고트가 라신에 대해 쓴 글이 있다는 사실을 알게 된 마르셀은 그것을 자신에게 줄 수 있는지를 물어본다. 이미 절판되어 서점에서는 구할 수 없기에 소장하고 싶은 마음에 용기를 낸 것이다. 질베르트는 흔쾌히 베르고트의 글을 주는데 마르셀은 그것을 읽으며 다시 한 번 작가의 재능에 감탄하고 자신에게 그것을 선뜻 건네준 질베르트에 대한 사랑을 한층 더 깊게 키워 간다.

이제 마르셀은 하루라도 질베르트를 보지 않으면 불안하다. 새해를 맞아 질베르트네가 며칠간 파리를 떠나게 되자 마르셀은 극도의 슬픔을 느낀다. 이런 아들을 위로하기 위해 어머니는 처음으로 아들의 극장 나들이를 허락한다. 스완과 베르고트를 통해 라 베르마가 주인공으로 등장하는 연극을 보는 것을 꿈에도 그리던 마르셀은 어머니의 제안에 뛸 듯이 기뻐한다. 마침 다가올 사흘 동안 라 베르마의 주연으로『페드르』,『마리안의 변덕』,『화류계』¹가 공연될 것이라는 사실을 알게 된 마르셀은 망설임 없이『페드르』를 선택한다. 너무나 오래 기다려 왔던 꿈이 이제 막 실현되려는 순간이었기에 마르셀의 선택은 더욱 신중할 수밖에 없었다. 그러나 라 베르마가 등장하는 연극 중에서 이왕이면 잘 알려지고 가치를 인정받은 고전극이어야 그녀의 연기를 십분 즐길 수 있을 것이었다.

하지만 뜻하지 않은 방해물이 등장한다. 그것은 마르셀의 주치의가 심신이 허약한 마르셀이 극장에 갔다가는 흥분을 억누르지 못해 한동안 앓게 될 것이라고 엄포를 놓은 것이다. 아들의 건강이 염려스러웠던 부모는 의사의 충고에 따라 마르셀에게 극장에 가지 말 것을 당부한다. 하지만 이미 라 베르마가 연기하는『페드르』를 보는 것을 최대의 목표로 삼고 꿈이 실현되기만 한다면 나중에 시름시름 앓다가 목숨을 잃어도 후회하지 않을 것을 확신하는 마르셀은 다시 한 번 어머니의 의지를 시험대에 올린다.

콩브레에서 잘 자라는 어머니의 입맞춤을 결국에는 받아 내고야 말았던 것처럼 이번에도 역시나 마르셀이 승리할까? 어머니는 아들의 고집을 꺾지 못하고 한발 물러선다. 결국 부모의 승낙을 얻어 냈지만 마르셀은 콩브레에서와 같은 완전한 기쁨을 만끽할 수는 없다. 어머니의 뜻을 어긴 고집 센 아

---

1 『마리안의 변덕』은 알프레드 드 뮈세가 1833년에 발표한 희곡이며『화류계』는 알렉상드르 뒤마 피스가 1855년에 발표한 희곡이다.『페드르』만이 17세기 고전작품이고 나머지 두 작품은 현대작품임을 알 수 있다. 마르셀이 망설임 없이『페드르』를 선택한 것은 라 베르마의 진정한 재능은 고전을 연기할 때 더욱 명확히 드러난다고 생각했기 때문이다.

들이 된 것만 같은 죄책감에 마음이 편치 않은 것이다. 하지만 죄책감 섞인 후회도 잠시, 공연 날짜가 임박해지자 마르셀은 거대한 기쁨에 휩싸일 준비를 한다. 그는 『페드르』의 대사를 외우고 라 베르마라면 그것을 어떻게 연기할 것인지 다양한 부분을 강조하면서 여배우의 연기를 상상한다.

여기까지 읽은 독자들은 어느 정도 예상했겠지만 드디어 라 베르마가 연기하는 『페드르』를 관람하는 마르셀의 실망은 이루 말할 수가 없다. "내가 살고 있는 이 세상보다 더 실재에 가까운 세계의 진리"를 알고자 했던 마르셀은 라 베르마의 연기를 보며 오히려 다른 여배우들보다도 못하다는 인상을 지울 수 없다. 그러나 그로부터 한참 후 베르고트와 그날의 공연에 대해 이야기를 나누게 되었을 때 베르고트가 그녀를 칭송하자 자신이 제대로 감상할 줄을 몰라서 그녀의 진정한 가치를 느끼지 못한 것이었다는 결론을 내리게 된다. 이렇듯 어린 마르셀은 자신의 판단보다는 자신이 존경하는 타인의 말을 더 신뢰한다.

그로부터 몇 년 후, 마르셀은 다시 한 번 라 베르마가 연기하는 『페드르』를 관람할 기회를 갖는다. 이제 마르셀은 예전에 떨리는 가슴으로 그녀의 손짓 하나하나를 눈으로 좇던 어린 소년이 아니다. 그는 어느 정도 냉정함을 유지한 채, 오히려 상당히 무심한 자세로 무대의 막이 열리기를 느긋하게 기다린다. 하지만 기대하지 않고 의도하지 않은 순간 진실을 발견하는 프루스트의 메커니즘이 여기에서 다시 한 번 작용한다. 마르셀은 예전에 자신이 라 베르마의 연기에 감동하지 못했던 이유가 무대 위의 여배우에게 관심을 집중했기 때문이라는 사실을 깨닫는다. 그녀의 진정한 가치를 음미하기 위해서는 한 개인으로서의 라 베르마가 아니라 작품 속 페드르라는 인물로서의 라 베르마를 감상해야 했던 것이다. 진정한 예술가는 작품과 하나가 되고 작품에 흡수되기에 라 베르마는 무대 위에서 예술 작품의 일부가 된 것이다.

마르셀은 계속해서 사고를 이어간다. 처음에 그는 라 베르마의 천재성을 드러내는 것은 여배우가 연기하는 작품이 『페드르』라는 뛰어난 원작 때문이라고 생각한다. 하지만 그날 『페드르』의 일부를 연기하고 곧이어 어느 이름 없는 현대 작가의 작품의 일부를 연기하는 라 베르마가 그 역할을 통해서도 변함없이 뛰어난 모습을 보이자 마르셀은 두 번째 교훈을 얻는다. 즉 진정한 예술가에게 작품의 소재는 중요하지 않다는 진리다. 그것이 라신의 고전작품인 『페드르』이건, 작품성이 입증되지 않은 무명작가의 연극이건, 라 베르마는 스스로 그 작품들을 자신의 것으로 소화하여 그것과 일체하여 자기만의 예술 작품으로 승화하지 않았던가.

더 나아가 마르셀은 라 베르마의 공연을 두 번째로 관람하고 몇 년 전과 느낌이 너무 다른 사실에 대해 시대를 앞서는 예술 작품이 피해 갈 수 없는 비극적인 운명을 깨닫는다. 독보적인 예술 작품은 그 특성상 기존 대중의 기호에 부합할 수가 없다. 바로 이러한 이유 때문에 진정 뛰어난 작품들은 우리에게 충격을 줄 수밖에 없으며 더 나아가 우리의 기대와 다르다는 이유로 실망스럽게 여겨지는 것이다.

마르셀은 연극을 보며 이러한 생각을 하지만 이는 모든 예술 분야에 해당하는 사실이기도 하다. 미술, 음악, 문학에 있어 기존의 대세에 따르지 않고 혁명적인 새로운 바람을 일으킨 예술가들이 동시대인들에게 놀라움과 거부감을 일으키다가 시간이 지나면서 그 가치를 서서히 인정받게 되는 경우는 드물지 않다. 이러한 사실을 알았던 프루스트는 자신의 소설이 짊어진 운명을 예감하고 있었다. 그의 예감은 적중했다.

소유 불가능한 사랑

질베르트에 이어서 알베르틴과의 관계에서도 『페드르』는 상징적인 의미를 갖는다. 프루스트의 소설에서 등장인물은 그가 속한 장소와 필연적인 관계를 갖는다. 질베르트와 콩브레가 그렇다면 알베르틴과 해변가 마을인 발베크가 그렇다. 발베크의 해변가에서 알베르틴을 처음 본 마르셀은 그녀가 속한 처녀 무리를 보며 "그리스의 기슭에서 태양을 받으며 서 있는 고귀하며 고요한 인간의 아름다움을 상징하는 고대 조각들"을 떠올린다. 그리스 조각상을 떠올리는 것은 『페드르』의 주제와 무관하지 않다. 17세기 고전주의 작가들이 그러했듯 라신 또한 고대 로마와 그리스 비극에서 작품의 소재를 구했기 때문이다.

질베르트와 마찬가지로 알베르틴과 말문을 트게 되기까지는 많은 어려움이 있었다. 마르셀은 사랑을 느끼게 되는 과정에서 늘 그렇듯 알베르틴에게 상상의 이미지를 입히고 그녀를 신비함으로 감싼다. 그러다가 화가 엘스티르를 통해 마침내 처녀 무리와 안면을 트게 되고 그녀들과 해변가로 소풍을 가거나 알베르틴과 근사한 절벽이 있는 곳으로 드라이브를 가기도 한다. 그러한 순간에 마르셀은 자신을 "님프 요정들 한가운데서 즐기고 있는 헤라클레스 혹은 텔레마커스"에 비교하기도 한다. 그리스 신화의 이미지는 발베크의 처녀들과 떼려야 뗄 수 없게 되었다.

『페드르』가 마르셀과 알베르틴 사이에 직접적으로 등장하는 순간은 마르셀이 알베르틴을 위해 극장의 특별석을 예약할 때다. 그날의 공연이 라신의 『페드르』였음은 두말할 나위가 없다. 마르셀은 그녀에게 공연이 끝나면 자정에 자신의 집으로 찾아오라는 부탁을 잊지 않는다. 그러나 마르셀이 자정이 되기를 손꼽아 기다려도 알베르틴은 약속 시간이 훨씬 넘도록 올 기미를 보이지 않는다. 그녀를 기다리며 마르셀은 알베르틴이 오지 않는 것은 그녀가 다른 누군가와 있기 때문이라는 괴로운 상상과 질투로 이성을 잃을 지경이다. 알베르틴이 뒤늦게 마르셀을 찾아오지만 이미 고통을 겪은 마르셀은 그녀를 아무 일 없었던 듯이 반갑게 대할 수가 없다.

이렇듯 질베르트와 알베르틴에 대한 마르셀의 사랑은 다르면서도 비슷한 성질이 있다. 마르셀은 두 여인에 대한 자신의 실현 불가능한 사랑이 『페드르』라는 작품 속에 그대로 투영되어 있음을 발견한다.

> 내가 자신에게 그토록 자주 말해 왔던 것이자 극장에서 배우들의 낭독을 통해 들었던 대사들이 결국에는 내가 살면서 경험해야 할 법칙이었다……. 우리의 영혼은 자신에게 얼마나 소중한 것인지 미처 깨닫지 못하는 것들을 간직하고 있다……. 그러나 실제로는 이렇듯 소중한 것들 없이 하루하루를 보내는데 그 이유는 그것들을 정작 소유하는 것을 실패할까 봐, 혹은 그것을 소유하게 되었을 때 고통을 느끼게 될까 봐 겁을 먹고 소유하는 것을 미루기 때문이다. 바로 이러한 사실이 질베르트를 포기했던 나의 행동

을 설명해 주고 있다……. 그러다가 막상 그녀가 약혼한 사실을 알게 되자 그녀에 대한 감정을 완전히 정리하지 못했던 나는 슬프도록 고요했던 그때까지의 삶을 더 이상 유지할 수 없게 된다……. 반면 욕망의 대상을 실제적으로 소유하게 되면 우리는 그것을 부담스러운 존재로 느끼고 기꺼이 그것을 포기할 수 있을 것만 같은 느낌을 받는다. 바로 이러한 상황이 알베르틴과의 관계에 나타났다. 그녀를 소유하게 되어 무관심해졌다가 막상 그녀가 사라지자 그때부터 나는 그녀의 존재 없이는 하루도 살아가지 못할 것만 같았다. 『페드르』의 논지는 바로 이런 두 가지 경우를 모두 담고 있지 않던가? -「사라진 알베르틴」

이 대목에서 우리는 소유에 대한 프루스트의 깊은 통찰을 엿볼 수 있다. 진정으로 원하는 대상을 소유하지 않는 것에 대해 프루스트는 크게 두 가지 이유를 대고 각각의 이유를 질베르트와 알베르틴에 대한 마르셀의 사랑으로 구체화하고 있다.

첫 번째 이유는 원하는 대상(질베르트)을 너무 높은 곳에 있는 존재로 여겨 소유하려는 노력을 하기도 전에 미리 한 걸음 물러나는 것이다. 한참 후에 마르셀은 질베르트도 그 당시 자신에게 우정이 아닌 사랑을 느꼈다는 사실을 알게 된다. 하지만 그녀는 이미 로베르 드 생루의 아내가 되어 있다. 마찬가지로 페드르는 이폴리트를 사랑하지만 그는 현재 자신의 남편인 테제와 전 부인과의 사이에서 태어난 아들이다. 페드르는 자신의 사랑을 표현해 봤자 이폴리트가 거절하리라는 사실을 알고는 무관심을 넘어 적대감을 드러낸다. 이폴리트를 차갑게 대하고 무시함으로써 자신이 고백했을 때 이폴리트가 거절할 이유를 스스로 제공한다. 자신이 어머니라서가 아니라 그에게 잔혹하게 대했기 때문에 거절하는 것이라고 믿는 편이 덜 상처가 되기 때문이다.

두 번째 이유는 원하는 대상(알베르틴)을 막상 소유하게 되면 이때부터 그녀를 부담으로 느끼고 빠져나갈 구실을 미리 마련해 놓기 때문이다. 알베르틴과 동거를 하던 마르셀은 글을 쓰지도 못하고 여행을 떠나지도 못하는 이유를 알베르틴에게서 찾는다. 발베크에서 알베르틴을 파리로 데리고 온 것은 사실이지만, 또 그 사실 때문에 가장 사랑하는 엄마의 반발심을 사기도 하지만 그녀를 소유했다는 생각이 들자 이제는 그 관계가 자신을 숨 막히게 한다. 알베르틴을 아파트에 감금하다시피 하며 그녀를 감시하지만 정작 자유를 빼앗긴 사람은 마르셀 자신이다. 그러던 중 그녀가 작별 인사도 없이 떠나자 다시 그녀를 소유하고 싶은 욕망을 느낀다.

그녀를 돌아오게 하기 위해 마르셀이 펼치는 작전은 그야말로 밀고 당기기 전술이다. 마르셀은 어떻게 해서든 그녀를 파리로 돌아오게 하고 싶지만 이런 자신의 마음을 그녀가 아는 것을 원치 않는다. 마르셀은 그녀에게 작별 편지를 보내 이제 다시는 서로를 볼 수 없을 것이며 이번 이별이 마지막임을 알린다. 그러나 그녀가 있는 시골에 로베르 드 생루를 보내서는 그녀를 어떻게 해서든 돌아오게끔 설득하도록 한다.

페드르 또한 마음과 행동이 엇갈린다. 그녀가 이폴리트에게 고백하기로 결심하게 되는 이유는 그가 먼 곳으로 부임되는 상황이 발생했기 때문이다. 이폴리트가 자신과 가까운 곳에 있을 때는 그에게 차갑게 대하다가 막상 그가 떠나게 되자 고백을 서두르는 것이다. 페드르는 자신의 사랑을 밝히면서도 마르셀과 마찬가지로 끝끝내 속마음을 왜곡한다. 그녀의 고백에 이폴리트가 놀라 뒷걸음질 치자 그녀는 감히 어떻게 자신이 의붓아들을 사랑할 수 있겠느냐고 오히려 그를 나무란다. 당황하여 얼굴이 빨개진 이폴리트가 서둘러 용서를 빌자 그녀는 번복하여 "아, 잔인한 사람아, 내 말을 잘 이해하지 않았더냐."고 이폴리트가 처음 이해한 것이 진실임을 밝힌다. 이렇듯 밀고 당기기를 반복하면서 욕망의 대상을 소유하는 것을 두려워하고 막상 소유하게 되었을 때는 기꺼이 그(녀)가 달아날 구실을 만드는 것은 마르셀(페드르)이 소유를 통해 진정한 행복을 느끼는 것이 불가능함을 암시한다.

프루스트의 소설에서 사랑의 강도는 질투의 정도에 비례한다. 마르셀이 알베르틴을 자신의 아파트에 죄수처럼 감금하고 일거수일투족을 감시했던 이유는 그녀에게 동성애적 취향이 있음을 확신하고 그녀가 만나는 여자 친구들을 질투해서이다. 사랑하는 대상에게 잔인하게 대함으로써 자신의 사랑을 되돌려 받을 수 없게 만든다는 것은 마르셀의 독특한 사랑법이다. 이는 페드르의 경우도 마찬가지다. 페드르는 아무 죄 없는 이폴리트를 중상모략하여 테제의 노여움을 받게 한다. 이폴리트가 자신을 사랑하여 고백을 하고 힘으로 자신을 취하려 했다는 거짓말을 자신의 유모인 외논을 통해 퍼뜨린 것이다. 그녀가 이폴리트에게 죄를 뒤집어씌우는 이유는 이폴리트가 자신의 고백을 거절해서라기보다는 이폴리트가 아리시라는 다른 여인을 사랑해서이다. 질투에 눈이 먼 페드르는 자신이 진정으로 원하는 이에게 가장 잔인한 방법이자 그를 자신으로부터 가장 멀어지게 하는 방법을 택한다.

알베르틴의 죽음과 이폴리트의 죽음은 또 다른 평행선을 이룬다. 알베르틴이 고향으로 돌아가 예전의 여자 친구들과 즐거운 시간을 보내고 있을 상상을 하자 마르셀은 질투로 심장이 터질 지경이다. 그녀가 사고라도 당해서 사라져 버렸으면 하는 극단적인 마음까지 먹는다. 그러다 곧 잠시라도 그녀에게 나쁜 일이 벌어지기를 바랐던 마음을 후회한다. 아이러니하게도 마르셀이 알베르틴에게 돌아와 달라고 애원하는 전보를 보낸 직후 그녀의 사망 소식이 전해진다.

테제는 아들 이폴리트가 자신의 새 아내인 페드르에게 사랑의 감정을 품고 있다는 이야기를 접하고 분개하여 자신의 왕궁에서 쫓아낸 후 바다의 신인 넵튠이 아들을 삼켜 버리기를 기도한다. 그러나 곧 아들의 죽음을 잠시라도 바랬던 마음을 후회하고 다시 아들을 불러들이기 위해 사람을 보낸다. 하지만 이미 때는 늦었고 테제에게 전해진 소식은 이폴리트가 바다에서 변을 당해 목숨을 잃었다는 비보다.

『에스테르』와 「갇힌 여인」의 주인공 알베르틴

라신은 『페드르』 이후 12년간이나 침묵을 지키고 아무 작품도 발표하지 않는다. 그 이유는 아직까지도 수수께끼다. 더구나 『페드르』의 엄청난 성공을 고려하면 그 긴 침묵이 더욱 이해되지 않는다. 그가 12년의 공백을 깨고 마침내 발표한 작품이 『에스테르』다. 이것은 고대 그리스 비극에서 영감을 얻은 것이 아니라 성경에 바탕을 둔, 종교적인 색채가 매우 짙은 작품이다. 말년의 라신이 다시 종교로 회귀했음을 보여 주는 것이리라. 1689년에 발표한 『에스테르』는 커다란 성공을 거두어 극작가로서 라신의 입지를 새삼 확인시켜 주었다.

『에스테르』는 『구약성서』 중 유대인 에스테르가 페르시아 왕 아수에루스의 아내가 되어 유대 민족을 학살의 위험에서 구하는 과정을 그렸다. 에스테르는 자신을 입양해서 키운 아버지 마르도셰의 충고에 따라 자신이 유대인이라는 사실을 숨긴 채 아수에루스 왕과 결혼한다. 마르도셰는 아수에루스 왕의 보좌관이다. 그러던 어느 날 에스테르는 아수에루스 왕이 페르시아 왕국에 거주하는 모든 유대인을 학살하라는 명령을 내릴 것임을 알게 된다. 이는 왕의 측근인 아만의 계략에 의한 것이었다. 아만은 유대 민족이 오래전부터 자신들의 민족을 박해해 왔음을 강조하며 유대인은 만인에게 해가 된다고 주장한다.

그러나 아만의 행동에는 다른 이유가 있었는데 마르도셰에 대한 개인적인 증오가 그것이었다. 아만은 마르도셰가 매일같이 왕궁을 출입하면서 자신에게 한 번도 인사를 하지 않고 무시했다는 이유로 그를 증오해 왔다. 그것이 마르도셰가 속한 유대 민족 전체에 대한 증오로 커진 것이다. 그러던 중 왕은 자신이 다스리던 동안의 기록을 읽게 하는데 과거에 마르도셰가 자신을 죽음의 위험에서 구출한 적이 있음을 새삼 발견한다. 마르도셰에게 빚이 있음을 깨달은 왕은 오히려 아만에게 마르도셰를 위한 축하 행진을 명령한다.

반면 여전히 유대 민족에 대한 학살 명령에 근심하던 에스테르는 왕과

얀 빅토르스, 「에스테르와 아수에루스의 만찬」, 1645, 카셀 국립 미술관, 독일.

아만, 그리고 자신만을 위한 만찬을 준비한다. 만찬 자리에서 에스테르는 왕에게 자신 또한 유대인이며 마르도셰는 자신을 입양한 아버지임을 밝힌다. 그와 동시에 아만의 비열한 책략을 폭로한다. 진실을 깨닫게 된 왕은 자신을 기만한 아만을 유대 민족에게 넘겨 죽음을 맞게 한다. 왕은 자신의 어리석음을 깨닫고 유대 민족을 보호하는 칙령을 발표한다.

『에스테르』에서 에스테르의 능동성은 이야기의 전개에 결정적인 역할을 하지만 프루스트가 소설에서 언급하는 『에스테르』는 그녀가 만찬을 계획하기 전 남편이자 왕인 아수에루스에 의해 감금되다시피 생활하는 모습에 초점을 맞추고 있다. 프루스트는 에스테르와 아수에루스와의 관계를

「갇힌 여인」에서 알베르틴과 마르셀의 관계에 투영한다. 발베크에서 파리로 돌아올 때 마르셀은 부모님이 집을 비운 아파트에서 알베르틴과 동거를 시작한 바 있다. 『잃어버린 시간을 찾아서』의 제5권 「갇힌 여인」이라는 제목이 보여 주듯이 마르셀과 알베르틴의 관계는 감시자와 수감자의 그것이다. 마르셀은 알베르틴의 행동 하나하나에 관여하고 특히 하녀 프랑수아즈나 심부름꾼을 시켜 그녀가 밖에서 누구를 만나는지 뒤를 밟게 한다.

마르셀은 알베르틴이 자신을 방해하는 것을 용납하지 않는다. 자신이 원해서 부르지 않는 이상 그녀가 먼저 자신의 방을 찾아와 일이 중단되거나 잠을 깨우는 행위를 결코 용납하지 않는다. 한번은 알베르틴이 마르셀의 부름 없이 그의 방을 찾아간 적이 있는데 이때 그녀는 『에스테르』 중 아수에루스의 대사, "감히 어느 겁 없는 인간이 제 발로 죽음을 찾아오느냐?"를 읊는다. 마르셀이 그 대사를 하기 전에 선수를 친 것이다. 그러자 마르셀도 누그러져서 에스테르의 대사로 받아친다. "그토록 무시무시한 명령은 당신을 위한 것인가요?"

알베르틴은 일개 상인의 딸로 소설 속에 등장하는 다양한 사회적 신분과 계급 중에서도 가장 낮은 축에 속한다. 게르망트 공작 부부처럼 오랜 가문의 역사와 재산을 자랑하는 귀족, 마르셀의 부모님이나 스완처럼 귀족 칭호는 없지만 직업적인 성공으로 안정된 생활을 하는 부르주아, 꽃 핀 처녀들이 속한 평범한 소시민, 그리고 하녀 프랑수아즈나 조끼 재단사인 쥐피엥 등 피고용인으로 구성되는 계급의 피라미드에서 알베르틴은 마르셀보다 한 단계 낮은 위치에 속한 것이다.

마치 아수에루스 왕이 여러 여인 중에서 에스테르를 골라 왕궁에 가두어 두다시피 했듯이 마르셀은 알베르틴을 데려와 자신의 감시 속에 둔다. 이렇듯 마르셀이 알베르틴을 믿지 못하고 끊임없이 감시하는 이유는 그녀에게 동성애적 경향이 있음을 확신해서이다.

재미난 사실은 『에스테르』가 1689년 처음 무대에 올랐을 때 모든 배역을 생 시르 왕립학교 학생들이 연기했다는 것이다. 생 시르 왕립학교는 태양왕 루이 14세의 연인이었던 맹트농 부인이 형편이 어려운 귀족 가문의 여학생들을 교육시키기 위해 설립한 학교다. 맹트농 부인 자신 또한 몰락한 귀족 가문 출신이었기에 나라에 봉사하다가 죽었거나 몰락한 아버지를 둔 일곱 살에서 열두 살 사이의 어린 소녀들에게 교육의 문을 열어 주었던 것이다. 그런 맹트농 부인이 소녀들을 위한 교육적이며 종교적인 작품을 라신에게 의뢰했을 때 라신은 12년의 긴 침묵을 깨고 『에스테르』를 쓰기 시작한다. 무대 위에서 소녀들은 에스테르를 비롯해서 아수에루스, 마르도셰, 아만의 역할을 모두 소화했다.

소설 속 라 베르마의 모델인 사라 베르나르는 1905년과 1912년 두 차례에 걸쳐 『에스테르』를 무대에 올리는데 이때 프루스트의 친구이자 연인이었던 레날도 안이 음악을 작곡한다. 사라 베르나르는 라신 시대의 초연에 충실할 목적으로 모든 배역을 여배우들이 연기하게 한다. 그녀가 아수에루스 왕의 역을 맡아 남장을 하고 에스테르 역의 여배우를 끌어안는 연기는 당시 평론가들에게 찬사를 받았다. 남자의 가면을 하고 있는 생 시르의 소녀들과 사라 베르나르, 여자의 가면을 하고 있지만 그 내면에는 남성의 성 정체성을 가진 알베르틴. 이렇듯 『에스테르』의 역사에 얽힌 여배우들의 가면극과 성의 전도는 남자의 모습을 하고 있지만 여성의 성 정체성을 가진 프루스트에게 매력적으로 다가왔던 것이다.

프루스트에게 유대인의 정체성을 각인시킨 「에스테르」

또 다른 이유에서 『에스테르』는 프루스트에게 의미 있는 작품이다. 프루스트의 어머니 역시 유대인이었고 문학적 교양이 풍부했다. 어머니에게 강하게 애착하던 어린 시절의 프루스트는 어머니로부터 고전에 대한 취향을 물려받았다. 십대 때 프루스트가 탐독한 도서 목록은 고전으로 채워졌다. 연극 작품의 경우 주인공의 대사를 꿰고 있던 어머니는 아들과의 대화나 편지에서 작품의 구절을 인용하기도 했다. 특히 어머니가 라신의 『에스테르』에 애착을 가지고 있다는 사실을 알고 있던 프루스트는 작곡가 친구인 레날도 안에게 배경 음악을 부탁하고 자신은 아수에루스 왕의 역을 맡고, 어머니는 에스테르의 역을 맡게 하여 자신들만의 무대를 꾸미기도 한다.

프루스트의 어머니가 『에스테르』를 유달리 좋아했던 이유는 에스테르가 유대인이며 그녀의 지혜가 유대 민족을 학살의 위기에서 구한다는 교훈적인 줄거리 때문일 것이다. 프루스트 또한 자신의 반을 차지하고 있는 유대인의 정체성을 부정하거나 숨기려 하지 않았다. 당시는 프랑스뿐만 아니라 유럽 전체에 반유대주의가 깊게 뿌리박혀 있었다. 특히 상류층에 속하기 위해서는 전통 프랑스 귀족 가문 출신이 이상적이었다. 하지만 지나치게 검은 머리와 검은 눈동자의 소유자였던 프루스트는 한눈에도 프랑스 순수 혈통으로 보이지 않았다. 프루스트도 스스로 자신이 정통에 속하지 못한다고 인식했다. 그는 동성애자인 자신의 성 정체성으로 더욱 이런 인식을 강조했다. 프랑스 귀족들의 살롱을 출입하며 그들의 인정에 목말라 했던 이유는 주류에 속할 수 없는 자신의 처지를 인식하고 있어서였을 것이다.

그러나 프루스트는 프랑스 사회를 흔들어 놓은 드레퓌스 사건이 발생했을 때 드물게 사회 참여적이며 행동주의자다운 면모를 보인다. 유대인 장교 드레퓌스가 독일군의 첩자라는 누명을 쓰고 외딴 섬에 유배되자 그의 무죄를 주장하는 드레퓌스 지지자들(진보주의자, 친유대주의자)과 드레퓌스 반대파(보수주의자, 군인, 반유대주의자)에 의해 프랑스 사회가 둘로 나뉜다. 여태껏 글만 쓰면서 귀족들의 살롱을 출입하며 한량으로 살아가던 프루스트는 드레퓌스 사건의 재심을 요구하는 탄원서를 작성하여 유명 인사들의 서명을 받기 위해 뛰어다니고 드레퓌스의 재판이 진행되는 법원의 방청객으로 참석하는 등 이 사건에 큰 의미를 부여한다.

지각 있는 지성인들이 목소리를 높였고 자연주의 작가인 에밀 졸라가 『오로르』 신문에 「나는 고발한다」라는 제목의 공개서한을 대통령에게 보내기도 한다. 결국 드레퓌스는 혐의를 벗고 무죄로 판결, 군에 복귀한다. 사건의 전개에 프루스트의 역할이 실제적으로 얼마나 도움이 되었는지를 따지는 일은 무의미할 것이다. 그보다는 늘 병약하고 음악, 미술, 문학에 관한 시나 에세이만을 발표하던 프루스트가 정치적 이슈에 몸소 참여했다는 사실 자체가 이례적이다. 자신의 반을 차지하는 유대인으로서의 책임

"나는 고발한다."

1898년 1월 13일자 신문 『오로르』의 제1면에 실린 에밀 졸라의 편지. 이날 평소의 열 배에 해당하는 30만 부가 발행 수 시간 만에 팔리는 진기록을 세웠다. 대통령에게 보내는 이 공개서한으로 인해 졸라는 국가의 명예를 훼손했다는 죄목으로 고소당하고 결국 영국으로 유배된다.

감과 어머니에 대한 애정이 아니었으면 프루스트가 이처럼 적극적으로 행동하기는 어려웠을 것이다.

라신의 마지막 비극 「아탈리」

『에스테르』의 성공에 고무된 맹트농 부인은 라신에게 또 한 번 생 시르 학교의 여학생들을 위해 종교적인 작품을 써 줄 것을 의뢰한다. 그리하여 2년 후인 1691년에 발표한 작품이 『아탈리』다. 라신은 『에스테르』에 이어 이번에도 『구약성서』에서 소재를 찾았다.

아탈리는 원래 유대교도였으나 남편인 유다 왕이 사망하자 후손들을 모두 죽이고 왕좌를 차지한다. 이교인 발Baal의 종교로 전향한 뒤에는 유대 민족에게도 발의 종교를 강요하여 민족과 종교를 이중으로 배신한다. 아탈리는 유다의 모든 왕족이 살해된 것으로 알고 있지만 제사장 조아드의 아내가 아탈리의 손자인 조아스를 구해서 기르고 있었다. 어느덧 나이가 들어 심약해진 아탈리는 어린아이가 자신을 죽이는 불길한 꿈을 꾸게 된다. 그러던 어느 날 유대인 신전에서 조아스를 보게 되는데 그는 자신이 꿈에서 봤던 바로 그 아이였다. 조아스가 자신의 친손자라는 사실도 모른 채 아탈리는 아이의 총명함에 매료되어 아이를 자신의 왕궁에서 살도록 권유하지만 조아스는 유대교를 저버릴 수 없다는 이유로 아탈리의 청을 거절한다. 평화적으로 해결하려는 아탈리와는 달리 제사장 조아드는 어떻게 해서든 아탈리를 왕궁에서 몰아내고 조아스를 왕좌에 앉힌 뒤 유대교를 되찾으려고 한다. 마침내 제사장 조아드의 덫에 걸린 아탈리는 유대 신전을 공격하다가 민중에 의해 쫓겨나 사형당한다.

『아탈리』는 유대인 왕비의 이야기를 담고 있다는 점에서 『에스테르』와 닮았다. 하지만 두 주인공의 역할은 사뭇 대조적이다. 에스테르가 현명함과 변함없는 신앙심으로 유대 민족을 학살의 위험에서 구해 내지만 아탈리는 자신의 종교와 민족을 배신한 대가로 손자로부터 처참한 죽음을 맞는다.

그러나 라신의 마지막 비극인 『아탈리』는 성공을 거두지 못한다. 당시 도덕론자들은 비록 종교적인 내용의 연극일지라도 모든 예술 자체에 반발심을 가지고 있었다. 또 정숙하고 외부와 차단된 생활을 하는 생 시르의 소녀들이 대중 앞에 선다는 자체가 비도덕적이라고 비난했다. 『아탈리』는 당시의 엄격한 도덕적 잣대에 의해 빛을 보지 못했지만 후대에 와서 볼테르, 발자크 등에 의해 프랑스 문학사에서 가장 뛰어난 작품 중 하나로 추앙받게 된다.

『잃어버린 시간을 찾아서』의 제2권에 속하는 「꽃핀 소녀들의 그늘에서」에서 알베르틴은 다른 친구들 앞에서 지젤의 편지를 읽는다. 지젤은 편지에 중학교 졸업시험에서 높은 점수를 받은 작문시험에 대해 자랑스럽게 적어 놓았다. 지젤이 선택한 작문 문제는 "소포클레스는 지옥에서부터 라신에게 『아탈리』가 실패한 것을 위로하기 위해 편지를 쓴다"였다. 지젤은 소포클레스의 입장에서 라신에게 편지를 쓰는 형식으로 답안을 작성한다.

이 부분은 소설의 전체적인 전개와는 별개의 에피소드이지만 당시 프랑스 학교에서 어떤 식의 문학 수업을 받고 시험을 치렀는지를 보여 주는 흥미로운 대목이다. 교과 과정에서 라신은 고전 문학을 대표하는 작가로서 중고등학교 교과서에 필수적으로 등장하고 학생들은 라신의 비극 작품을 읽고 토론하고 라신에 대한 평론가들의 의견을 알아야 했다.

알베르틴이 친구들 앞에서 지젤의 작문 답안지를 큰 소리로 읽고 훌륭하다며 칭찬하자 친구 앙드레는 거드름을 피우며 자기라면 그렇게 쓰지 않았을 것이라며 지젤의 답안지를 하나하나 지적한다. 앙드레는 『아탈리』의 각 막이 끝날 때 등장하는 합창단은 라신이 새롭게 생각해 낸 방식이 아니며 이전에 이미 다른 프랑스 비극 작가들에 의해 사용되었다는 점을 지적한다. 당시 가장 유명한 평론가들의 이름을 언급하는 등 지식을 한껏 뽐내자 알베르틴은 금세 지젤에게 향했던 존경의 눈길을 앙드레에게 돌린다.

문학 작품은 학생들의 교과 과정에서뿐만 아니라 생활 깊숙이 자리 잡고 있었다. 얼마나 많은 작품과 작가를 알고 있으며 이들을 대화 중에 재치 있게 인용하느냐에 따라 다른 학생들의 선망의 대상이 되기도 했다. 이 부분에서 파리의 부유한 자제들이 다니던 콩도르세 학교 재학 시절 프루스트가 자신이 주축이 되어 찬간한 문예지『녹색지』의 회원들과 문학에 대해 열띤 토론을 벌이던 모습을 어렵지 않게 상상해 볼 수 있다.

할머니를 '살해'했다는 죄책감에 시달리는 마르셀

또한『아탈리』는 소설『잃어버린 시간을 찾아서』에서 마르셀과 할머니의 관계를 재조명하는 수단으로도 사용된다.『아탈리』는 할머니와 손자의 관계에 초점을 둔 작품이다. 즉 손자를 야수의 무리에 떨어뜨려 살해하려는 아탈리, 그러나 타인의 은혜를 입어 목숨을 구하고 그들의 손에 자라난 손자는 할머니의 청을 매몰차게 거절하고 결국 할머니를 죽음으로 내몬다.

소설에서 마르셀은 할머니에 대해서 끝없는 애정을 가지고 있음에도 간혹 할머니의 감정에 잔인하게 상처를 낸다. 마르셀이 할머니와 처음으로 발베크를 방문했을 때 할머니는 이미 병을 앓고 있었다. 그런 할머니는 이것이 자신의 마지막 모습이라고 생각하여 마르셀의 친구 로베르 드 생루에게 사진을 찍어 달라고 부탁한다. 사후에 자신을 기억할 수 있는 사진을 마르셀에게 남기고 싶은 이유에서이다. 화려한 모자를 쓰고 머리를 여러 가지 모양으로 매만지는 할머니를 보면서 마르셀은 지루한 마음이 들고 그런 행동이 허영심에 찬 것 같다며 불만을 드러낸다. 손자의 말에 상처를 입은 할머니는 이윽고 표정이 굳어지는데 이는 또한 라신의 비극에서 조아스가 아탈리를 차갑게 거절하는 장면과 겹친다.

  마르셀은 할머니가 끔찍한 요독증을 앓다가 숨을 거둘 때에도 크게 슬픔을 느끼지 못한다. 할머니가 세상을 떠난 후 수년이 흘러 이번에는 어머니와 함께 발베크를 방문한다. 도착한 첫날 피곤한 몸을 이끌고 호텔에 들어와 신발을 벗기 위해 허리를 구부려 구두 단추를 끄르는 순간, 예전에 할머니와 발베크를 여행했을 때가 불현듯 떠오른다. 그때도 여행 첫날 할머니가 자신의 신발을 벗겨 주기 위해 같은 동작을 했던 것이다. 동시에 주체할 수 없는 감정이 복받쳐 그제야 그는 할머니가 정말로 이 세상을 떠났다는 사실을 실감하며 처음으로 눈물을 흘린다. 또한 로베르 드 생루가 찍은 할머니의 사진은 그날 자신이 할머니에게 입힌 상처를 떠올려 슬픔과 후회로 가득하게 만든다.

  할머니의 행동이 못마땅했던 가장 큰 이유는 발베크에 머무는 내내 할머니가 왠지 자신을 피한다는 느낌을 받아서였다. 발베크의 호텔에서 할머니는 마르셀의 옆방에 머물면서 밤이면 으레 자신의 벽을 노크하고는 했다. 이는 손자가 와서 잘 자라는 입맞춤을 해도 좋다는 둘만의 신호였다. 그러나 언제부터인가 할머니가 노크를 하지 않게 되었고 마르셀은 하염없이 기다리다가 실망하고는 밤 인사 없이 잠들고는 했던 것이다. 밤마다 할머니의 노크 소리를 헛되이 기다리는 사이 서운함이 쌓여 할머니가 지나치게 치장을 하고 멋을 부리자 그만 감정이 폭발했던 것이다.

  하지만 마르셀은 호텔 지배인을 통해 예전에 할머니가 두 번이나 발작을 일으켰고 그 사실을 손자에게 알리지 말아 달라고 부탁했다는 사실을 알게 된다. 자신의 몸 상태가 나쁜 것을 마르셀에게 숨기기 위해 가급적 그를 피했고 사진에는 안색이 좋게 나오도록 일부러 진하게 화장하고 머리를 부풀리고 챙이 넓은 모자를 썼던 것이다. 그 사실을 알게 된 마르셀의 슬픔은 죄책감으로 바뀐다. 마르셀 자신 또한 몸이 약했고 불안한 장래 때문에 할머니에게 늘 걱정을 끼치고 애정을 충분히 되돌려 주지 못했다. 할머니의 죽음이 자신의 책임인 것만 같은 마르셀은 자신이 할머니를 "살해했다"고 말한다. 아탈리를 제사장 조아드의 사형 명령에서 구원하지 않는 손자 조아스, 그 또한 할머니를 살해한 것이다.

발자크

Honoré de Balzac, 1799~1850

소설에 의해 성장하는 인물들의 연대기

오노레 드 발자크는 프랑스 문학사에서 가장 방대한 작품을 남긴 작가 중 한 사람으로 꼽힌다. 그는 30여 년 동안 100여 편에 이르는 소설, 콩트를 집필하여 이를 묶어 『인간 희극』이라는 대작으로 토해 냈다. 19세기 프랑스의 부르주아 사회의 다양한 인간 군상들의 속성을 파헤친 이 작품이 프루스트에게 지대한 영향을 끼쳤음은 어쩌면 당연한 일이라 하겠다.

발자크가 동일 인물들을 다른 작품에 재등장시킴으로써 여러 작품들이 자연스럽게 연결되도록 한 방식은 그가 프랑스 소설에 가져온 혁신적인 구성 방식으로 꼽힌다. 이 방식은 후에 에밀 졸라의 『루공 마카르』 총서를 비롯하여 프루스트의 『잃어버린 시간을 찾아서』에도 사용되었다.

인물들이 여러 소설에 재등장함으로써 독자는 그들의 연대기적 삶을 따라가게 되고 그들이 사회적 환경에 따라 어떻게 변화 혹은 발전하는지 관찰하게 된다. 가령 1835년작 『고리오 영감』에 외젠 드 라스티냐이라는 청년이 등장하는데 그는 이미 발자크가 1831년에 발표한 『양피 가죽』에 등장했던 인물이다. 라스티냐은 첫 작품에서는 시골에서 파리로 막 상경한 순수하고 어수룩한 청년이었는데 다음 작품들에서는 점점 더 속물이 되고 부유층 여자들을 유혹하여 사회적으로 성공하는 모습으로 그려진다. 그는 총 25편의 작품에 크고 작은 역할로 등장한다. 이렇듯 독자는 한 편의 소설을 통해 익숙해진 인물이 세월의 흐름에 따라 다음 편 소설에서는 육체적, 사회적, 심리적으로 변화된 모습을 접하며 더욱 안타까운 심정이 되고, 발자크의 소설들은 한결 빠르고 직접적으로 독자들에게 다가갈 수 있는 장점을 갖게 되는 것이다.

발자크는 농민 출신의 아버지와 그보다 서른한 살 연하인 파리의 상인 집안 출신의 어머니 사이에서 장남으로 태어난다. 아버지는 자수성가형으로 파리 시의 검사 및 왕정의회 비서로까지 승진하는 등 관리로 출세한다. 소르본 대학의 법학도생 발자크를 보면서 아버지는 무척 흡족했을 것이다.

아들의 성공을 바란 아버지는 실무의 중요성을 깨닫고 변호사 지인의 법률 사무소에서 발자크가 수련생으로 경험을 쌓도록 힘쓴다. 그러나 그곳에서 보낸 3년은 오히려 발자크가 법조계에 대한 환상을 깨는 계기가 된다. 반복적이고 답답한 서류 작업 속에서 발자크는 문학가로서의 꿈을 펼친다. 그러고는 글쓰기에 전념할 결심으로 법률 사무소와 대학을 박차고 나온다. 그런 발자크를 아버지는 어떻게 해서라도 성공시키고 싶었던 것일까? 글쓰기에 전념할 수 있도록 2년 동안 파리의 작은 다락방의 월세를 지원하고 가족은 파리 근교의 빌파리시스라는 작은 마을로 이사한다. (프루스트는 『잃어버린 시간을 찾아서』 속 인물 중 한 명에게 빌파리시스라는 이름을 붙임으로써 발자크의 삶에 살짝 윙크하는 듯하다. 소설 속에서 빌파리시스 부인은 마르셀의 할머니의 오랜 친구이자 속물근성으로 뭉친 여인으로 묘사된다.)

그러나 그렇게 해서 완성한 발자크의 첫 번째 비극 『크롬웰』(1820)은 독자들의 무관심 속에 묻혀 완전히 실패한다. 그 후에도 몇 편의 소설을 더 발표하지만 모두 기대했던 성공을 거두지 못한다. 더구나 출판업계에 투자하고 인쇄소를 사들이는 등 벌이는 사업마다 모두 실패로 끝나 서른이 되기도 전에 발자크는 어마어마한 빚더미에 앉게 된다.

유명한 작가가 되는 꿈을 꾸었던 발자크는 이제 빚을 갚기 위해 쉼 없이 글을 써야 하는 운명에 처한다. 이러한 상황은 거의 평생 그를 괴롭혔는데 어쩌면 이 때문에 그는 괴상한 글쓰기 습관을 가지게 되었는지도 모른다. 늦은 오후에 식사를 한 후 바로 잠을 자고 자정에 일어나 밤새 글을 쓰는 습관을 갖게 된 것이다. 문학사에 남는 발자크의 이 유명한 글쓰기 습관은 근본적인 원인은 다르지만 프루스트의 글쓰기 방식과도 유사하다고 할 수 있겠다. 발자크는 단 세 시간만 쉬고 이틀을 꼬박 글쓰기에 매진한 적도 있다고 한다. 발자크가 51세라는 젊은 나이에 숨을 거둔 주된 이유도 바로 지나친 노동(글쓰기 또한 엄청난 에너지를 요하는 노동이다)에 있을 것이다.

원고료 때문에 발자크는 기자, 문학평론가, 수필가 등으로 활동하며 닥치는 대로 글을 썼고 다양한 장르를 섭렵했다. 유명한 의사 아버지와 부유한 유대인 어머니의 지원으로 평생 돈 걱정 없이 살았고 과할 정도의 팁을 남발했던 것으로 유명한 프루스트 역시 『피가로』 등의 신문에 글을 썼지만 그 이유는 발자크와는 정반대였다. 프루스트는 유명한 살롱을 드나들면서 부인들의 옷맵시며 손님들 사이에 오갔던 대화를 댄디식 멋쟁이의 문체로 써서 가십거리를 즐기는 독자들에게 전달했던 것이다. 나이가 들어 발자크와 프루스트는 이렇듯 초기에 썼던 자신들의 글을 가치가 없는 것으로 혹독하게 비난했으며 독자들이 잊어 주기를 바랐다. 특히 발자크는 생전에 출간된 전집에 자신의 초기 작품들을 싣지 못하게 할 정도였다.

단테의 「신곡」에 견주고자 한 발자크의 거대한 야심

발자크가 자신의 전 작품을 아우르는 제목을 『인간 희극』이라고 정하게 된 것은 이탈리아 중세 작가인 단테의 『신곡』에서 영감을 받아서라고 한다. 그러나 정작 발자크는 여러 작품을 발표했고 예전 작품에 등장시킨 인물들을 다음 작품에 다시 등장시키는 수법을 이미 사용했지만 그가 그러한 작품들을 통일성 있는 하나의 구조로 연결시키는 『인간 희극』이라는 거대한 틀을 찾게 된 것은 추후의 일이다. 『인간 희극』을 구성하는 작품 중에서 가장 초기에 완성한 『올빼미당원』은 1830년에 출간되었지만 『인간 희극』이라는 종합적인 제목이 처음 등장한 것은 1842년의 일이다.

발자크가 이렇듯 뒤늦게 『인간 희극』의 구성을 정했다는 사실을 프루스트도 잘 알고 있었다. 그러나 프루스트는 그런 사실은 아무 문제가 되지 않는다고 보았다. 프루스트에 의하면 위대한 작가라면 그가 쓰는 다양한 작품 사이에는 필연적으로 서로를 연결하는 유기적인 관계가 존재한다. 따라서 작가는 그것을 인위적으로, 또는 의식적으로 만들 필요가 없다. 발자크를 천재 작가의 대열에 합류시킨 프루스트는 발자크가 『인간 희극』이라는 구조를 만들지 않았어도 그의 작품들은 서로 연결될 수밖에 없었을

단테의 초상.
산드로 보티첼리, 1495, 개인 소장, 스위스.

것이고, 발자크가 그것을 '발견'하는 일은 너무나도 당연한 결과였다고 말한다. 프루스트는 위대한 예술가란 창조하는 자가 아니라 숨어 있는 진리를 발견하는 자라고 말하지 않았던가.

『인간 희극』은 단테의 『신곡』과 마찬가지로 세 부분으로 나뉜다. 『신곡』에서는 작가와 이름이 같은 단테라는 인물이 고대 로마의 시인 베르길리우스의 안내를 받아 지옥, 연옥, 천국을 차례로 여행한다. 『인간 희극』도 풍속 연구, 철학적 연구, 분석적 연구의 세 부분으로 나뉜다. 이 중에서 대표작인 『외제니 그랑데』 및 『고리오 영감』이 속한 풍속 연구가 『인간 희극』의 3분의 2가량을 차지하며 가장 중요한 위치에 놓인다.

프루스트가 자신의 소설에 『잃어버린 시간을 찾아서』라는 다소 긴 제목을 붙이게 된 것은 발자크의 소설 두 편에 바탕을 두었다고 분석하는 견해도 있다. 그 두 권이란 『절대의 탐구』와 『잃어버린 환상』이다. 프루스트는 1913년 『잃어버린 시간을 찾아서』의 첫 권인 「스완네 집 쪽에서」를 발표했을 때 자신의 작품은 총 3부작으로 구성될 것이며 앞으로 두 권의 책이 더 출간될 것이라고 밝힌 바 있다. 그는 두 번째 권과 세 번째 권의 제목으로 각각 「게르망트네 쪽」과 「되찾은 시간」을 선택했었다. 이러한 삼중구도는 『인간 희극』의 구성에서 빌려온 것임을 부정할 수 없다. 결국 프루스트의 초기 계획이었던 3부작은 양이 방대해지면서 총 7권으로 늘어나고 프루스트는 생전에 전권이 출간되는 것을 보지 못한 채 눈을 감는다.

다음은 『인간 희극』의 서문 가운데 일부다.

건물의 기초에는 우선 사회적 현상을 재현하는 풍속 연구가 있다. 그 다음에는 철학적 연구가 있다. 현상 다음에는 원인이 오기 때문이다……. 그리고 현상과 원인 다음에는 법칙을 찾아야 한다. 풍속은 무대 위에 있고, 원인은 무대 뒤와 기계 장치에 있다. 법칙은 바로 작가 자신이지만 작품이 사고의 높이를 따라잡으면서 작품은 작가와 견주게 되고 깊이를 더해 간다.

발자크는 자신의 작품을 건물에 비유하고 그것의 뼈대를 구성하는 세 개의 받침대를 분석하며 건축적인 은유를 사용해서 전개하는데 이런 방식을 우리는 프루스트의 소설에서도 확인해 볼 수 있다. 프루스트는 조금 더 구체적이다. 자신의 소설을 성당이라는 건축물에 비유한 것이다. 많은 성당이 수 세기에 걸쳐 완성되는 것처럼 자신의 소설도 오랜 시간을 들여야만 완성될 것이다. 그러기에 하나의 성당조차도 그것이 거쳐 온 시간을 증명하듯 당시의 예술사적 흐름을 반영하는 다양한 풍조가 동시에 보이기도 한다. 마찬가지로 프루스트는 자신의 소설에 다양한 예술사조가 등장할 것임을 예고한다. 실제로 프루스트의 문체는 미술사조에 비교해서 인상주의, 표현주의, 입체주의 등 다양한 특성을 담고 있다고 평가된다.

또한 성당은 건축을 비롯, 회화(그리스도의 십자가 고행 등을 비롯한 여러 종교화 및 스테인드글라스), 조각(다양한 성인의 형상을 표현한 조각상), 음악(오르간 연주와 성가), 문학(성경) 등 여러 예술 장르가 복합적으로 어우러져 완성되는 것인데 프루스트 또한 자신의 소설 안에 문학은 물론 사진, 연극, 음악, 미술 등 여러 장르의 예술가 및 작품을 등장시킨다. 프루스트가 여러 예술 장르를 문학 작품 안에 담게 된 것은 단순히 자신의 개인적인 예술 취향이나 지식의 방대함을 보여 주기 위해서가 아니다. 그보다는 그런 것들을 소설의 전체적인 구조와 긴밀하게 엮으면서 작가의 예술론을 뒷받침하는 도구로 사용한다.

프루스트는 발자크의 천재성을 인정하고 자신의 평생의 작품의 제목과 구성에 발자크에게서 받은 영향을 그대로 드러내지만 개인적인 특성에 있어서 두 작가는 너무나 달랐다.

이미 살펴보았듯이 프루스트는 유복하고 가정적인 분위기에서 고전 문학을 자연스럽게 인용하는 어머니의 사랑을 받으며 예민하고 풍부한 감수성을 키웠다. 이러한 분위기는 프루스트의 문체에도 그대로 드러난다. 또한 평생 그를 괴롭힌 천식은 미세한 소음과 공해에도 지나치게 민감하게 반응하도록 만들었는데 그는 말년에 은둔하다시피 아파트에 칩거한 채 집필에만 전념했다. 또한 소설 속 주인공 마르셀이 대가들의 작품을 읽으면

발자크의 초상.
아실 드베리아, 1825.

서 자신에게는 문학적 재능이 없음을 한탄하는 모습은 프루스트의 이미지와 겹쳐 보인다.

반면 발자크는 다섯 살 때까지 부모와 떨어져 유모의 손에서 자랐다. 오늘날 사고방식으로는 이해하기 어렵겠지만 이러한 육아는 당시 유럽의 어느 정도 여유 있는 가정에서는 흔히 있던 관습이었다. 그 후에는 기숙학교로 보내져 십대를 보냈으니 발자크는 부모의 애정을 거의 받지 못하고 유년기를 보낸 셈이다. 그런 성장 과정 덕분에 발자크는 독립적이 되었고 어찌 보면 거칠고 저돌적인 성격을 갖게 되었다. 발자크는 작가로서 자신감 또한 대단했다. 영감을 받아 작품을 쓸 때면 이번 작품이 얼마나 위대한 걸작이 될 것인지 지인에게 보내는 편지에 흥분하여 적고는 했다. 동일 인물을 다음 편 소설들에 재등장시키는 기법을 처음 사용한 작품은 『고리오 영감』이다. 그 기법을 생각해 냈을 때 그는 가장 가까운 관계를 유지하던 누이 로르 드 쉬르빌에게 달려가 이렇게 말했다. "내게 경의를 표해 줘! 나는 지금 천재가 되는 중이거든."

보트랭의 화신, 샤를뤼스 남작

발자크가 창조한 뤼시앵 드 뤼방프레라는 인물은 작가로서 성공하겠다는 야망을 품고 파리로 상경한다는 점에서 앞서 언급한 『고리오 영감』의 외젠 드 라스티냐과 비교되는 중요한 인물이다. 둘 사이의 차이점이라면 라스티냐의 부모가 시골 귀족인 반면 뤼시앵의 경우는 어머니만 그렇고 아버지는 약사로 귀족 칭호가 없다는 점이다. 당시 프랑스에서 약사는 일반 상인과 별반 다를 게 없었다. 따라서 사회적으로 콤플렉스가 있었던 뤼시앵은 법적으로 아버지의 성인 샤르동Chardon(프랑스어로 '엉겅퀴'를 의미하는데, '석탄'을 의미하는 '샤르봉charbon'을 떠올리게 하기도 한다)을 버리고 어머니의 처녀 적 성인 '드 뤼방프레'로 개명하고자 무진 애를 쓴다. 프랑스에서 성 앞에 '드de'가 있다는 것은 귀족 가문임을 상징하기 때문이다.

그런 뤼시앵에게 보호자 겸 후원자의 역할을 자처하는 카를로스 에레라라는 신부가 등장한다. 그는 수수께끼로 가득한 인물로 수많은 가명을 사용해 정체를 숨기며 그때그때 상황에 맞게 자신을 탈바꿈한다. 보트랭이라는 이름으로 가장 잘 알려졌으나 그의 원래 이름은 자크 콜랑이며, 탈옥

라스티냑(왼쪽)과 보트랭(오른쪽).
『고리오 영감』 중에서, 1897.

수라는 과거가 있다.

보트랭과 뤼시앵의 만남은 『잃어버린 환상』의 끝부분으로 거슬러 올라간다. 제목이 상징하듯 시골에서 파리로 상경한 청년 뤼시앵은 작가로서 성공하고자 하는 '환상'을 모두 잃어버린 후다. 사랑하던 여인 코랄리는 죽음을 맞았고, 기자로 활동하면서 만났던 동료들은 그가 정치적인 입장을 바꾸자 모두 등을 돌리고, 믿었던 친구 다비드는 어마어마한 빚을 지고 감옥에 갇힌 신세다. 다비드의 감옥행에 상당한 책임이 있는 뤼시앵은 아무 희망이 보이지 않는 파리에서의 암담한 미래에 절망하여 물에 빠져 목숨을 끊을 심산이었다. 그 순간 에스파냐 신부로 변장한 보트랭이 등장하여 구원의 손길을 내민다.

이 두 인물이 만나는 장면에서 보트랭은 뤼시앵의 팔을 붙잡고 억지로 마차에 올라타게 한다. 발자크는 이때 보트랭을 묘사하면서 문제의 소지가 될 수 있는 동성애적인 코드를 삽입한다. 매우 미묘하고 간접적인 표현들이라 미처 눈치채지 못하고 지나칠 수도 있으나 후에 보트랭의 성 정체성을 알게 된 독자들은 이 장면을 새삼 떠올리며 보트랭의 숨은 의도를 파악하게 된다.

마차 안에서 보트랭은 뤼시앵의 얼굴을 뚫어지게 쳐다보며 위아래로 훑어본다. 발자크는 이런 보트랭이 "교태를 보이고, 알랑거리고, 어리광을 부린다."고 묘사한다. 보트랭은 위로하듯 뤼시앵의 허리에 팔을 두르기도 하는데 실패한 시인에게 부와 명예를 약속할 뿐만 아니라 파리에서 그를 내쫓은 이들이 그 앞에 무릎 꿇게 되리라는 확신을 심어 준다. 뤼시앵은 보트랭이 여행 가방에서 금화를 꺼내 보여 주자 마침내 설득되고 만다. 보트랭이 내거는 단 하나의 조건은 자신에 대한 무조건적인 믿음과 복종이다. 발자크는 『화류계 여인의 영화와 몰락』의 마지막 부분에 가서야 보트랭이 동성애자임을 드러낸다.

『잃어버린 시간을 찾아서』에는 발자크가 창조한 보트랭만큼이나 권모술수에 능하고 젊은 청년들을 목표물로 삼아 후원자를 자청하면서 그 대가로 복종을 요구하는 인물인 샤를뤼스 남작이 등장한다. 샤를뤼스는 주인공 마르셀에게 후원자가 되어 주겠노라고 하지만 마르셀은 지나치게 순진했던 것일까? 샤를뤼스의 말에서 숨은 의미를 파악하지 못한 덕에 그의 꼭두각시가 되는 운명을 피할 수 있었다. 그런데 이런 샤를뤼스가 소설에서 발자크광으로 그려진다. 샤를뤼스는 수차례 발자크 소설을 인용하고 어떤 인물이 발자크의 소설에 나오는 인물과 이름이 같다는 이유만으로

로베르 드 몽테스키유.
제임스 휘슬러, 1892, 프릭 컬렉션, 미국.

19세기 후반 파리의 살롱에서 가장 유명한 인물 중 하나였던 몽테스키유는 프루스트에 의해 샤를뤼스 남작으로 재창조된다. 왼손에 들고 있는 여성의 코트는 그의 동성애를 상징적으로 보여 준다.

그에게 관심을 보이기도 한다.

다음은 샤를뤼스가 「소돔과 고모라」에서 발자크의 작품을 비롯해서 뤼시앵의 죽음을 언급하는 부분이다. 마르셀은 샤를뤼스에게 발자크 소설의 어떤 면을 좋아하는지 묻는다. 이에 대해 샤를뤼스는 다음과 같이 대답한다.

이것저것 모두 좋아하지요. 『투르의 사제』와 『버려진 여인』과 같은 작은 작품들을 비롯해서 『잃어버린 환상』 시리즈 같은 거대한 벽화까지 모두 좋아합니다. 아니, 뭐라구요! 『잃어버린 환상』을 읽어 보지 않았다구요? 카를로스 에레라가 탄 마차가 어느 성 앞을 지나갈 때 그가 성의 이름을 묻는 부분은 정말로 아름답지요. 라스티냐 성입니다. 그 이름은 바로 예전에 그가 사랑했던 젊은 청년의 이름이었던 것이지요. 그는 순간 감상에 빠집니다……. 또 뤼시앵의 죽음으로 말할 것 같으면, 어느 시인이 한 말인지 기억이 나지 않습니다만, 누군가 그 시인에게 삶에서 가장 슬펐던 일이 무엇이냐고 묻자, 그는 『화류계 여인의 영광과 몰락』에서 뤼시앵 드 뤼방프레의 죽음이라고 대답하더랍니다. −「소돔과 고모라」

샤를뤼스는 발자크 소설에 등장하는 등장인물의 이름까지도 상세히 꿰고 있을 만큼 발자크를 숭배한다. 그런 샤를뤼스와 젊은 바이올린 연주자 모렐과의 관계는 발자크가 묘사한 보트랭과 뤼시앵의 관계를 떠올리게 한다.

모렐의 아버지는 마르셀의 삼촌네 집사였다. 아버지가 집사라는 사실에 심한 콤플렉스가 있는 모렐은 샤르동이라는 성을 가진 아버지를 부정하는 뤼시앵과 닮았다. 모렐과 뤼시앵은 이 밖에도 여러 면에서 공통분모를 가진다. 둘 다 눈에 띄게 빼어난 외모의 청년이면서, 신문에 풍자적인 글을 쓰는 기자직을 거쳤다. 또한 뤼시앵은 문학을, 모렐은 음악을 하는 자칭 예술가다. 모렐은 샤를뤼스에게 물질적인 도움을 받으면서도 독재자와 같은 그에게 반발심을 느껴 기사를 통해 샤를뤼스를 혹독하게 비난하고, 마찬가지로 뤼시앵은 그러한 기사를 통해 자신의 앞길을 방해하는 사람들을 공격한다.

반면 샤를뤼스는 야심은 있으나 이를 성취할 수 있는 재능과 재력이 부족한 모델을 대상으로 보트랭이 뤼시앵에게 펼쳤던 전략을 모방한다. 보트랭은 자신의 창조물인 뤼시앵이 성공하는 것을 보기 위해서 그에게 후작의 칭호를 살 수 있게 한 후, 공작 가문 딸과의 결혼을 주선한다. 샤를뤼스는 모렐에게 자신이 원하는 대상, 즉 마음대로 조종할 수 있는 여인과 결혼시킴으로써 자신과 모렐의 관계를 의심쩍게 바라볼 사회적 시선을 피하는 동시에 젊은 부부를 마음대로 조종하고자 한다. 그는 충직한 하인 쥐피앵의 조카딸과 모렐을 부부로 만들고자 한 것이다.

그러나 프루스트는 발자크와는 완전히 다른 결말을 모렐과 샤를뤼스에게 선사한다. 발자크의 인물들 대부분이 그렇듯 뤼시앵은 비극적으로 삶을 마감한다. 그는 애인이었던 에스테르의 죽음에 책임이 있는 것으로 몰려 감옥에 갇히는데 그곳에서 결국 목을 매 자살한다. 보트랭조차 뤼시앵을 죽음에서 구하지 못한다. 반면 보트랭은 진심으로 아끼던 뤼시앵이 자살한 후 거짓 삶을 청산하고 경찰에게 탈옥수라는 과거를 밝힌다. 그렇게 함으로써 오히려 경찰의 첩자로서 범죄자들을 잡아들이는 일을 하게 된다. 그 과정에서 보트랭은 과거에 함께 감옥에서 지냈으며 성관계도 맺었을 것이라 암시되는 동료의 출소를 돕기도 한다.

뤼시앵이 비극적인 자살을 선택한 반면 모렐은 점점 사회적으로 신분 상승하며 여러 살롱을 드나들게 된다. 결국 그는 자신의 보호자였던 샤를뤼스보다 더 힘을 갖게 되어 여러 사람 앞에서 샤를뤼스를 망신 준다. 그럼으로써 어떻게 해서든지 그와의 관계가 드러나지 않도록 하는 데 성공한다. 모렐과 달리 샤를뤼스는 나이가 들어 육체적으로, 그리고 사회적으로 완전히 쇠락한다. 그는 충실한 하인 쥐피앵이 자신을 위해 운영하는 호텔에서 젊은 남창들에게 두 손이 묶여 채찍질을 당하는 데서 쾌감을 느끼는 것으로 만족하는 나날을 보낸다. 그러던 어느 날 풍을 맞아 마음대로 몸을 움직이기가 힘들어지고 거의 장님이 되다시피 한다. 이제 귀족 살롱에서 그의 존재는 완전히 잊혔으며, 마르셀이 우연히 마주쳤을 때 그는 쥐피앵에게 의지하여 간신히 걷고 있는 비참하기 그지없는 노인이 되어 있다.

프루스트가 비난한 발자크의 문체

프루스트는 비슷하면서도 완전히 다른 두 인물을 창조함으로써 발자크에게서 받은 영향을 보여 주는 동시에 자신은 어디까지나 발자크와 다르다는 사실을 말하고 있다. 소설의 구조와 이야기의 전개 같은 내용 면에서 프루스트가 발자크의 독자로서 직간접적으로 영향을 받은 것은 사실이다. 그러나 프루스트는 정면으로 발자크의 소설에 반박했다. 그것은 바로 발자크의 문체다. 『인간 희극』이라는 거대한 틀 안에 자신의 전 작품을 유기적으로 연결시킨 발자크의 천재성을 인정하면서도 문체에 있어서만큼은 그를 상당히 엄격하게 비난했다.

프루스트에게 문체는 "작가의 모든 것"이라 할 만큼 소설의 내용이나 형식보다 중요하게 생각하는 것이었다. 그는 "화가에게는 색, 작곡가에게는 음조, 소설가에게는 문체"가 모든 것을 결정짓는다고 생각했다. 우리가 렘브란트의 다양한 그림들 앞에서 화가의 이름을 보기도 전에 그 그림이 렘

브란트의 것임을 알게 되는 이유는 화가 고유의 황금빛 색을 공통적으로 볼 수 있기 때문이며, 바그너의 심포니와 오페라를 들을 때 그것이 바그너의 작품임을 알 수 있는 이유는 공통적으로 느껴지는 바그너만의 독특한 음조 때문이라고 주장한다. 마찬가지로 같은 작가의 소설을 읽을 때 독자가 그를 알아볼 수 있는 것은 작가 특유의 문체 때문이라는 것이다.

그러나 프루스트에 의하면 발자크는 고유의 문체를 창조하려는 노력을 하지 않았다. 발자크는 지나치게 내용과 사건 전개에만 신경을 쓴 나머지 문체를 갈고닦는 일에 등한시하여 우리가 발자크의 소설을 읽을 때 대하게 되는 문체는 '소설가 발자크'의 것이 아니라 '개인 발자크'의 것과 똑같다고 한다. 즉 발자크의 소설 속 문체는 그가 썼던 수많은 편지에서 접할 수 있는 문체와 동일하고 따라서 독자는 발자크의 소설을 읽으며 소설가가 아닌 개인 발자크를 느끼게 된다는 것이다. 그런 의미에서 프루스트는 발자크와 가장 비교되는 작가로 플로베르를 언급한다. 플로베르의 소설은 '무에 관한 책'이라고 할 만큼 극적인 사건도 없을뿐더러 평범하고 지루한 인물과 상황이 연속되지만 플로베르는 그것을 표현하기 위해 그만의 문체를 창조하려고 무던히 애를 썼다. 그 결과는 소설 속에 그대로 나타난다고 한다.

발자크가 한스카 부인과의 결혼 가능성에 대해 누이에게 쓴 편지들을 보면 마치 한 편의 소설처럼 구성되어 있을 뿐만 아니라 그의 소설과 마찬가지로 모든 인물들이 행동을 충실히 뒷받침하는 요소들처럼 배치, 분석, 추론되었다……. 문체란 작가의 생각에 의해 변형된 현실인데 그런 면에서 발자크의 소설에는 문체가 존재하지 않는다고 함이 적당하다. 생트뵈브가

"(발자크의) 문체는 고대 노예의 팔, 다리와도 같다."라고 표현한 것은 완전히 그릇된 해석이다. 반면 플로베르의 문체는 현실의 모든 요소들이 같은 본질을 향해 일관성을 유지한 채 거대한 덩어리로 통일되었다. 그 어떤 찌꺼기도 남아 있지 않다. 덩어리의 표면은 빛을 반사시킬 정도로 매끈하다. 모든 것은 반사되며 그려지지만 그렇다고 통일성을 띤 본질이 변질되지는 않는다. 달랐던 모든 것들이 한곳으로 통일되고 흡수된다. 반대로 발자크의 경우는 아직 소화되지 않고 변화를 겪지 않은 요소들이 통일된 문체를 구성하지도 못한 채 어지럽게 공존한다. 그의 문체는 암시하거나 반사하는 것이 아니라 설명한다. 발자크는 설명할 때 매우 뚜렷한 영상을 사용하지만 그 영상은 나머지 것과 어울리지 못한 채 독자에게 전달된다. 마치 흥미로운 대화를 할 때 재미난 비유를 쓰기는 하지만 그 비유가 대화 전체와는 연관이 없는 경우와 마찬가지다. ―『생트뵈브에 반박하여』

프루스트는 발자크의 소설 속 문체가 작가의 현실을 변형시키지 않고 그대로 드러낸 점을 비난한다. 『잃어버린 시간을 찾아서』는 마르셀이라는 소년이 중년이 되어서야 마침내 작가가 될 소명을 발견하는 일종의 성장소설이라고 할 수 있다. 그런데 프루스트는 그것을 별다른 사건이나 극적인 전개 없이 자그마치 총 7권에 걸쳐 펼쳐 보이고 있다. 그것을 읽는 독자는 마르셀이 경험하는 일개 사랑이나 우정, 여행 같은 에피소드 자체에서 의미를 찾기보다는 그것을 서술하는 프루스트 고유의 문체에 빠져들게 된다.

어떤 이들은 프루스트의 문체를 인상주의 문체라고 하고 또 다른 이들은 입체주의 문체라고 한다. 이는 미술사조의 특정 움직임에 빗대어 표현한 것인데 가령 마르셀이 호텔 창문을 통해 발베크의 해변을 바라보면서 묘사한 장면에서 프루스트는 하늘과 바다, 모래의 경계를 구분 짓지 않고 서로의 영토를 침범한 듯 서술한다. 어디까지가 하늘이고 어디서부터가 바다인지 그 경계가 모호하고 빛의 움직임에 따라 같은 바다가 때로는 다르게 보이듯 묘사한 것이 인상파 회화를 떠올리게 한다는 것이다. 반면 마르셀이 움직이는 마차 안에서 바라본 세 개의 종탑이 마차가 달리는 길의 굽어짐에 따라 때로는 세 개로, 때로는 두 개나 하나로 겹쳐 보이는 것을 묘사한 부분은 여인의 얼굴을 옆에서 바라본 모습과 앞에서 바라본 모습을 동시에 표현하고 있는 피카소의 초상화와도 같이 입체주의 시각을 표현한 문체라는 것이다.

    내용에 초점을 맞추는 기존의 전통 소설에서 벗어나 문체 자체를 하나의 예술 작품으로 승화하려 했다는 점, 또 그것을 성공적으로 이루었다는 점에서 프루스트는 현대소설의 새로운 장을 열었다고 평가받는다. 반면 낭만주의적 흔적이 다분히 남아 있는 사실주의 작가 발자크는 소설가로서의 무한한 상상력과 창의력은 높이 평가받지만 『인간 희극』은 전통적인 소설의 범주를 벗어나지 못했다. 그 이유를 프루스트는 발자크가 개인의 현실과 일상을 뛰어넘는 문체를 창조하지 못했기 때문이라고 믿었다.

상드
George Sand, 1804~1876

도덕론에 입각한 서정적인 전원소설

조르주 상드는 전원소설, 희곡, 단편소설, 연애소설 등 총 109편의 작품을 남겼다. 이런 방대한 작품 활동에도 불구하고 우리에게 그녀는 시인 뮈세와 작곡가 쇼팽의 연상의 연인으로 더 잘 알려진 것이 사실이다. 상드는 네 살 때 아버지를 여의고 프랑스 중부 베리 주의 노앙에서 할머니 손에 의해 자란다. 그녀는 할머니의 보살핌 속에서 고전을 비롯하여 라틴어, 그리스어 등 탄탄한 교육을 받는다. 하지만 그녀의 정서 형성에 가장 큰 영향을 준 것은 노앙의 숲과 들판에서 뛰어놀던 경험이다. 이때의 추억은 후에 상드가 다양한 전원소설 속 무대를 그리는 중요한 자산이 된다.

할머니가 세상을 떠나자 그녀는 카지미르 뒤드방 남작과 열아홉 살 나이에 결혼하여 1남 1녀를 둔다. 하지만 이들의 결혼 생활은 8년 만에 파혼으로 끝을 맺는다. 이때부터 상드의 화려한 연애사가 시작된다. 그녀는 자신보다 일곱 살 어린 소설가 쥘 상도Jules Sandeau와 연인 관계로 발전한다. 그 당시 두 사람은 합작품인 『분홍과 하양』이라는 소설을 '쥘 상드Jules Sand'라는 이름으로 발표한다. 이를 계기로 조르주 상드는 자신의 본명인

남장을 한 조르주 상드.
루이기 칼라마타, 1836, 들라크루아 미술관, 프랑스.

오로르 뒤팽을 버리고 오늘날 우리에게 알려진 조르주 상드라는 가명을 사용한다. 여성 작가가 드물던 19세기 초, 그녀는 남자 이름인 '조르주'를 선택하지만 끝에 있어야 하는 무음 's'를 사용하지 않고 'Georges'가 아닌 'George'라고 표기함으로써 고유의 이름을 만들어 냈다.

상드는 전남편과의 사이에서 낳은 아이들을 시골에 둔 채 연하남과 파리에서 동거를 하고, 남자 이름을 차용하고, 남장을 하고, 스스럼없이 담배를 피우며 문인들과 교류하는 등 당시 많은 화제를 몰고 다녔다. 정작 소설가로서 상드의 명성은 1832년 『앵디아나』를 신문에 연재하면서 시작되었다. 상드의 많은 소설이 그렇듯 사랑 이야기를 담고 있는 이 작품을 통해 그녀는 비합리적인 결혼제도, 여성에게 희생을 요구하는 사회 규범을 비난했다. 『앵디아나』는 상드가 처음으로 '조르주 상드'라는 이름으로 출판

알프레드 드 뮈세의 초상.
샤를 랑델, 1854, 베르사유 궁전, 프랑스.

한 소설이자 다른 작가와 합작하지 않고 쓴 첫 소설이기도 하다.

이후 상드는 쥘 상도와 헤어지고 다양한 연애를 한다. 그중에는 물론 낭만주의 시인이자 극작가인 알프레드 드 뮈세가 있다. 여섯 살 연하인 뮈세의 고백으로 둘의 관계가 시작되지만 이미 뮈세는 심한 우울증과 알코올 중독, 습관성 도박으로 괴로워하고 있었다. 이런 그를 치유하기 위해 상드는 베네치아로의 여행을 계획한다. 그렇게 해서 프랑스 문학사에 한 획을 그은 상드와 뮈세의 베네치아 여행이 시작된다. 뮈세에게는 낭만주의의 비극을 대표하는 『로렌자초』(1834)의 집필 계기가 되기도 한다. 그러나 뮈세는 상드가 자리를 비울 때면 술과 도박을 일삼았고 상드는 뮈세의 주치의와 사랑에 빠진다. 둘의 애정 행각을 목격한 뮈세는 상드의 목을 조른다. 그야말로 격정적인 관계를 유지하던 이 두 사람은 뮈세가 파리로 돌아오는 것으로 여행을 마치게 된다.

서른 중반에 접어든 상드는 번잡한 파리를 떠나 어린 시절의 추억이 깃든 노앙의 영지로 돌아온다. 이 시기에 그녀는 아름다운 자연을 배경으로 삼아 순박한 시골 사람들이 등장하는 전원소설을 여러 편 쓰는데 모두 걸작으로 평가받는다. 그녀는 노앙Nohant의 저택을 여러 문인, 화가, 음악가들에게 개방하면서 살롱 문화를 이어갔다. 다양한 예술가들이 만나는 장소를 제공하는 동시에 쉼 없이 문필 활동을 유지하던 상드는 연하의 남성에게 사랑을 느끼며 연인, 누나, 어머니의 역할을 자처한다.

어머니의 사랑을 느껴 보지 못했기 때문일까, 이번에도 역시나 자신보다 여섯 살 어린 작곡가 쇼팽과 사랑에 빠진다. 그러나 상드와 쇼팽의 관계는 뮈세와의 관계를 재현하는 듯 닮아 있다. 둘의 나이 차도 그렇지만 쇼팽 또한 체질적으로 허약했고 결핵까지 겹쳐 건강 상태가 말이 아니었던 것이다. 상드는 그와 함께 지중해에 있는 에스파냐령의 마요르카 섬으로 떠난다. 하지만 마요르카의 추운 겨울 날씨는 오히려 쇼팽의 결핵을 악화시킨다. 그 와중에도 쇼팽은 여러 변주곡을 작곡하지만 섬사람들은 이들의 관계를 수상쩍게 여겼고 쇼팽의 끊임없는 기침을 전염병으로 오해해 이들은 결국 쫓겨나다시피 프랑스로 돌아온다.

상드는 쇼팽에게 노앙에 있는 자신의 영지에 장기간 머물도록 하는데 이때의 안정적인 시기를 통해 쇼팽은 고향 폴란드의 춤곡 마주르카를 비롯해서 여러 편의 녹턴을 작곡한다. 상드와 쇼팽의 관계는 거의 십 년간 유지되지만 후기에 이들은 연인이라기보다는 어머니와 아들의 관계와도 같았다. 상드는 쇼팽을 정성스레 보살폈다. 하지만 상드가 딸의 배우자를 선택

왼쪽 | 상드의 초상.
들라크루아, 1838, 미완성 작품, 오드럽가드 미술관, 덴마크.
오른쪽 | 쇼팽의 초상.
들라크루아, 1838, 미완성 작품, 루브르 미술관, 프랑스.

두 사람과 가까운 친구였던 들라크루아는 연인이었던 이 둘의 모습을 한 작품에 표현하지만 그의 사후에 이 그림은 절단되어 상드와 쇼팽의 초상은 각각 다른 곳에 소장된다. 그림 왼편에 있던 상드는 생전의 취미였던 바느질을 하고 있는 모습 전체를 볼 수 있는 반면, 피아노를 치고 있는 모습으로 표현되었던 쇼팽은 단지 얼굴 부분만 보존되어 있다.

하는 문제로 두 사람은 심하게 말다툼을 하고 이로 인해 결별하게 된다.

만년의 상드는 회고록인 『내 생애의 역사』(1855)를 집필하고 아들의 친구이자 자신보다 열세 살이나 어린 알렉상드르 망소와 연인 관계로 발전한다. 망소와는 뮈세나 쇼팽 등과 가졌던 격정적인 관계가 아닌 안정적이며 평화로운 관계를 유지한다. 망소는 상드의 연인이자 동료, 비서로 15년간 그녀의 곁을 지키지만 망소의 때 이른 죽음으로 이들의 관계는 종말을 맞는다.

마르셀의 머리맡에서 조르주 상드의 소설을 읽어 주는 어머니

프루스트는 상드를 소설의 처음과 끝에서 언급한다. 이 두 에피소드는 마르셀의 유년 시절, 그리고 그것에 관한 추억과 긴밀히 연관되어 있으며 작가의 소명을 확신하는 계기를 제공한다는 점에서 절대적으로 중요하다.

우선 첫 번째 에피소드부터 살펴보자. 어린 마르셀은 콩브레의 먼 친척 집에서 유년기를 보내는데 어느 날 이웃인 스완이 마르셀 부모의 초대로 저녁 식사를 함께 하게 된다. 이야기가 길어지자 마르셀은 먼저 이층 자기 방에 올라가 잠을 청한다. 매일 밤 잠들기 전 어머니의 잘 자라는 입맞춤을 받고 침대에 드는 의식을 치렀는데 이날만큼은 손님 때문에 어머니가 아들에게 입맞춤을 하러 올 수가 없었다.

계단을 오르는 마르셀의 가슴은 무겁고 숨이 막힐 지경이다. 눈물을 글썽이며 어머니에게 애원의 눈길을 보내지만 손님 앞에서 아들의 어리광을 받아 줄 어머니가 아니다. 옆에는 엄격한 아버지까지 버티고 있다. 침대에 누워 보지만 마르셀은 불안한 마음을 주체할 수가 없다. 그래서 하녀인 프랑수아즈를 불러 엄마에게 잠시만 방에 올라와 달라고 쓴 편지를 살짝 전달해 줄 것을 부탁한다. 아주 급한 일이지만 그게 무엇인지 편지에는 쓰지 못하는 내용이라고도 덧붙인다. 처음에 프랑수아즈는 마르셀의 부탁을 거절하지만 결국은 그의 애처로운 표정과 절박한 심정이 하도 불쌍해서 편지를 전달한다. 다시 마르셀의 방에 올라온 프랑수아즈는 어머니가 편지를 받고도 아무런 대답을 하지 않더라고 전한다. 희망은 곧 절망으로 바뀐다. 하지만 마르셀은 어머니의 입맞춤을 받을 때까지 잠을 자지 않겠다고 결심하자 되레 평온해진다.

이제 마르셀은 아래층에 귀를 쫑긋 세우고 스완이 돌아가기만을 기다린다. 결국 후식으로 아이스크림까지 먹은 스완이 문을 밀고 나가는 소리가 들리자 마르셀은 더는 참지 못하고 방에서 나와 계단을 올라오는 어머니의 품속으로 뛰어든다. 아들의 갑작스러운 행동에 당황한 어머니가 이내 표정을 일그러뜨리지만 마르셀은 그런 것에 신경 쓸 여유가 없다. 곧 따라 올라온 아버지를 의식한 어머니는 한층 더 엄격하게 품 안에서 떨어질 줄 모르는 마르셀을 나무란다. 그런데 아버지의 반응은 의외다. 평소에 아들의 어리광을 전혀 받아 주지 않던 엄격한 아버지가 웬일인지 마르셀이 엄마를 그토록 원하니 오늘 밤은 아들의 방에서 함께 잠을 자라고 허락한 것이다.

그날 밤 어머니는 마르셀이 잠들 때까지 그의 머리맡에서 책을 읽어 준다. 이때 그녀가 손에 든 책이 조르주 상드의 전원소설 『프랑수와 르 샹피』다. 이 책은 할머니가 마르셀에게 선물하려고 다른 책 세 권과 함께 포장해서 방 안에 둔 것이었다. 나머지 책들도 모두 상드의 작품으로 『마의 늪』, 『사랑의 요정』, 『피리 부는 사람들의 무리』였다.

사실 이 네 권은 할머니의 의지로 고른 것이 아니었다. 원래는 뮈세의 시집, 루소의 책 한 권, 그리고 상드의 『앵디아나』를 샀지만 아버지가 할머니를 거의 정신 나간 사람으로 취급하는 바람에 다시 서점에 가서 상드의 전원소설 네 권으로 바꿔 왔던 것이다. 보수적이며 전통을 중시하는 아버지에게 할머니가 고른 세 권은 모두 혁명적이며 위험한 것들로 비쳤다. 우울증에 걸려 작품 활동을 했던 뮈세의 시는 그러잖아도 심약한 마르셀의 정서를 더욱 자극할 뿐이고 자유민권 사상으로 프랑스 혁명가들의 사상적 지주가 된 루소의 작품은 정치적으로 위험하며, 결혼제도를 신랄하게 비난한 『앵디아나』 또한 어린 마르셀에게 좋은 영향을 줄 리 없기 때문이다.

하지만 결국 어머니가 마르셀에게 읽어 주는 『프랑수와 르 샹피』는 전원소설이기는 하지만 근친상간을 다룬 소설이라는 사실을 아버지는 몰랐을 것이다. 이 책은 방앗간 부부가 프랑수와라는 남자아이를 입양해 기르다가 폭력적이며 괴팍한 남편이 죽은 후 젊은 아내가 입양한 아들과 결혼한다는 내용을 담고 있다.

아버지의 부재를 상징하는 『프랑수와 르 샹피』

1850년 상드가 『프랑수와 르 샹피』를 발표하자 이 작품은 곧 베스트셀러가 되었다. 연극으로도 만들어져 오데옹 극장에서 140회에 걸쳐 장기 공연하기도 했고 무엇보다 아이들의 필독서가 되었다. 어떻게 어머니와 입양아의 사랑이라는 미묘한 문제를 다룬 소설이 아이들의 필독서가 될 수 있었을까? 게다가 극장에서 장기 공연을 할 만큼 대중에게 매력을 발휘할 수 있었던 이유는 무엇일까? 이는 무엇보다도 권선징악의 결말과 인물들의 내면 깊숙한 감정을 솔직하고 자연스럽게 표현한 작가의 필력으로 설명할 수 있을 것이다.

어머니의 사랑을 애처로울 만큼 맹목적으로 요구하는 프랑수와에게 사회적 규범이나 도덕적 잣대는 의미가 없다. 상드는 독자가 프랑수와의 순수한 열정과 그 표현 방식을 안심하고 허용하도록 자연스럽게 이끈 것이다. 더구나 인색하고 비도덕적인 인물로 그려진 남편이 죽자 고결하고 자비로운 아내는 프랑수와의 절대적인 사랑을 받아들일 수 있게 되었다.

마르셀의 어머니는 아들이 잠들기를 기다리며 조용한 목소리로 『프랑수와 르 샹피』를 읽어 주다가 어머니와 입양한 아들의 사랑을 묘사하는 대목은 신중하게도 건너뛴다. 그 때문에 마르셀은 소설의 줄거리를 이해하기가 힘들다. 또한 아리송한 제목에 호기심을 느끼고 그것의 수수께끼 같은 의미가 궁금하기만 하다. '샹피Champi'는 프랑스어로 '들판', '전원'을 뜻하는 '샹Champ'에서 파생한 단어로 '들에서 발견한 아이', '사생아'를 의미하는 방언이다. 즉 '프랑수와 르 샹피'는 '들에서 발견한 아이 프랑수와', '사생아 프랑수와'라는 의미다.

주인공 프랑수와의 출생에 관해서는 그와 어머니와의 첫 만남에서부터 의문시된다. 방앗간집 아내는 이른 아침 샘에 빨래를 하러 갔다가 지푸라기로 장난치고 있는 꼬마 아이를 발견한다. 몰골이 말이 아니게 초라하고 비쩍 말랐지만 두 눈만은 초롱초롱하게 빛나는 아이를 보고 원래부터 자애로움이 가득한 아내가 아이에게 말을 건다.

— 넌 누구니, 꼬마야?

— 프랑수와예요.

아이가 대답했다.

— 프랑수와 누구?

— 누구라니요?

아이는 순진한 표정으로 되물었다.

— 아버지가 누구니?

— 모르겠는데요.

— 아버지의 이름을 모른다고?

— 저는 아버지가 없어요.

— 돌아가셨니?

— 모르겠어요.

'르 샹피'가 의미하는 바는 결국 아버지의 부재다. 이런 복합적인 이유 때문에 마르셀에게 상드의 소설은 신비함으로 가득한 작품으로 이해된다. 『잃어버린 시간을 찾아서』에서 아버지의 역할은 어머니와 할머니에 비해 미미하게 그려진다. 하녀인 프랑수아즈가 마르셀에게 차지하는 자리가 아버지의 것보다 클 정도다. 마르셀이 잠자리에 들기 전에 그렇게나 애타게 찾는 존재는 어머니이며 집을 떠나 처음으로 장기간 함께 여행하는 이는 할머니다. 아버지는 일기예보 따위에나 관심이 많고 규율을 지나치게 엄격하게 지키는 존재로 그려진다. 이처럼 마르셀의 성장 과정에서 아버지가 차지하는 자리는 빈약하다.

프루스트는 왜 어머니가 마르셀의 머리맡에서 읽어 주는 소설로 『프랑수와 르 샹피』를 선택했을까? 어머니에 대한 어린 마르셀의 맹목적인 사랑을 자신을 입양한 어머니와 결혼하는 프랑수와의 이야기를 통해 상징적으로 보여 주기 위함일까? 그것은 여러 이유 중 하나에 불과할 것이다. 오이디푸스 콤플렉스를 은유적으로 보여 주는 소설 속 이 첫 번째 사건은 어린 시절의 마르셀을 이해할 수 있는 대표적인 에피소드이기도 하다.

프루스트는 작품 속에 『프랑수와 르 샹피』에 대한 암시를 곳곳에 숨겨 놓았다. 마르셀은 계단으로 올라오는 어머니의 품속으로 달려가 울음을 터뜨리는데 이러한 자신의 감정을 스스로도 이해하지 못한다. 마찬가지로 상드의 소설 속에서 프랑수와는 어머니에게 입맞춤을 부탁한다. 그러나 다른 사람들의 눈에 어떻게 비칠지 걱정스러운 어머니는 입맞춤을 거절한다. 하지만 이내 낙심하는 프랑수와가 가여워 입맞춤을 허락하자 프랑수와는 그만 창백해져 울음을 터뜨리고 만다. 프랑수와는 왜 울음이 나오는지 모르겠다며 자신은 그저 너무나 기쁠 뿐이라면서 걱정하는 어머니를 안심시킨다. 그날부터 어머니는 매일 아침저녁으로 프랑수와에게 입맞춤으로 인사를 한다.

프루스트는 소설 속에서 『프랑수와 르 샹피』의 줄거리는 전혀 언급하지 않지만 상드의 소설 속 인물들의 행동을 마르셀과 어머니와의 관계에 투영시킨 것이다.

프루스트는 상드의 이 소설이 마르셀이 제대로 된 문학 작품을 읽어 보기 전에 처음으로 접한 소설이라고 강조한다. 즉 상드는 마르셀에게 어린이를 위한 동화가 아닌 진지한 문학에 입문시키는 첫 번째 작가인 것이다.

마르셀의 할머니는 어머니에게 상드의 책을 선택한 이유는 "잘 쓰인 작품이 아니면 읽게 할 수 없기 때문"이라고 말한다. 여기서 할머니가 말하는 "잘 쓰인 작품"이란 교훈적이며 도덕적인 책이다.

할머니의 문학관이자 곧 어머니의 문학관은 선한 사람은 복을 받고 악한 사람은 벌을 받는다는 식의 소설이 작품성 또한 높다는 것이다. 즉 도덕성은 예술성으로 연결된다는 논리다. 그런 면에서 『프랑수와 르 샹피』는 할머니와 어머니의 문학관에 딱 들어맞는 것이었다. 악랄한 방앗간 주인이 죽음을 맞고 선량한 아내는 홀로 남는다. 남편이 남긴 빚에 허우적대던 아내는 입양한 아들과 사랑의 감정을 키우다가 마침내 둘은 결혼하고 새로운 남편이 된 프랑수와가 아내를 빚더미에서 구해 준다. 프랑수와가 입양한 아들이라는 사실은 어머니에 대한 선하고 절대적인 사랑에 가려 중요하지 않게 보인다. 그러나 아직 제대로 된 문학 작품을 읽어 보지 못한 어린 마르셀에게 할머니와 어머니의 문학관은 다소 의아할 따름이다. 예술 작품을 평가하는 데 도덕성을 잣대로 삼는다는 것에 마르셀은 회의를 느낀다.

중년이 된 마르셀 앞에 다시 등장한 『프랑수와 르 샹피』

조르주 상드가 두 번째로 언급되는 때는 소설의 마지막 에피소드, 즉 게르망트 대공 부인의 오찬에 참석하기 직전이다. 마르셀은 대공의 거실에서 진행되는 작은 콘서트가 끝나기를 기다리며 서재에 있다. 집사의 안내를 기다리는 동안 마르셀은 서재에서 책을 한 권 집는데 바로 『프랑수와 르 샹피』다. 첫 에피소드로부터 어느덧 삼십여 년이 지나 다시 등장한 셈이다.

마르셀은 손에 든 책의 제목을 확인하는 순간 가슴 한 구석이 죄어 옴을 느낀다. 그와 동시에 그의 내부에 콩브레에서 가장 고통스러우면서도 행복했던 밤의 추억이 떠오른다. 스완이 떠나기만을 기다리며 방 안에서 귀를 기울이고 아래층 거실의 움직임을 살피던 일, 어머니의 품에 안겨 울음을 터뜨린 일, 난처하고 화가 난 표정을 짓던 어머니, 그러나 곧 아버지의 허락으로 자신의 방에서 어머니와 단둘이 지내며 어머니의 목소리를 통해 『프랑수와 르 샹피』를 듣던 날 밤의 추억이 떠오른 것이다.

하지만 그날 밤의 기억은 어느새 콩브레에서 보냈던 어린 시절, 그 당시 불안하고 심약했던 자신, 베네치아 여행을 꿈꾸며 막연히 작가로서의 미래를 그리던 과거의 자신에게 데려다 놓는다. 과거의 나와 현재의 나이 든 나는 낯선 두 사람처럼 어색하게 대면한다. 현재의 나는 작가가 되기를 포기하고 단조로운 일상에 묻혀 지루한 나날을 보내고 있다. 게르망트 대공의 오찬에 참석하는 것은 고독을 요구하는 창조 작업에 등을 돌리고 허영심을 만족시키는 사교계 생활에 정착하려는 결심을 상징하는 것이다. 그런 나에게 '프랑수와 르 샹피'라는 제목은 잃어버린 시간과 잃어버린 꿈을 상기시킨다.

마르셀은 『프랑수와 르 샹피』의 작품성이나 상드의 예술관이 아닌 단지 게르망트 대공의 서재에서 우연히 눈에 띈 책의 제목과 연관된 추억만을 이야기한다. 그럼으로써 프루스트는 무엇을 읽느냐가 아니라 어떻게 읽느냐가 독자에게 더 큰 의미를 갖는다는 논리를 펼친다. 마르셀은 상드의 전원소설에 할머니와 어머니와는 달리 큰 예술성을 부여하지 않는다. 수십 년이 지나 서재에서 상드의 책을 보는 순간 그것이 자신의 마음 한 구석에서 무엇인가 이상한 감정을 일으키는 것을 느끼지만 "그럼에도 그 책은 대단한 작품이 아니라 단지 『프랑수와 르 샹피』였을 뿐이다."라고 제동을 건다.

어떤 이들은 사물이 그것을 바라보는 사람들의 시선을 간직한다고 믿는다. 건축물과 그림은 수 세기 동안 애정과 감탄 어린 시선을 받아 생겨난 신비한 베일에 덮여 있다는 것이다. 이러한 요술은 각 개인의 유일한 현실, 즉 각 개인 고유의 감각이 만들어 낸 현실에 그대로 적용된다. 바로 그렇다. 그럴 때에만 이 진리는 빛을 발한다. 예전에 본 적이 있는 물건을 현재 다시 보게 될 때 그 물건은 과거 우리의 시선이 덧입혀져서 그 당시 그 물건과 연관된 모든 것들을 떠올린다. 가령 평범한 빨간 겉표지의 책의 경우 그 책을 읽던 당시 나의 관심거리라든가 감각들과 밀접하게 연관되어 그 책은 비물질적인 것이 된다. 예전에 책에서 읽었던 등장인물의 이름을 다시 듣게 되는 순간 그 책을 읽었던 과거에 나를 감쌌던 시원한 바람과 밝은 태양이 떠오르는 것이다. -「되찾은 시간」

상드의 소설은 「스완네 집 쪽에서」의 도입부에 등장한 마들렌 과자 에피소드와 마찬가지로 비의도적 기억이 내면의 진리를 깨닫게 한다는 설정과 일맥상통한다. 마르셀은 『프랑수와 르 샹피』에 나오는 방앗간 아내의 이름을 언급하지 않는다. 하지만 상드에 관심 있는 독자라면 주인공 여자의 이름이 마들렌이라는 사실을 알 것이다. 프루스트는 사람 이름이나 지역 이름 같은 고유명사에 특별한 의미를 부여하는 작가다. 그런 의미에서 비의도적 기억의 메커니즘을 충실히 수행하는 상드의 소설이 『프랑수와 르 샹피』인 것은 결코 우연이라고 할 수 없다.

마들렌 과자 에피소드란 중년의 마르셀이 파리의 자신의 방에서 따뜻한 홍차에 마들렌 과자를 적셔 혀끝에 대는 순간 콩브레의 유년 시절이 눈앞에 펼쳐지며 잃어버린 기억이 부활하는 첫 번째 경험을 의미한다. 콩브레에서 어린 마르셀은 레오니 아주머님이 누워 있던 방에서 그녀가 주던 홍차에 마들렌 과자를 적셔 먹곤 했던 것이다. 마찬가지로 마들렌이라는 이름의 어머니가 자신이 입양한 아들과 결혼한다는 결말의 소설 『프랑수와 르 샹피』는 그 제목을 보는 순간 마르셀에게 콩브레와 관련된 잊고 있던 추억을 펼쳐 보인다.

상드의 전원소설에 회의를 느끼는 마르셀

상드의 소설의 배경은 작가의 고향이자 아름다운 전원 마을인 노앙이다. 프루스트가 어린 시절을 보낸 일리에라는 작은 마을을 소설 속에 콩브레라는 허구의 지명으로 재현했다는 점 또한 두 소설가의 공통점이라고 할 수 있다. 하지만 『프랑수와 르 샹피』가 마르셀에게 콩브레를 떠올리게 한 것은 소설의 내용이 아니라 제목에서 비롯된 마르셀의 개인적인 경험 때문이다. 프루스트는 같은 책이라도 읽는 독자의 개인적인 경험에 의해 다양한 의미를 가질 수 있다는 사실을 이야기하고 싶었던 것이다.

마르셀이 『프랑수와 르 샹피』와 상반되는 책으로 설정한 것은 허구의 작가 베르고트의 책이다. 상드의 책을 게르망트 대공의 서재에서 발견한 순간 의도하지 않았던 수많은 기억이 떠오른다. 그와는 다른 차원에서 마르셀은 어린 시절 몹시 존경했던 소설가 베르고트의 책들을 일부러 소장했다고 말한다. 시간이 지난 후 베르고트의 책을 펼치면 과거에 느꼈던 감동을 재현할 수 있을 것 같았기 때문이다. 하지만 다시 베르고트의 책을 읽어 보지만 감동은커녕 왜 자신이 이런 작품에 열중했는지 실망스러울 뿐이다. 마르셀에게 진리는 의도한다고 해서 깨달을 수 있는 것이 아닌 셈이다.

게르망트 대공의 서재에서 뜻하지 않게 상드의 책을 발견한 마르셀은 다양한 문학 장르에 대해 사색하며 자신의 작품이 피해야 할 함정에 대해 고찰하게 된다. 그는 민중소설, 아동소설, 애국소설을 진리를 담을 수 없는 장르로 구분한다.

민중소설은 애국소설과 마찬가지로 위험한 것은 아니라고 해도 매우 우스운 것으로 생각되었다. 민중이 쉽게 접근할 수 있도록 '한량들에게만 통하는' 고상한 문체를 포기하는 것은 진정한 문맹은 노동자나 전기 수리공이 아니라 앞서 말한 한량들이라는 사실을 내 개인적인 경험을 통해 알고 있기 때문에 불필요한 희생이다. 이런 의미에서 민중소설은 노동자 연맹의 회원들이 아니라 경마 클럽을 드나드는 사람들을 겨냥해야 한다. 아동

상드의 초상.
폴 나다르 사진, 1860년경.

소설을 읽으며 아이들이 지루해하는 것처럼 소재에 있어서 민중소설은 민중에게 따분하게만 느껴질 뿐이다. 독자는 소설을 통해 새로운 세계를 발견하기를 원하는데 귀족이 노동자에 호기심을 갖듯이 노동자 또한 귀족의 세계를 알고 싶어 한다. 전쟁 초기부터 바레스는 예술가는 조국의 영광을 그려야 한다고 주장했다. 하지만 예술가가 그렇게 하기 위해서는 진정한 예술가로서의 임무를 수행할 때만이 가능하다. 다시 말해 예술가는 오로지 진리를 탐구하는 것에만 열중하고 진리가 아닌 다른 것(가령 그것이 조국이라 해도)은 생각지 말아야 한다. 이를 위해서 예술가는 과학의 세계와도 같이 섬세한 예술 세계의 법칙을 연구하고, 경험을 쌓고, 발견을 해야 한다. '시민정신'을 외치는 혁명 지도자들이 바토와 라투르의 그림을 파괴하지는 않았더라도 그 화가들의 그림을 무시했던 실수를 반복하지는 말아야겠다. -「되찾은 시간」

　자신이 자랐고 영지를 소유하고 있는 노앙을 무대로 전원소설을 썼던 상드는 노앙 사람들의 순박한 생활과 풍습을 지방어로 그려 냈다. 상드는 자연과 더불어 사는 사람들이야말로 프랑스의 구제도인 앙시앙 레짐Ancien Régime을 그리워하며 지나간 영광에 집착하는 옛날 귀족들보다 훨씬 모범적이라고 생각했다. 그러나 프루스트는 상드의 이러한 전원소설에 대중은 지루해할 뿐이라고 이야기한다. 형식과 내용 모두 프루스트가 생각하는 진정한 문학 작품에는 적합하지 않다. 교훈적인 내용으로 가득하고 모범답안 같은 결말을 서정적인 문체로 그렸을 뿐이다. 그런 상드의 소설 대신 프루스트는 도덕과는 별개인, 그러나 예술을 통해 개인의 진리를 탐구하는 마르셀의 긴 여정을 그린 것이다.

　프루스트의 소설 속 인물들은 마르셀을 비롯해서 그 누구도 완벽하지 않다. 프랑수와 르 샹피나 그의 새어머니처럼 독자의 연민을 불러일으키거나 윤리적으로 모범이 됨으로써 감동을 일으키는 인물도 없다. 하지만 의지가 약하고 실수하고 때로는 폭군과도 같으며 동시에 심약한 마르셀이기에 우리는 불안한 그의 선택을 숨죽여 지켜보면서 너무나 인간적인 모습에 공감하는 것이다.

플로베르

Gustave Flaubert, 1821~1880

'느림의 소설'을 추구한 완벽주의자

플로베르의 삶은 프루스트의 삶과 여러모로 닮았다. 우선 플로베르는 프루스트와 마찬가지로 부유한 천주교 집안에서 태어났으며 그의 아버지는 프루스트의 아버지처럼 성공한 의사였다. 플로베르의 형은 프루스트의 남동생이 그랬듯 아버지에 이어 의사가 되어 부모의 기대에 부응했다. 그러나 플로베르는 학창 시절 문학청년으로 성적이 엉망이었다. 급기야 고등학교 3학년 때는 품행이 단정치 못하다는 이유로 학교에서 쫓겨나기도 했다.(이 부분은 학업 성적이 우수하고 특히 작문에 뛰어난 재능을 보인 프루스트가 당시 철학 교사인 알퐁스 다를뤼의 눈에 띄어 학우들 앞에서 작문 숙제를 낭독하곤 했던 것과는 대조된다.) 플로베르의 유년기와 학창 시절은 기쁨, 행복과는 거리가 멀었다. 다소 우울하게 자라던 그에게 그나마 위안이 되었던 것은 세 살 아래 여동생 카롤린과의 애정 어린 관계였다.

감수성 풍부하고 낭만주의적 영감으로 가득했던 플로베르는 열다섯 살에 해변가 마을인 트루빌[1]에서 연상의 여인 엘리자 슐레신저를 만나 첫사랑을 경험한다. 이때의 격정적인 감정은 플로베르에게 평생에 걸쳐 깊은 인상을 남기고 문학적 창조 활동에도 영향을 끼친다. 그녀에 대한 사랑은 『감정 교육』에서 주인공 프레데릭 모로가 아르누 부인에 대해 느끼는 감정으로 표현된다. 가령 그녀를 처음 보는 순간을 그린 그 유명한 묘사는 문학사에 길이 남을 만큼 유명하다. 더욱이 마지막으로 그녀를 만나는 장면의 심리묘사는 평생토록 자신을 사로잡은 여인에 대한 숭배에 가까운 사랑의 감정에서 기인한 것이다.

독서와 글쓰기 외에 뚜렷한 목표의식이 없던 플로베르는 운 좋게도 제비뽑기를 통해 군복무를 면제받을 수 있었다. 그는 고향인 루앙을 떠나 파리로 상경, 역시 프루스트와 마찬가지로 별 신념 없이 법과대학에 진학한다. 파리에서 그가 주력한 것은 법학 공부보다는 당시 사교계에 입문하는 것이었다. 다행히 부유한 집안과 유명한 의사 아버지의 후광 덕에 그는 유명한 살롱에 자유자재로 출입할 수 있었다. 여러 살롱을 거치며 주로 문인, 예술인들과 교류하는데 이때 알게 된 빅토르 위고, 알퐁스 도데, 공쿠르 형제 등과도 친분을 쌓는다.

사교계 생활에 한껏 심취하여 허송세월하던 플로베르에게 집필의 기회가 찾아온다. 그것은 다름 아닌 처음 경험한 간질에 의한 발작 덕분이었다. 이를 계기로 끔찍이도 싫어했던 법학을 미련 없이 접고 파리 근교 크르와세에 방을 구해 글쓰기에 전념하게 된다. 이는 프루스트가 아홉 살에 천식으로 인해 숨통이 끊기도록 고통스러운 발작을 경험한 후 늘 갑작스

---

[1] 트루빌은 프루스트가 여름이면 어머니와 휴가차 찾던 영불해협 근교의 해변가 마을로 카부르와 함께 『잃어버린 시간을 찾아서』 속 허구의 휴양지인 발베크의 배경이 된다.

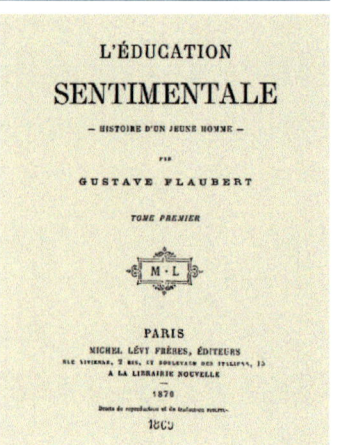

『감정 교육』(1869)의 초판 첫 페이지.

러운 죽음을 염두에 두고 생활하는 것과 비슷하다. 프루스트는 파리의 오스만 대로에 있는 아파트에 자신을 가둔 채 수많은 코르크 마개로 외부의 소음과 냄새를 막고 생애 마지막을 소설의 집필에 헌신했다.

플로베르가 이때 쓴 작품이 바로 『감정 교육』을 구성하게 될 첫 번째 원고다. 두 편의 새로운 버전의 원고가 합쳐져 『감정 교육』이 현재 우리에게 알려진 완전한 형태로 출간된 것은 그로부터 25년이 지난 1869년이다. 수없이 교정과 수정을 반복하여 완벽을 추구한 플로베르의 장인정신을 볼 수 있는 부분이다.

플로베르는 여러 여인을 거치며 다양한 형태로 애정을 나눴는데 여성 시인 루이즈 콜레와의 십 년에 걸친 관계는 특히 유명하다. 콜레와 교환한 수많은 편지는 플로베르의 문학관, 작가로서의 임무와 소명, 프랑스어의 미묘한 뉘앙스에 대한 찬사, 남녀관계에 관한 깊은 심리적 통찰 등을 보여 주는 자료로서 플로베르 연구자들에게 중요한 가치를 지닌다. 또한 모파상의 어머니와는 어린 시절부터 깊은 우정을 나누었는데 어린 모파상에게 플로베르는 정신적 지주이자 문학적 스승의 역할을 하게 된다. 모파상에게 작가의 기질을 발견하고 글을 쓰기를 권한 이도 플로베르였다.

플로베르는 56개월 만에 『보바리 부인』(1857)을 완성하여 발표하지만 이 소설로 그는 풍기문란죄로 기소된다. 하지만 당시 제2왕정에서 가장 영향력 있는 살롱을 출입하면서 세력가들과 친분을 쌓아 두었던 덕에 무죄로 풀려날 수 있었다. 반면 같은 해에 시집 『악의 꽃』을 발표한 보들레르는 똑같은 죄목으로 기소당하지만 유죄 판결을 받고 300프랑의 벌금을 선고받는다. 재미난 사실은 플로베르와 보들레르를 기소한 검사가 에르네스트 피나르라는 동일인물이라는 점이다.

이후 플로베르는 역사소설 『살랑보』(1862), 성장소설 『감정 교육』(1869), 『세 가지 이야기』(1877)를 연이어 발표하면서 거장으로서 문단에 자리를 잡는다. 1880년 갑작스레 찾아온 뇌졸중으로 사망하기까지 생애 마지막 4년을 쏟아 부었던 『부바르와 페퀴셰』는 미완성으로 남는다. 이 작품은 결국 사후에 출판된다. 『부바르와 페퀴셰』는 엄청난 분량에도 불구하고 플로베르가 구상한 전체에서 보면 극히 일부일 뿐이다.

플로베르는 발자크의 문학에서 파생했다고 해도 과언이 아닐 정도로 플로베르 자신이 발자크에게 강박적으로 집착했다. 『보바리 부인』은 발자크의 『골짜기의 백합』을, 『감정 교육』은 발자크의 『서른 살의 여인』을 변형한 것이다. 발자크는 사실주의 작가로 대표되지만 인간 심리를 해부학적이고도 냉철한 시선으로 파헤치고 분석한 그의 소설들은 에밀 졸라, 모파상 등의 자연주의 소설가들에게 영향을 끼친다.

플로베르는 평균 7, 8년에 소설을 겨우 한 권씩 발표할 만큼 문법 및 어휘, 전체적인 형식과 구성, 내용과 형태의 완벽성을 추구한 작가로 유명하다. 또한 그는 자신만의 공간인 겔르와르Gueuloir에서 일단 완성한 작품을 처음부터 끝까지 큰 소리로 읽고 전체적으로 리듬이 자연스럽게 흐르는지를 따졌다. 겔르와르는 플로베르가 만든 단어로 프랑스어 동사인 'gueuler(소리 지르다, 악쓰다)'와 장소를 뜻하는 어미 '-oir(~하는 곳)'의 합성어로 '소리 지르는 방'으로 해석할 수 있다.

플로베르는 당시 인기를 누리던 연재소설에 비판적이었는데 이러한 소설의 목적은 긴박하게 진행되어 다음 회를 기다리게 만들기 때문이었다. 이에 반해 그는 '느림의 소설'을 추구하였고 탐미주의자의 자세로 각 단어의 선택과 배치에 신중을 기했다. 플로베르는 작가의 개성을 드러내는 "문체가 전부다."라는 신념을 가지고 각 작품의 집필에 임했다.

여러 편의 플로베르 모작

플로베르에 대한 프루스트의 관심은 평생에 걸쳐 유지되었다고 하는 것이 옳을 듯하다. 프루스트는 어머니에게 편지를 쓸 때 자신을 『감정 교육』의 주인공인 프레데릭 모로에 빗대기도 한다. "엄마의 어린 프레데릭은 (사실은 엄마의 하나뿐인 마르셀이에요. 엄마가 저와 프레데릭을 혼동하지만 말이지요.)

기침을 심하게 하고 머리가 깨질 듯이 아프답니다."(1905년 8월)

또한 프루스트가 영국 작가 존 러스킨의 『아미앵의 성경』을 번역하던 무렵, 그는 러스킨을 기리기 위해 아미앵으로 순례여행을 떠난다. 아미앵의 성당 앞에 선 프루스트는 과거에 같은 자리에서 러스킨이 구걸하는 거지들에게 돈을 몇 푼 쥐어 주었다는 글을 기억한다. 그리고 나서 곧바로 『감정 교육』에서 프레데릭 모로가 하프 연주자의 모자에 금화 1루이를 넣어 주던 모습을 떠올릴 만큼 플로베르의 소설은 프루스트의 뇌리에 깊이 박혀 있었다.

프루스트는 『잃어버린 시간을 찾아서』의 집필에 들어가기 전에 여러 편의 모작을 발표한다. 유명한 작가의 글쓰기 특징을 모방해서 그 작가가 쓴 것처럼 특정 주제에 대해 에세이를 쓰는 것이다. 이는 소설가가 되기 위한 필수적인 연습이었던 듯하다. 자신이 존경하는, 그 반대로 자신과 내용과 형식에서 전혀 다른 작가의 문체를 모방하는 것은 각 작가를 완벽하게 이해하는 수준을 넘어서 그들의 문체를 자신의 것으로 소화하여 표현할 수 있는 능력을 요구한다. 프루스트에게 이런 글쓰기 연습은 자기만의 문체를 발견하기 위한 과정이었다. 말년의 프루스트는 1919년 라몽 페르난데즈에게 쓴 편지에서 모작이 자신에게 의미하는 바를 다음과 같이 전한다.

모작은 제게 일종의 위생에 관한 문제입니다. 천성적으로 숭배적이며 모방 기질이 있는 저는 이러한 성향을 떨쳐 버려야 합니다. 실제로는 미슐레와 공쿠르를 은밀히 흉내 내면서 제 이름으로 글을 발표하느니 차라리 모작이라고 만천하에 공개하여 글쓰기 연습을 한 후, 저의 진정한 소설을 쓸 때에는 제 안의 깊은 내면으로 내려가 오로지 마르셀 프루스트가 되어야 합니다.

프루스트가 첫 모작의 대상으로 정한 것이 바로 플로베르의 미완성작인 『부바르와 페퀴셰』다. 프루스트는 1893년과 1894년에 각각 『부바르와 페퀴셰의 사교생활』과 『부바르와 페퀴셰의 음악사랑』을 발표한다. 만년의 플로베르가 4년 동안 집필하지만 결국은 미완성인 채로 남은 『부바르와 페퀴셰』는 부제가 '인간의 어리석음에 관한 백과사전'인 데서도 알 수 있듯이 분량이 방대할 뿐만 아니라 백과사전처럼 짤막한 단원의 집합으로 이루어져 있다. 플로베르는 이 작품을 구상하면서 총 1,500권의 도서를 수집하기도 했다.

플로베르의 소설 속에는 세상의 모든 지식을 소유하고 온갖 경험을 했다고 자부하는 부바르와 페퀴셰라는 두 인물이 등장한다. 플로베르는 지나침이 극에 달하는 그들의 어리석음을 과장스럽게 묘사함으로써 작품 전반에 코믹한 분위기를 연출한다. 어느 더운 여름날, 우연히 만나 벤치에 앉아 대화를 나누게 되는 부바르와 페퀴셰는 반대되는 외모와 기질에도 불구하고 서로에게 많은 공통점이 있음을 발견한다.

부바르가 뚱뚱하고 다혈질이며 모든 현대적인 것을 선호하는 반면 페퀴셰는 왜소하고 소극적이며 전통을 중시한다. 그러나 이들은 문서 복제사라는 같은 직업을 가지고 있으며 도시보다는 시골을 더 좋아해서 기회가 되면 시골에 내려가 진리를 탐구하며 살겠다는 꿈을 가지고 있다. 그러던 중 뜻하지 않게 유산을 상속받으면서 부바르와 페퀴셰는 칼바도스에 내려가 꿈에도 그리던 농장을 경영하게 된다. 하지만 준비되지 않은 농부로서의 삶은 연이은 재난으로 이어진다. 이후 그들은 농업을 포기하고 의학, 화학, 지질학, 고고학, 역사, 문학, 종교, 심지어 정치에까지 관심을 가지고

부바르와 페퀴셰.

전문서적을 탐독하고 열정적으로 토론하는 등 나름대로 최선을 다한다. 하지만 어느 것 하나 성공하지 못하고 결과는 매번 참담하기만 하다. 계속되는 실패에 낙담한 이들은 결국 원래의 직업인 복제사로 복귀한다. 다양한 분야에 흥미를 느끼고 초기에는 열과 성을 다하지만 기대하던 결과를 얻지 못한 채 실패만 하자 좌절하다가 다시 새로운 분야에 도전하는 과정을 반복하는 이른바 순환 구조의 형식을 띠고 있는 것이다.

프루스트가 플로베르를 모작하여 쓴 『부바르와 페퀴셰의 사교생활』(『르뷔 블랑슈』 1893년 7/8월호)에서 두 주인공은 유산을 상속받아 경제적으로 여유가 생기자 유명한 살롱을 출입하며 영향력 있는 사람들과 교류하고 싶어 한다. 그러기 위해서 이들은 살롱에서 자연스럽게 어울리기 위한 필수 조건을 연구하여 몸에 익히기로 한다. 그중 가장 중요한 조건은 문학 지식이다. 이들은 당장 유명한 문학잡지를 여러 권 정기구독하고 그것을 큰 소리로 읽고 나름대로 평론을 쓰려고 고군분투한다. 이렇게 해서 알게 된 작가와 작품에 대해서 서로 의견을 교환하기도 한다.

이들은 동시대의 여러 작가를 언급하면서 각 작가들을 형용사 한두 개, 혹은 한두 문장으로 평가하는데 그 내용은 어디까지나 피상적이며 제대로 이해하지 못하고 섣불리 내린 판단이다. 가령 르콩트 드 릴르는 지나치게 무표정하고, 베를렌은 너무 예민하며, 말라르메는 재능은 없지만 재치 있는 입담으로 가득하다는 식이다. 두 주인공은 각 작가들의 문학관이나 예술론을 이해하려 하지 않고 외적으로 드러나는 개인의 성향이나 성격을 분석하고 있다.

문학에 이어 사교계에서 마땅히 알아야 하는 예의범절에 대해서도 우스꽝스러울 정도로 진지하게 토론한다. 인사를 할 때 가벼운 목례만 하는지, 상반신 전체를 깊이 숙여야 하는지, 장갑과 모자를 벗어야 하는지 말아야 하는지, 살짝 미소를 지어야 하는지, 근엄한 표정을 유지해야 하는지 등 모르는 것투성이인데 이런 의심나는 문제에 큰 의미를 둔다.

이 모작에서 프루스트는 플로베르의 문체를 모방해 많이 알고 있다고 자부하지만 표면적일 뿐인 부바르와 페퀴셰의 지식을 희화한다.

『부바르와 페퀴셰의 음악사랑』(1894년 8월 집필)에서 프루스트는 두 사람에 대해 "자전거 타기와 미술에 어느새 진력낸 후 음악에 진지하게 흥미를 느끼게 되었다"고 묘사한다. 이 모작에서도 부바르와 페퀴셰는 바흐에서부터 바그너, 그리고 동시대 프랑스 작곡가인 생상스, 에릭 사티, 마스네 등을 언급한다. 각 음악가들에 대해서 부바르는 현대적인 요소를 감미한 이들을 옹호하고, 페퀴셰는 전통을 중시하는 입장에서 판단하는 등 자기중심적인 태도를 버리지 못한다.

『부바르와 페퀴셰』에 관한 두 모작을 발표하고 15년이 지나 프루스트는 다시 여러 편의 모작을 『피가로』에 연재한다. 이때 발표한 아홉 개의 모작 중에서 플로베르와 연관된 글 두 편을 골라 낼 수 있다. 1908년 3월 14일자 신문에 실린 『르무안 사건』은 당대를 떠들썩하게 만든 르무안 사건에서 영감을 얻은 플로베르가 실화에 바탕을 두고 소설을 썼다는 설정이다. 같은 지면에는 바로 이 소설에 대한 생트뵈브의 비평 모작이 실렸다. 두 글 모두 프루스트의 것임은 두말할 나위가 없다.

르무안 사건은 1908년 르무안이라는 기술자가 다이아몬드 제조법을 발명했다며 그 비법을 보석 취급점에 팔아넘긴 사기 행각으로, 당시 신문지상을 떠들썩하게 장식했던 실재 사건이다. 프루스트는 아홉 명의 다른 작가가 되어 그들이라면 이번 사건을 어떻게 묘사할지 아홉 개의 글을 각각 썼고, 이는 1908년과 1909년에 걸쳐 『피가로』에 기재된다. 그리고 1919년 「꽃핀 소녀들의 그늘에서」 출판에 맞춰 그때의 기사를 모아 『모작과 잡록』이라는 제목으로 출판한다.

플로베르 모작에서 프루스트는 플로베르 문체의 특징을 반복함으로써 대상을 과장되게 표현한다. 가령 프루스트는 플로베르의 소설에서 종종 찾아볼 수 있는 비유를 남발하는데 언제나 두 개의 비유 대상을 나란히 나열함으로써 플로베르의 특징을 꼬집는다. 후에 프루스트는 플로베르의 작품은 훌륭한 은유 대신 건조하기 짝이 없는 비유가 가득하다고 비평하기도 한다. 『르무안 사건』 모작에서 프루스트는 원고 측 변호사가 펼치는 변론을 가리켜 "폭포에서 떨어지는 물줄기처럼, 잡아당기면 펼쳐지는 리본처럼" 끝없다고 비유하기도 하고, 그 지속되는 무미건조함이 "계속 울리는 종소리처럼, 점점 약해지는 메아리처럼" 끝나지 않을 것 같다고 표현한다. 프루스트는 참신하고 파격적인 표현이 아니라 일부러 진부하고 식상한 비유로써 플로베르의 수사를 모방한다.

그렇다면 프루스트가 플로베르의 문체를 높이 평가한 이유는 무엇일까? 프루스트는 플로베르가 위대한 작가라고 말할 수 있는 이유는 이러한 비유 때문이 아니라 플로베르가 새롭게 창조했다고 해도 과언이 아닌 문법에 있다고 『플로베르의 문체에 관하여』에서 지적한다. 프루스트는 『르무안 사건』 모작에서 법정의 청중 중 한 여인이 모자를 벗자 그녀의 머리 위에 앉아 있던 앵무새의 모습을 묘사한다. 이는 플로베르의 『세 가지 이야기』 중 『순박한 마음』의 여주인공인 펠리시테가 자신의 건강을 해칠 정도로 애지중지하던 앵무새를 떠올리게 한다. 이렇듯 프루스트는 플로베르의 작품에 대해 잘 알고 있었는데 이는 모작에 필수적이었을 테고 그 같은 사실이 내용과 형식에서도 드러난다.

플로베르와 관련된 두 번째 모작은 같은 시기에 발표한 것으로 『생트뵈브가 평론하는 귀스타브 플로베르의 소설 '르무안 사건'』이라는 제목의 글이다. 이 모작에서 프루스트는 생트뵈브가 플로베르의 소설을 비평한다면 어떤 식의 평론을 발표할까라는 가정하에 글을 쓴다. 작가의 개인적인 삶과 성격, 성장 배경 등에 판단 기준을 두었던 생트뵈브에 걸맞게 프루스트는 플로베르가 루앙 의대에 교수로 재직하던 아버지 밑에서 가정교육을 제대로 받은 훌륭한 작가라는 사실 등을 강조하며 생트뵈브의 입장에서 플로베르의 소설을 분석한다.

플로베르의 문체를 찬양한 프루스트

　플로베르에 대한 프루스트의 평가를 가장 직접적이고도 명확하게 드러내는 글은 프루스트가 사망하기 2년 전인 1920년 『누벨 르뷔 프랑세즈』에 발표한 에세이 『플로베르의 문체에 관하여』다. 이 글을 쓴 계기는 알베르 티보데라는 평론가가 1919년 11월 같은 잡지에 『플로베르의 문체에 관한 문학적 논의』라는 제목의 글을 발표한 것이다. 그때 티보데는 "플로베르는 위대한 작가가 아니다……. 글쓰기를 완전하게 소화하는 것이 그에게는 천성적으로 불가능했다."라고 플로베르를 평가했다. 이 말에 동의할 수 없었던 프루스트는 오랫동안 구상하고 있던 플로베르의 문체에 관한 에세이를 씀으로써 『감정 교육』의 작가를 변론한다. 이 글에서 프루스트는 "개인적으로 플로베르의 소설은 물론, 그렇다고 그의 문체를 특별히 좋아하는 것은 아니다."라는 말로 시작함으로써 자신과 플로베르 사이의 문학적 거리를 유지한다.

　프루스트가 꼽는 플로베르 문체의 문제점 중 하나는 "플로베르의 전 작품을 통틀어 아름다운 은유를 하나도 발견할 수 없다."는 사실이다. 반면 프루스트에게 은유란 "문체에 유일하게 시간을 초월하는 아름다움을 부여할 수 있는 것"이다. 그만큼 프루스트에게 은유는 절대적이다. 「되찾은 시간」에서 화자는 은유에 대한 프루스트의 입장을 새삼 상기시킨다. 소설 속에서 화자인 마르셀은 자신이 써야 할 책을 구상하던 중 은유를 책의 핵심에 자리매김한다. 마르셀은 은유란 "아름다운 고리로 연결된 두 개의 서로 다른 사물 사이의 관계"라고 정의한다. 이는 『잃어버린 시간을 찾아서』의 화자가 도달한 결론이기도 하지만 그가 작가 프루스트의 목소리를 대변한다는 사실을 고려하면 이는 프루스트의 문학론이기도 하다.

플로베르의 문체에 관한 글에서 문학평론가 프루스트는 이어서 "그렇다고 은유가 문체의 전부는 아니다."라고 말하며 은유의 가치가 상대적임을 강조한다. 프루스트는 플로베르를 천재 작가라고 결론 내릴 수 있는 이유가 그의 혁명적인 문법의 사용에 있다고 말한다. 프루스트는 플로베르에 의해서 프랑스어 문법이 재창조되었다고 지적한다.

플로베르는 정과거, 부정과거, 현재분사, 특정 대명사, 특정 전치사 등을 완전히 새롭고 개인적으로 활용함으로써 사물을 바라보는 우리의 시각을 완전히 변화시켰다. 이는 칸트가 범주를 비롯하여, 외부세계에 대한 실재와 지식에 관한 이론을 통해 세상을 변화시킨 것과 마찬가지다.

소설가가 아닌 한 인간으로서의 플로베르

플로베르에 관한 프루스트의 관심은 수십 년에 걸쳐 지속되는 만큼 『잃어버린 시간을 찾아서』에도 플로베르의 흔적이 곳곳에 흩어져 있다. 하지만 소설 속에서 플로베르는 다소 간접적으로 묘사되는데 마르셀이 아닌 주변 인물에 의해 플로베르가, 혹은 그의 작품이 언급된다. 가령 「꽃핀 소녀들의 그늘에서」는 마틸드 대공 부인의 입을 통해 플로베르가 등장한다.

마르셀은 스완 부부와 불로뉴 숲에 있는 정원에 있다. 스완은 마르셀에게 마틸드 대공 부인을 가리키며 "저이가 바로 마틸드 대공 부인이라네. 플로베르, 생트뵈브, 뒤마와도 친분이 두텁지. 나폴레옹 황제의 조카라니 한번 상상 좀 해 보게. 나폴레옹 3세와 러시아의 황제로부터 청혼을 받았다니 재미난 일 아닌가?"라고 한다. 이어 곧 스완은 그녀에게 다가가 말을 건네는데 "얼마 전에 텐느 씨를 만났는데 대공 부인께서 플로베르와 언짢은 일이 있었다구요?"라고 하자 "그자가 내 앞에서 돼지처럼 무례하게 행동했답니다."라고 굵고 낮은 목소리로 거친 표현을 서슴없이 하자 마르셀은 무척 놀란다. 그녀의 사회적 지위에 어울릴 법한 교양 넘치는 말투를 기대했기 때문이다. 여기서 플로베르는 당시 살롱을 출입하며 막강한 영향력을 행사하던 자들과 친분이 있는 사교계 인물로 그려진다. 『생트뵈브에 반박하여』를 통해 프루스트가 강조한 '작가로서의 나'와 '살롱에서의 나'라는 두 개의 다른 개체로 구성된 '나'라는 요소 중에서 후자의 플로베르가 언급된 것이다.

재미난 사실은 『잃어버린 시간을 찾아서』에서 프루스트는 플로베르를 언급할 때 작가가 아닌 인간으로서의 플로베르에 더 관심을 두었다는 인상을 준다는 점이다. 「되찾은 시간」의 시작 부분에서 마르셀은 로베르 드 생루의 아내가 된 질베르트의 집에 초대되어 콩브레 근처의 탕송빌에 머물고 있다. 다음 날이면 다시 파리로 돌아가야 하는 마르셀은 언제나처럼 밤에 잠을 청하기가 어렵다. 그런 그에게 질베르트는 자신이 소장하고 있던 공쿠르 형제의 신간 일기를 권한다. 마르셀은 그날 밤 자신이 읽은 일기를 길게 옮겨 적는다. 프루스트가 공쿠르의 문체를 흉내 내어 모작하는 것이다. 『잃어버린 시간을 찾아서』에 등장하는 허구의 인물 베르뒤랑 부부의 만찬회를 묘사한 공쿠르의 일기를 자신의 소설에 끼워 넣음으로써 프루스트는 실재(공쿠르 형제의 일기)와 허구(자신의 소설)를 작가의 상상력을 통해 조화시킨다. 이때 공쿠르가 일기에서 밝힌 베르뒤랑 부부의 만찬에 초대받은 손님 중 한 명으로 플로베르가 등장한다.

프루스트가 『잃어버린 시간을 찾아서』에서 소설가 플로베르 대신 살롱의 플로베르에 더 초점을 맞추었다면, 또한 서간집의 작가 플로베르에 대해서도 언급한다. 이번에도 마르셀이 아니라 다른 인물, 아르파종 백작 부인의 입을 통해서이다. 아르파종 백작 부인은 『살랑보』를 쓴 작가의 이름이 '폴 베르Paul Bert'인지 '풀베르Fulbert'인지 혼동한다. 그런 그녀가 막상 플로베르의 편지에 대해 "작가가 쓴 편지는 종종 그 사람의 작품보다 훌륭한 경우가 많다는 사실을 알고 계세요?"라고 묻는다. 이는 플로베르에 대한 프루스트의 의견과는 정반대되는 것이다.

프루스트는 당시 인기리에 출판되었던 플로베르의 비공개 편지들을 많이 접했었다. 1904년에 평생에 걸쳐 우정을 나눈 조르주 상드와 교환한 편지가 출판되었으며, 1906년에는 조카인 카롤린에게 보낸 편지 모음이 출판되었다. 프루스트는 이러한 플로베르의 서간집을 읽었지만 그 감상은 대체로 부정적이었다. 프루스트는 『플로베르의 문체에 관하여』에서 "이 뛰어난 소설가가 그렇게나 평이한 편지를 썼다는 사실이 놀라울 뿐이다." 라고 말한다. 소설 속에서 아르파종 백작 부인은 플로베르의 편지에 높은 가치를 부여하지만 『살랑보』를 쓴 작가의 이름도 제대로 모르는 만큼 그녀의 평가는 신뢰할 만한 것이 못 된다.

프루스트는 후대에 자신이 『잃어버린 시간을 찾아서』를 쓴 작가로서만 기억되기를 바랐다. 지금도 그렇지만 당대에는 성공한 작가가 썼던 모든 형태의 글이 출판되는 경우가 흔했다. 그중에서도 일기와 편지가 작가 사후에 출판되는 경우가 많았다. 하지만 프루스트는 이러한 글은 창작물로서 가치가 없을 뿐만 아니라 그 작가를 평가하는 기준이 될 수도 없다고 믿었다. 따라서 자신이 썼던 편지, 초고, 수첩(그는 일기를 쓰지 않은 작가로 알려져 있다) 등을 모두 불태우라고 부탁하기도 했다. 그러나 실제로 프루스트의 편지 꾸러미는 그가 사망한 후에 남동생 로베르 프루스트와 레옹 도데 등에 의해 개별적으로 출간되었다. 그 후 필립 콜브라는 학자는 총 21권으로 이루어진 프루스트의 편지를 1970년부터 1993년에 걸쳐 플롱 출판사를 통해 발표한다.

또한 프루스트는 플로베르와 자신의 공통점인 부르주아 집안 출신이라는 사실에 집착한 듯하다. 프루스트는 소설 속에서 여러 차례 그 사실을 언급하는데 어느 소설가가 부유한 환경에서 자랐다고 해서 그것을 근거로 그 사람의 작품을 평가할 수는 없다는 식이다. 소설 속 '부르주아 작가 플로베르'는 결국 자신을 위한 변론인 것이다. 가령 「소돔과 고모라」에서는 게르망트 공작 부인이 파르마 대공 부인에게 자신의 지적 수준을 자랑하면서 그녀의 감탄을 자아내기 위해 근거도 없는 말을 사실인 양 늘어놓는다.

게르망트 공작 부인은 자신이 스스로 생각하는 것보다 훨씬 무지했다. 그럼에도 그녀가 파르마 대공 부인보다 약간 더 눈치가 빠른 것만으로도 파르마 대공 부인의 놀라움을 자아내기에 충분했다. 새로운 세대의 평론가들은 전 세대가 진실이라고 확립한 믿음이 잘못된 것이라고 주장하는 것만으로도 새로운 진실을 밝힌 것인 양 행동하는 것과 마찬가지로 게르망트 공작 부인은 부르주아의 적인 플로베르가 사실은 그 자신이 부르주아였으며, 바그너의 음악에 이탈리아적인 요소가 많이 내포되어 있다고 말하는 것만으로도 파르마 대공 부인으로부터 감탄 어린 시선을 받기에 충분했다. 파르마 부인에게 게르망트 부인의 말은 마치 태풍이 몰아치는 바다에 빠진 이가 저 멀리 육지를 바라볼 때와도 같은 막막한 느낌을 주었다. －「소돔과 고모라」

「되찾은 시간」에서도 플로베르의 부르주아적인 특성을 언급한다.

바토와 라투르의 그림을 파괴하지는 않았더라도 그 화가들의 그림을 무시했던 실수를 반복하지는 말아야겠다. 이 화가들은 그 어떤 혁명가들보다 프랑스의 명예를 드높인 자들이다. 마음이 여린 자는 가능한 한 해부학을 선택하지는 않을 것이다. 심성이 착했던 것은 사실이지만 그것이 쇼데를로 라클로로 하여금 『위험한 관계』를 집필하게 만든 것은 아니다. 마찬가지로 플로베르가 부르주아적인 경향이 있었기 때문에 『보바리 부인』이나 『감정 교육』과 같은 소설을 쓴 것은 아니다. －「되찾은 시간」

성장소설 『잃어버린 시간을 찾아서』와 『감정 교육』의 다른 결말

　『잃어버린 시간을 찾아서』는 『감정 교육』과 여러모로 닮은 점이 많다. 우선 두 작품 모두 일종의 성장소설이라는 점이다. 『잃어버린 시간을 찾아서』의 마르셀은 엄마의 입맞춤 없이는 불안해서 잠자리에 들지 못할 정도로 어리광이 심하던 어린아이 때부터 동경해 마지않던 파리의 사교계를 출입하게 되며 사랑과 이별, 우정과 전쟁을 경험하며 성장한다. 『감정 교육』은 프루스트의 소설보다 반세기 전인 1840년부터 1867년까지 30여 년 동안 프레데릭이 성장하는 과정을 보여 준다. 열여덟 살의 프레데릭은 파리로 상경한 시골 청년으로 마르셀과 마찬가지로 다양한 형태의 사랑과 우정을 여러 차례 혁명을 겪는 정치적 격동기의 파리 한가운데서 체험한다.

　두 소설 속에는 여러 여인이 등장하여 각각의 주인공에게 일정한 영향을 미친다. 마르셀의 삶을 스치는 여인들 중에서 우선 미술품 수집가 스완의 아내인 오데트를 들 수 있다. 비슷한 시기에 마르셀이 막연히 사랑의 감정을 느끼는 게르망트 공작 부인은 마르셀보다 훨씬 높은 사회적, 경제적 위치에 있다. 마르셀은 게르망트 공작 부인을 범접할 수 없는 이상의 여인으로 포장하고 그 상상의 여인과 사랑에 빠지는데 그녀의 실재를 알고 실망한다. 그리고 마르셀의 어린 시절 소꿉친구이자 스완과 오데트의 딸인 질베르트가 있다. 그녀는 마르셀의 친구인 로베르 드 생루와 결혼한다. 마지막으로는 마르셀보다 사회적으로 지위가 낮을 뿐만 아니라 말이며 행동 모두 속되지만 마르셀과 짧게나마 한 집에서 살게 되며 그에게 욕망과 질투를 느끼게 하는 알베르틴이 있다.

그레퓔 백작 부인의 초상.
필립 드 라즐로, 1909, 개인 소장.

그레퓔 백작 부인은 소설 속 게르망트 공작 부인의
모델이 된다.

『감정 교육』에서는 부유한 미술품 상인의 아내인 아르누 부인, 파리의 사교계를 주름잡는 당브뢰즈 부인, 프레데릭의 절친한 친구 델로리에와 결혼하는 루이즈 로크, 그리고 프레데릭과 동거하는 로자네트가 각각 오데트 스완, 게르망트 공작 부인, 질베르트, 알베르틴의 역할을 한다.

하지만 『잃어버린 시간을 찾아서』가 『감정 교육』과 가장 차별되는 부분은 각각의 주인공이 도달하는 결론에 있다. 중년이 된 프레데릭은 더 이상 낭만주의적 꿈과 이상을 가득 안고 파리에 갓 입성한 열여덟 살 청년 프레데릭이 아니다. 그가 내린 결론은 결국 젊은 시절의 꿈과 야망은 실현 불가능한 환상일 뿐이며 지난날들은 단순히 추억으로 간직될 뿐이라는 다소 비관적이며 염세적인 것이다. 반면 마르셀은 프레데릭과 마찬가지로 사교계에도 실망을 하고, 사랑의 허망함도 경험하지만 시간과 함께 흩어지는 이러한 개인적인 기억들을 예술로 승화하여 창조하는 활동이야말로 앞으로 얼마 남지 않은 시간 동안 자신이 몸담아야 할 것이라는 결론에 도달한다. 충분히 비관적일 수 있는 과거가 작가의 소명을 발견하기 위한 필수적인 과정으로 인식되면서 '잃어버린 시간'이 '되찾은 시간'으로 탈바꿈한다.

프루스트는 자신이 프레데릭 모로와 마찬가지로 섬세하고 열정적이나 행동이나 실천은 결여된 인간으로 남지는 않을까 염려했을 법하다. 프루스트는 로베르 드 플레르에 대해 평론한 글에서 그를 변론하는데 그 표현이 마치 스스로를 위로하는 것처럼 느껴진다.

> 그는 다음과 같이 말하지 않을 수 있는 몇 안 되는 작가 중 한 명이다. "글을 쓰고자 하는 나의 소명은 그 밖에 다른 어느 것에도 소명을 느끼지 못하는 데서 기인한다. 인생에서 성공하기 위해 필요한 다양한 재주가 내게는 없다. 나는 귀스타브 플로베르일지도 모르지만, 단지 『감정 교육』의 프레데릭 모로에 불과할 수도 있다." ─『로베르 드 플레르의 초상』

간접적으로 암시되는 『보바리 부인』

『감정 교육』만큼이나 프루스트의 소설에서 직간접적인 흔적을 찾아볼 수 있는 플로베르의 소설은 『보바리 부인』이다. 『잃어버린 시간을 찾아서』에서 마르셀에게 삶의 분기점이 되는 사건으로 '마들렌 과자' 에피소드를 빼놓을 수 없다. 나이 든 화자가 비 내리는 어느 추운 날, 자신의 아파트에서 몸을 녹일 겸 따뜻한 홍차에 적신 마들렌 과자를 혀끝에 가져다 대는 순간, 어린 시절 레오니 아주머니 방에서 먹었던 마들렌 과자가 떠오르며 잊고 있던 콩브레의 추억이 물밀듯이 밀려온다. 마들렌 과자는 이어 베네치아 여행을 떠올리게 하는 게르망트 저택 앞의 매끄럽지 못한 포석, 발베크의 호텔 방을 떠올리게 하는 빳빳하게 풀 먹인 냅킨, 콩브레에서 엄마의 입맞춤 사건을 떠올리게 하는 상드의 소설 『프랑수와 르 샹피』 등 일련의 사물들과 함께 프루스트 미학의 중심축을 이루는 '비의도적 기억'을 상징적으로 보여 준다.

『보바리 부인』에서도 엠마 보바리가 무미건조하고 반복되는 일상을 견딜 수 없어 위험한 모험을 하게 되는 계기가 있다. 보뷔사르에서 열린 무도회가 그것이다. 하룻밤을 화려한 무도회에 참석하여 흥분해서 춤을 추고 음식을 즐긴 후 다시 익숙한 집으로 돌아오자 엠마는 그 현실이 더없이 견딜 수가 없게 느껴진다. 배경이나 설정은 마들렌 과자 에피소드와 완전히 다르지만 이 사건을 계기로 비의도적 기억이 작용하여 엠마는 그동안 잊고 있던 어린 시절의 베르토 가족을 떠올리게 된다. 자신이 꿈꾸던 모험과 신비한 매력으로 가득한 생활이 현실에도 존재함을 실감하게 되자 자신의 일상이 더없이 갑갑하기만 하다. 이날을 기점으로 그녀는 부유한 유지 로돌프, 마을 서기관 레옹으로 이어지는 위험한 외도를 한다.

『잃어버린 시간을 찾아서』에서 마르셀은 질베르트의 눈동자를 파란색으로 기억한다. 하지만 실제로는 검정색인데 후에 마르셀은 만약 그녀의 눈동자가 검정색이라는 것을 알았다면 그녀와 그렇게 사랑에 빠지지는 않았을 것이라고 회상한다. 플로베르는 보바리 부인의 눈동자가 빛의 유희

보바리 부인을 해부하고 있는 플로베르를 풍자한 그림, 1869.

에 따라 때로는 검정색으로, 때로는 파란색으로 보인다고 묘사한다. 이렇듯 프루스트는 기억 속에서, 플로베르는 빛을 통해 다른 색을 띠는 여인의 눈동자를 묘사한다.

프루스트는 자신의 소설에 플로베르의 여러 작품을 직간접적으로 차용한다. 그러나 두 작가 사이에는 큰 차이점이 존재하는데, 플로베르의 인물들이 대개 비극적인 죽음이나 실망스러운 결말을 맞는다면 프루스트의 주인공 마르셀은 희망의 빛을 발견한다는 점이다. 그토록 긴 잃어버린 시간의 끝에서 앞으로 자신의 남은 삶 동안 열정을 바칠 소명을 발견하였기에 과거의 헛되게 흘려보낸 시간들조차 의미를 갖게 되는 것이다. 프루스트의 소설이 일종의 '해피엔딩'이라는 것이 플로베르의 소설과 가장 차별되는 지점은 아닐까 싶다.

공쿠르 형제

Edmond de Goncourt, 1822~1896
Jules de Goncourt, 1830~1870

마르셀에게 작가로서의 소명을
깨닫게 해 준 일기의 작가들

공쿠르 형제는 소설가로서가 아닌 프랑스에서 가장 권위 있는 문학상인 공쿠르 상의 창시자로 더욱 잘 알려져 있다. 1903년부터 매년 12월이면 공쿠르 아카데미를 이루는 열 명의 심사위원이 투표를 통해 그해 프랑스어로 출판된 소설 중에서 가장 뛰어난 작품에 상을 수여한다. 이 상은 형인 에드몽 드 공쿠르의 유언으로 설립되었다.

공쿠르 형제는 합작 소설을 여럿 남겼다. 사색적이며 내향적인 형이 작품을 구상하면 정열적이며 활동적인 동생 쥘 드 공쿠르가 문체를 다듬었다. 이렇게 쓴 소설로는 『샤를 드마이』(1860), 『피로멘 자매』(1861), 『제르미니 라세르퇴』(1865) 등이 있다. 공쿠르 형제의 소설의 특징은 물질지상주의에 의해 약간은 병적이 된 인물들을 등장시킴으로써 현대 사회의 부정적인 면을 사실주의적 시각으로 비판한다는 점이다. 이들은 훗날 자연주의에 영향을 준다.

하지만 오늘날 이들의 소설은 거의 잊힌 반면 형제가 40년이 넘는 기간 동안 썼던 일기는 19세기 후반 프랑스 사회의 분위기와 문단을 보여 주는

쥘 드 공쿠르의 초상.
에른스트 프리드리히 폰 립하트,
1873~1896년경, 애슈몰린 미술관, 영국.

립하트가 에드몽 드 공쿠르에게
동생의 초상화를 선물하였다.

귀중한 자료로 형제가 작가로서의 명성을 다지는 데 큰 역할을 하고 있다.

에드몽 드 공쿠르는 일기와 소설과의 상관관계에 대해 작가로서 분석한 바 있다. 그가 저녁 모임에서 재미난 일화를 이야기했을 때 소설가 친구 에밀 졸라는 에드몽의 이야기를 소설의 소재로 차용할 만한 가치가 있다고 말하지만 에드몽은 그날 일기에 "나는 소설이란 원칙적으로 개인적인 기억을 담는 것과는 다른 것으로 이루어져야 한다고 생각한다."고 적는다. 에드몽은 일기는 소설과 구분되어야 한다고 생각했다.

공쿠르 형제의 일기는 나폴레옹의 조카이자 프랑스 최초의 대통령이 된 루이 나폴레옹 보나파르트가 권력 유지를 위해 불법으로 의회를 해산하는 등 쿠데타를 일으킨 1851년 12월을 기점으로 시작된다. 일기는 주로 동생인 쥘이 쓰지만 그가 매독에 걸려 길고 고통스러운 투병 끝에 1870년에 죽

에드몽 드 공쿠르의 초상.
펠릭스 브라크몽, 1881.

음을 맞자 이번에는 형이 동생의 일기를 이어간다. 특히 형제가 주최한 만찬이나 그들이 초대된 만찬에서 나눈 대화의 기록에 대해서 공쿠르 형제는 '문학적 인생의 기억'이라는 부제를 붙일 만큼 당대에 활동한 다양한 소설가, 시인, 평론가와의 만남을 사실적으로 기록해 놓았다. 총 9권으로 출판된 공쿠르 형제의 일기는 오늘날 일기문학의 걸작으로 꼽힌다.

공쿠르 형제는 알퐁스 도데를 비롯하여 에밀 졸라, 플로베르, 모파상 등 19세기에 활동한 프랑스의 대표적인 문인들과 긴밀하게 교류했다. 에드몽 드 공쿠르는 '다락방'이라 부르는 자신의 저택 2층에서 일요일마다 당대에 활동했던 소설가, 시인 등을 비롯한 예술가들을 초대하여 만찬을 나누며 끝없이 대화를 이어가는 살롱을 주관했다. 오늘날 열 명의 공쿠르 상 심사위원들은 이들을 기리기 위해 매달 첫 번째 화요일이면 파리 드루앙 식당

2층에 모여 식사를 하면서 그해 선정할 후보작 및 수상작에 대해 논의한다. 이는 1914년 첫 식사를 한 것을 시작으로 현재까지 이어지고 있는 프랑스만의 유명한 문학적 전통이다.

공쿠르 형제는 프루스트보다 한 세대 위의 인물들이지만 이들은 여러모로 공통점이 많다. 공쿠르 형제는 파리의 부유한 자제들이 다니는 콩도르세 고등학교를 나왔는데 천식 때문에 정규 교육 과정을 밟을 수 없었던 프루스트가 그나마 다녔던 학교가 바로 이 콩도르세 고등학교다. 프루스트는 콩도르세 고등학교에서 만난 작곡가 비제의 아들 자크 비제, 소설가 알퐁스 도데의 아들 뤼시앵 도데와 평생 우정을 나눈다. 특히 뤼시앵 도데와의 만남은 프루스트에게 개인적으로, 또한 문학적으로 큰 영향을 끼친다. 화가 지망생이었던 뤼시앵과 프루스트는 수시로 루브르 미술관을 방문하는데 이때의 경험으로 프루스트는 미술에 대한 관심과 애정을 키웠고, 후에 소설에 접목하게 될 많은 회화 작품에 대한 지식을 쌓았다. 공쿠르 형제 또한 미술 쪽에 특별한 관심을 유지했으며 광적인 미술품 수집가였고 일본 판화에 심취했다. 또 『18세기의 미술』이라는 방대한 책을 집필하기도 했다.

프루스트와 뤼시앵은 연인 관계로까지 발전하게 된다. 이를 두고 시인이자 소설가인 장 로랭이 비꼬는 투로 말하자 프루스트는 발끈하여 결투를 신청한다. 그러나 각각 빗나간 총알 한 발을 쏘는 것으로 결투는 싱겁게 끝난다.

프루스트가 처음 에드몽 드 공쿠르를 만난 것도 뤼시앵의 초대로 아버지 알퐁스 도데의 살롱을 방문했을 때다. 당시 프루스트는 파리의 사교계에 막 발을 들인 신참이었고 에드몽 드 공쿠르는 이미 문단에 영향력이 있는 작가로 자리 잡은 후였다. 도데 가족과의 만남은 프루스트에게 뤼시앵의 형이자 작가 겸 정치인이 되는 레옹 도데와의 인연으로 이어져 한층 더 의미를 갖는다. 레옹 도데는 공쿠르 상의 초대 설립 위원 중 한 명으로 1919년 프루스트가 「꽃핀 소녀들의 그늘에서」를 발표하자 적극적으로 그를 추천하여 공쿠르 상을 받는 데 기여하기도 한다. 공쿠르 상 수상으로 프루스트는 일약 유명 작가로 떠올랐고 갑자기 그를 찾는 사람들이 많아졌다.

공쿠르 문학상을 수상한 프루스트

『잃어버린 시간을 찾아서』의 제2권 「꽃핀 소녀들의 그늘에서」가 공쿠르 상을 수상하게 되기까지는 여러 우여곡절이 있었다. 총 1,700만 명의 사상자가 발생한 1차 세계대전이 막 종결된 후 프랑스는 피폐해 있었다. 문학적으로는 전쟁과 죽음, 잔인한 인간 본성을 다룬 소설이 대세를 이루었다. 그런 와중에 여름철 바닷가에서 젊은 처녀 무리를 쫓아다니는 주인공, 답답할 정도로 미묘하고 섬세한 심리 분석으로 일관하는 프루스트의 소설이 출판되자 독자와 평론가들은 당황했다. 마지막까지 프루스트의 소설과 경합을 벌인 작품은 제목에서도 알 수 있듯이 전쟁을 소재로 한 롤랑 도르즐레스의 『나무 십자가』였다. 열 명의 심사위원은 머리를 맞대고 고심하다가 결국 6 대 4로 프루스트의 손을 들어 주었다.

반을 겨우 넘긴 투표 결과는 공쿠르 아카데미 내부의 의견이 팽팽히 대립했음을 말해 준다. 프루스트에 반대한 심사위원들은 직접적으로 「꽃핀 소녀들의 그늘에서」의 작품성을 문제 삼기보다는 프루스트가 두 가지 조건을 충족하지 못한다며 곤란한 입장을 보였다. 하나는 프루스트의 나이이고 나머지 하나는 그의 풍족한 재정적 여건이었다. 에드몽 드 공쿠르는 자신의 이름을 딴 문학상을 설립하는 데 재산을 활용하도록 유언을 남기면서 다음과 같이 말했다.

아카데미 위원들이 항시 염두에 두기를 바라는 나의 최대의 소원은 공쿠르 문학상을 젊은이에게, 독창적인 재능을 소유한 이에게, 사고와 표현이 새로운 도전으로 가득한 작가에게 수여하는 것이다.

1919년 「꽃핀 소녀들의 그늘에서」를 발표할 당시 프루스트는 결코 젊다고 할 수 없는 48세였다. 또 수상 작가가 받는 상금 자체는 단 50프랑이지만(이 금액은 100여 년이 지났음에도 그대로 유지되다가 유로를 도입하면서 10유로, 즉 한화로는 약 15,000원이 되었다) 그로 인해 명성이 높아지게 되면 책 판매로 인한 인세 증가로 이어져 형편이 어려운 젊은 작가의 집필 활동을 돕는다는 취지다. 실제로 「꽃핀 소녀들의 그늘에서」의 수상 발표가 있던 날 바로 인쇄되었던 3,000부가 모두 판매되었다. 하지만 위생학자로서 성공한 의사 아버지와 부유한 유대인 어머니를 둔 프루스트는 평생 직업을 갖지 않고 여기저기 살롱이나 드나드는 한량의 인상을 주었기에 에드몽 드 공쿠르의 유언에 부합하는 작가가 아니었다.

프루스트의 수상 결과에 대해 많은 평론가들은 시대를 역행하는 결정이라며 비판의 목소리를 높였다. 공쿠르 상 발표가 있은 후 며칠 지나지 않아 노엘 가르니에라는 평론가는 『르포퓰레르』에 "우리 참전 용사들은 롤랑 도르즐레스가 마땅히 상을 받아야 한다고 본다. 마르셀 프루스트가 공쿠르 상의 수상자가 된 것은 그가 순전히 여섯 명의 심사위원들에게 아첨을 떨었기 때문이다."라는 강도 높은 비난글을 실었다. 뤼시앵 데카브라는 또 다른 평론가는 "프루스트는 공쿠르 상을 받았지만 도르즐레스는 젊은 혈기와 문학적 재능이 있다. 한 사람이 모든 것을 가질 수는 없는 모양이다."라고 비꼬았다.

롤랑 도르즐레스의 소설을 출판한 알뱅 미셸은 『피가로』와 『르마탱』에 '공쿠르 상: 롤랑 도르즐레스의 『나무 십자가』'라는 제목의 광고를 커다랗게 실었다. 그리고 그 밑에 작은 글씨로 '10개 중 4개의 표를 얻음'이라는 문구를 삽입했다. 상황이 이 정도로 확대되자 프루스트의 담당 출판인인 가스통 갈리마르는 알뱅 미셸을 고소하여 결국은 2,000프랑의 손해 배상금을 받는다.

하지만 아무도 프루스트 소설의 가치를 알아보지 못한 것은 아니다. 제1권 「스완네 집 쪽에서」를 출판했던 그라세는 프루스트가 두 번째 소설을 출간하면서 자신의 출판사를 선택하지 않은 것에 대해 조금의 원망함도 비추지 않고 "선생님의 아름다운 책에 제가 직접 날개를 달아 드리지 못한 것이 애석할 따름입니다."라며 축하 메시지를 보낸다. 프루스트는 "800장의 축하 편지에 모두 답장을 할 수 없는 처지가 되어 때로는 오해를 사기도 한다."라고 푸념했을 만큼 축하 메시지가 쇄도했다.

공쿠르 형제의 일기 모작

프루스트는 소설의 마지막 권인 「되찾은 시간」에서 공쿠르 형제의 일기를 길게 인용한다.

로베르 드 생루의 아내가 된 질베르트는 마르셀을 집에 초대한다. 탕송빌이라는 작은 마을에 있는 질베르트네서 묵으며 마르셀은 창문을 통해 콩브레 성당의 종탑을 보면서 콩브레에서 보낸 어린 시절을 회상하는 등 지나간 시간에 대한 상념에 빠지기도 한다. 모든 것은 변한 듯하다. 절친했던 로베르는 오로지 전쟁과 군대 이야기만 할 뿐이다. 또한 아내에게 자신의 동성애를 숨기기 위해 금방 들통 날 거짓말을 매일 되풀이한다. 질베르트 또한 마르셀이 첫사랑에 빠졌던 도도한 소녀가 아니라 로베르의 관심을 끌기 위해 과장된 화장과 손짓으로 어색하게 행동하기만 한다.

내일이면 탕송빌을 떠나야 하는 마르셀은 불면증에 시달리다가 잠자리에서 읽겠다며 발자크의 『황금 눈의 소녀』를 빌리기를 청한다. 마침 그 책을 읽고 있던 질베르트는 아직 다 읽지 못했다며 대신 공쿠르 형제의 일기를 권한다. 자신이 소장하고 있는 그 일기가 아직 공식 출판되지 않은 것이라는 말도 덧붙인다. 이렇듯 마르셀이 공쿠르 형제의 일기와 접하게 되는 것은 순전히 우연에 의해서였다. 하지만 그 우연이 의도하지 않았지만 결과적으로는 새로운 진리를 깨닫게 한다는 설정은 프루스트가 소설을 전개하는 주된 특징 중의 하나다. 비의도적 기억에 의해 진리를 깨닫게 된다는 마들렌 과자 에피소드에서 이미 마르셀은 파리의 아파트에서 마들렌 과자를 홍차에 적셔 먹게 된 것은 습관에서 벗어난 행동이었음을 강조했다. 그날 비를 맞고 집에 돌아오게 되어 몸을 녹일 겸 과자를 따뜻한 홍차에 곁들여 먹었던 것이다. 또한 인상주의적 미학을 가르쳐 준 화가 엘스티르를 만나게 된 것도 자신의 의지가 아니라 할머니의 반강요에 의한 것이었음을 독자는 기억할 것이다. 이번에도 마르셀은 스스로 공쿠르 형제의 일기를 펼치지 않았다.

 프루스트가 소설의 이 부분을 쓴 것은 1915년에서 1917년 사이로 추정된다. 1896년 사망할 당시 에드몽은 사후 20년이 지난 후에야 형제의 일기 전체를 공개하라는 유언을 남겨 앞서 출판된 아홉 권을 제외하고 비공개로 간직되었던 일기들은 1916년이 되어야 출판할 수 있었다. 따라서 프루스트의 소설을 읽는 독자는 실존하는 공쿠르 형제의 일기의 한 부분이 발췌되었다고 생각할 수도 있을 것이다. 하지만 그 일기는 실제로 공쿠르 형제의 일기를 인용한 것이 아니라 프루스트가 소설가로서 상상력을 발휘해서 만들어 낸 모작이다. 프루스트에게 모작은 특정 작가의 문체와 그 작가가 즐겨 다룬 주제를 모방해서 집필하는 것으로 자기 고유의 문체를 발견하기 위한 글쓰기 연습이었다. 『잃어버린 시간을 찾아서』의 등장인물인 베르뒤랑을 공쿠르 형제의 일기에 등장시킴으로써 프루스트는 단번에 이 일기가 실제로 공쿠르 형제가 쓴 것이 아니라 자신의 모작임을 알린 것이다. 프루스트는 공쿠르 형제의 일기 모작을 통해 작가로서의 상상력을 마음껏 발휘했을 뿐만 아니라 다양한 필력을 유감없이 드러냈다.

그저께 그가 이곳에 도착. 베르뒤랑이 자신의 집에서 여는 만찬에 나를 데려가려고. 베르뒤랑은 『라르뷔』의 옛 미술 평론가인데 독보적인 미국인 화가 휘슬러의 기법과 색감을 매우 섬세하게 분석한 책을 쓴 작가이기도 함. 그 자신이 회화 작품에 표현된 모든 세련미, 모든 아름다움과 사랑에 빠진 인물. 내가 옷을 갈아입고 준비하는 동안 그는 내게 프로망탕[1]의 '마들렌'[2]과 결혼한 후 글쓰기를 포기한 것에 대해 겁에 질려 고백하듯 조근조근 이야기함. 그가 글쓰기를 포기하게 된 것은 모르핀에 익숙해졌기 때문인데 그의 표현을 빌리자면 아내의 살롱을 출입하는 사람 대부분은 자신이 책을 쓴 적이 있다는 사실조차 모르고 있으며 샤를 블랑, 생빅토르[3], 생트뵈브 등의 작가들에 대해 그에게 이야기할 때는 이들보다 그를 훨씬 못하다고 생각하고 있다는 것. "보세요, 공쿠르 씨, 당신은 잘 알고 계시죠, 물론 고티에 씨도 잘 알고 있겠지만 나의 평론서는 아내의 무리가 명작이라고 믿는 저 한심한 『과거의 대가들』[4]과는 비교도 안 된다는 사실을요." 우리의 대화는 자동차 안에서 이어졌는데 석양의 마지막 빛을 머금은 트로카데로 광장의 탑들은 제과의 장인들이 까치밥나무 열매로 만든 젤리 탑들과

---

[1] 프로망탕Eugène Fromentin(1820~1876)은 프랑스의 화가이자 작가다.
[2] 마들렌은 프로망탕의 소설 『도미니크』(1863)의 여주인공으로 여기서 베르뒤랑은 자신의 아내를 '마들렌'이라고 표현하고 있다.
[3] 샤를 블랑Charles Blanc(1813~1882), 생빅토르Paul de Saint-Victor(1827~1881) 둘 다 19세기 프랑스에서 활동한 작가다. 프루스트는 이들을 생트뵈브와 같이 열거함으로써 이들을 이류작가로 분류하고 있다.
[4] 『과거의 대가들』(1876)은 프로망탕의 미술 평론서다.

도 같았음. -「되찾은 시간」

　프루스트는 공쿠르의 일기 모작을 소설에 끼워 넣어 소설 속 화자인 마르셀의 문체와 공쿠르의 문체가 얼마나 다른지를 보여 준다. 공쿠르 형제의 '예술가적 문체'는 잘 알려져 있다. 그중에는 앞에서 살펴본 일기 모작의 첫 두 문장처럼 주어와 술어를 도치함으로써 술어를 강조하고 부자연스러움을 통해 신선한 느낌을 주거나, 어미에 부사격 조사나 명사격 조사를 붙임으로써 새로운 단어를 만들어 낸 것 등이 있다. 프루스트는 소설 속에서 마르셀의 입을 통해 "작가의 문체는 화가의 색채와 마찬가지로 기술이 아니라 예술가의 시선을 반영한다."라고 말한 바 있다. 공쿠르의 문체가 사실적이며 구체적으로 아무리 사소한 세부 요소라도 모두 다 묘사하는 사실주의 화가의 것이라면 프루스트의 문체는 겉으로 드러나는 것에 초점을 맞추기보다는 시시각각 변하는 느낌과 인상을 단숨에 표현하는 인상파 화가의 시선이라고 할 수 있다.
　내용적으로는 공쿠르 형제의 일기의 기본 바탕을 이루는 만찬을 구성하는 다양한 요소, 가령 주인과 초대 손님들, 그날의 요리, 진귀한 동양 자기 및 은제 식기, 방 안 가구에 대한 세세한 묘사를 프루스트는 모방하고 있다. 프루스트는 공쿠르 형제의 문체뿐만 아니라 일기의 소재를 모방하여 그들의 일기라는 이름으로 소설 속에 하나의 독립된 이야기를 첨가한 것이다. 이는 소설의 제1권인 「스완네 집 쪽에서」의 후반부에 '스완의 사랑'이라는 제목의 이야기가 삽입된 것과 같은 기법이다. '스완의 사랑'은 스완이 오데트를 만나서 사랑에 빠지고, 결혼하고 결국은 헤어지는 과정을 전지적 작가 시점으로 풀어 나간다. 이는 주인공 마르셀이 1인칭 화법으로 전개하는 『잃어버린 시간을 찾아서』의 전체적인 구성에서 벗어나는 것으로 독립적인 성격을 띤다.

공쿠르의 일기 모작 또한 소설과는 엄연히 분리되는 독립적인 형식의 글인 것은 사실이지만 프루스트는 일기 속에 미세한 연결고리를 만들어 놓는다. 그렇게 함으로써 일기 모작을 소설로 자연스럽게 가져온다. 소설 속 허구의 인물들이자 마르셀과 친분이 있는 베르뒤랑, 브리쇼 박사, 스완 등이 실제 작가인 공쿠르와 대화를 하고 만찬을 나누는 것이 그중 한 요소다. 이에 더 나아가서 예전에 마르셀이 브리쇼 박사와 나누었던 대화 내용이 공쿠르의 일기 모작에 언급되면서 허구와 실재, 소설과 일기의 구분이 불명확해진다.

「갇힌 여인」에서 마르셀은 베르뒤랑네로 향하는 브리쇼 박사를 만난다. 이때 브리쇼는 마르셀에게 "이번에는 셸부르에서 만나는 대신 작은 던케르크 앞에서 만나는군요."라고 말을 건넨다. '작은 던케르크'가 무엇인지 알지 못하던 마르셀은 브리쇼의 의도를 이해하지 못한다. 그러나 브리쇼에게 무슨 뜻이냐고 물을 용기가 없다. 바로 그 '작은 던케르크'가 공쿠르의 일기 모작에 다시 등장하면서 마르셀과 독자의 궁금증이 해소된다. 프루스트는 공쿠르 일기 모작에서 베르뒤랑 저택과 인접한 매우 오래된 골동품 가게를 묘사한다. 그 가게의 이름이 바로 '작은 던케르크'였던 것이다. 그 가게는 주로 18세기 골동품을 취급하는 곳으로 실제로 공쿠르의 일기에도 여러 차례 등장한다. 이는 소설의 줄거리의 전개나 이해에는 아무 상관이 없는 매우 사소한 요소이지만 『18세기의 미술』이라는 저서를 남길

만큼 당시의 미술품에 관심이 많았던 공쿠르의 단면을 보여 준다. 이렇듯 작은 연결고리를 심어 놓음으로써 프루스트는 공쿠르의 일기 모작을 『잃어버린 시간을 찾아서』라는 소설에 은밀하게 융화시킨 것이다.

공쿠르의 일기 모작은 프루스트에게 '우상 숭배자'로서의 미술 애호가를 비판하는 기회를 제공한다. 프루스트는 이미 오데트에 대한 스완의 사랑을 통해 우상 숭배를 간접적으로 비판했다. 처음에 스완은 오데트에게 전혀 매력을 느끼지 못한다. 그러다 어느 날 오데트의 가녀린 몸매, 움푹 꺼지고 약간 슬퍼 보이는 큰 두 눈, 흘러내리는 가운을 한 손으로 힘없이 움켜쥐고 상채를 앞으로 숙이고 있는 모습에서 보티첼리가 시스티나 성당 벽에 그린 모세의 딸 '시포라'의 모습을 본다. 그 순간부터 스완은 속수무책으로 자신이 만들어 낸 오데트의 매력에 빠져 버린다. 현실에서 예술 작품에 등장한 요소를 발견하려 하고 그것이 실제 예술품인 양 예술적 가치를 입히는 자세를 프루스트는 우상 숭배라며 경계해야 할 대상으로 꼽았었다.

공쿠르의 일기 모작에서 프루스트는 다시 한 번 스완의 우상 숭배를 꼬집는다. 일기 속에서 스완은 공쿠르에게 베르뒤랑 부인이 그날 목에 치장한 진주 목걸이에 대해 감탄을 늘어놓는다. 그 진주 목걸이는 검정색이었는데 그 이유인즉 예전에 베르뒤랑 부부의 저택에 화재가 발생했는데 잿더미 속에서 찾아낸 보석함 속에서 까맣게 그을린 진주 목걸이가 나왔더라는 것이다. 그 목걸이는 원래 라파예트 부인의 것으로 원래의 하얀 자태를 라파예트 부인의 초상화를 통해 볼 수 있다고 강조한다. 이렇듯 진주 목걸이가 유명한 모델의 초상화에 등장한 것이기에 그 가치가 더 뛰어나

시포라.
산드로 보티첼리, 「모세의 삶」 부분, 1482, 바티칸.

스완은 오데트가 시포라를 닮았다는
이유만으로 사랑에 빠진다.

다고 보는 스완은 우상 숭배자로서의 미술 애호가의 모습을 드러낸다.

 프루스트는 공쿠르의 일기 모작을 통해서 공쿠르가 "우리 형제의 특징은 예술품을 통해 본 적이 있거나 예술품을 떠올리는 것을 자연 속에서 발견한다는 점이다."(1860년 6월 2일자 일기) "예술로 승화시킬 수 없는 것은 날고기와 마찬가지다."(1864년 11월 16일자 일기)라고 주장한 바를 꼬집은 것이다. 공쿠르 형제가 '자연'이라고 표현한 현실, 즉 우리를 둘러싸고 있는 일상은 단순한 일상일 뿐, 그것을 예술과 혼동하는 자세는 프루스트에게 우상 숭배로 비쳤다. 프루스트는 예술 작품이란 표면을 파고들어 그 안에 숨어 있는 진리를 파헤쳐 예술가의 독창적인 시선으로 해석하고 정화한 후 다시 예술가 고유의 표현으로 재탄생시키는 노력을 거친 후에만 가치를 갖는다고 보았다. 따라서 자신이 보는 모든 인물이나 사물에서 예술 작품에서 보았던 모델이나 사물을 발견한다고 해서 그것이 예술품이 된다는 생각을 프루스트는 받아들일 수 없었다.

공쿠르 형제의 일기에서 벗어나 작가로서의 꿈을 꾸는 마르셀

공쿠르의 일기를 길게 인용하고 나서 마르셀은 깊은 고찰에 들어간다. 일기를 통해 읽게 되는 베르뒤랑 부부, 의사 코타르, 브리쇼 박사, 스완, 작가 베르고트 등은 마르셀이 개인적으로 잘 알고 직접 대화를 나누었던 사람들이다. 또한 공쿠르가 묘사하는 베르뒤랑의 저택은 마르셀 역시 초대되어 직접 방문했던 곳이 아닌가! 하지만 공쿠르의 세세한 묘사를 통해 재탄생하는 인물들과 장소는 마르셀이 알고 있는 것과는 너무나 다르다. 마르셀은 공쿠르의 예리한 관찰력과 뛰어난 묘사 능력에 경의를 표한다. 공쿠르가 보고 들을 줄 안다면 자신은 공쿠르식으로 보고 들을 줄 모른다고 상심한다. 그러나 마르셀은 이내 세부적인 묘사 능력이 뛰어난 작가가 되기 위한 필수 자질은 아니며 일기가 진정한 문학 작품이 아님을 막연히 깨닫는다.

나는 공쿠르 형제의 일기를 덮었다. 문학의 매력이 그대로 전달되었다. 의사 코타르를 다시 보고 싶어졌고, 엘스티르에 대해 많은 이야기를 듣고 싶어졌다. 여전히 존재한다면 '작은 던케르크' 가게를 방문하고 싶어졌고,

예전에 나도 식사를 한 적이 있는 베르뒤랑 저택을 가 보고 싶어졌다. 하지만 나는 약간 의심이 들기 시작했다. 물론 나는 들을 줄도 모르고 혼자가 아니면 볼 줄도 모른다는 사실을 감추려 한 적이 없다……. 그럼에도 공쿠르 형제의 일기가 내게 뼈저리게 느끼게 한 나의 보고 들을 줄 아는 능력의 부재는 절대적인 것이 아니다. 내 안에는 어느 정도 관찰 능력이 존재하지만 이는 여러 사물들에게 공통적으로 가지고 있는 본질이 발휘될 때만 간헐적으로 나타나는 능력인 것이다……. 마치 여인의 매끄러운 배 안에 숨어 있는 질병을 끄집어 낼 수 있는 외과 의사처럼 겉으로 드러나고 쉽게 모방할 수 있는 매력은 나의 관심 밖이다. 여러 사람들과 만찬을 나누었음에도 나는 그들을 공쿠르식으로 보지 않았던 것이다. 왜냐하면 나는 그들의 엑스레이 사진을 찍고 있었기 때문이다……. 미술에 있어서 어느 화가는 부피나 빛, 움직임에 대한 인물의 상대적인 진리를 표현한 초상화를 제작하고, 다른 화가는 첫 번째 화가가 생략한 세부적인 사항들을 꼼꼼히 묘사하여 같은 인물의 초상화를 완성했다고 하자. 사람들은 첫 번째 초상을 보고 실제 모델이 못생겼다고 생각했다가 두 번째 초상을 보고 사실은 아름다운 사람이었다고 생각하게 된다. 하지만 두 번째 초상이 기록적 혹은 역사적 자료로서 가치를 가지고 있다면 예술적 진실성은 결여되어 있다.

-「되찾은 시간」

프루스트는 공쿠르 형제의 시선을 직접적으로 비난한다. 이는 사실주의 소설에 대한 비난이기도 하다. 현실을 있는 그대로 재현한다는 원칙하에 겉으로 드러나는 요소들을 세세히 묘사하는 것은 프루스트에 의하면 표면

에드몽(왼쪽)과 쥘(오른쪽) 드 공쿠르.
폴 가바르니, 1853, 프랑스 국립 도서관.

에만 집착하는 태도다. 이는 내면의 진리를 간과하게 만들며 변하지 않는 초시간적인 진리와도 무관한 표면 예술이라는 주장이다. 일기 모작을 통해 프루스트는 실제 공쿠르의 일기보다 한층 더 과장된 어휘와 지나치게 사실적인 묘사를 통해 공쿠르의 문체를 패러디한다.

공쿠르의 일기 모작은 소설의 마지막 권인 「되찾은 시간」에서 마르셀이 작가의 소명을 발견하는 과정에서 등장한다. 그럼으로써 마르셀이 앞으로 소설가로서 지향해야 할 방향과 피해야 할 함정을 간접적으로 보여 준다. 탕송빌의 질베르트네를 출발하기 전날 밤 읽은 공쿠르의 일기는 마르셀에게 문학의 위대함을 느끼게 함과 동시에 공쿠르식의 글쓰기가 진정한 문학은 아니라는 결론에 도달하게 하였다. 또한 보고 들은 것을 사진처럼 한 가지도 빠뜨리지 않고 전달하는 사실주의적 문체는 작가의 뛰어난 묘사 능력을 보여 줄지언정 그것이 훌륭한 소설을 쓰기 위한 필수 조건은 아니라는 진리도 깨닫게 한다. 마르셀은 공쿠르와 같이 세부적인 사항을 관찰하고 표현할 능력은 없지만 자신은 본질을 꿰뚫어보는 능력이 있음을 어렴풋이 의식한다. 공쿠르의 일기를 통해 마르셀은 앞으로 자신이 쓰게 될 작품의 방향을 본 것이다.

말라르메

Stéphane Mallarmé, 1842~1898

미완성으로 남은 위대한 책의 작가

스테판 말라르메는 언어의 순수성을 믿고, 특권을 누리는 소수의 범인만이 이해할 수 있는 시를 쓰는 것을 목표했던 상징주의 시인이다. 그는 우주를 담은 단 하나의 유일한 작품, 그가 '대작' 혹은 '그 책'이라고 부른 작품의 창작에 몰두했다. 그 자신은 상징주의를 비롯한 그 어떤 학파에도 국한되는 것을 원치 않았다. 하지만 그는 신화와 역사에서 영감을 찾아 완벽한 형식을 추구하는 고전주의, 개인의 느낌과 감성에 호소하는 낭만주의, 어떤 사소한 것이라도 현실이라는 이름으로 실재를 충실히 묘사하는 사실주의 시인들과는 엄연히 차별되는 지적 사고의 복잡한 회로로 안내하는 상징주의 시인임이 분명하다.

그는 오랫동안 현실에서의 탈출을 꿈꿨지만 현실 저 너머에는 결국 아무것도 존재하지 않는다는 결론에 도달한다. 그러나 그러한 무의 상태에서도 완벽한 형태의 정수를 도출할 수 있음을 깨닫는다. 이때부터 시인의 임무는 그러한 정수를 발견하고 언어의 형태로 그것을 구체화하는 것이다. 하지만 말라르메는 이러한 믿음을 표현하는 데에 기존의 언어는 적합하지 않다고 믿었다. 새로운 시학을 표현할 수 있는 새로운 언어의 필요성을 느꼈던 그는 그만의 시적 언어를 창조하고자 했다. 말라르메의 표현을 빌리자면 "실존하는 모든 꽃에서 부재하는 꽃"을 창조하는 것이다. 말라르메의 시 언어는 기존의 의미에서부터 자유롭고 독립되기에 각 단어가 무엇을 의미하는지를 분석하려는 노력은 무의미하다. 그의 시는 의미하는 것이 아니라 암시하고 상징한다. 그렇게 함으로써 말라르메는 '대다수 무지한 대중'의 무차별적인 접근으로부터 자신의 순수한 시를 보호하고자 했던 것이다. 오로지 '깨어 있고 준비된 소수'만이 그의 세계에 발을 들여놓을 수 있도록 한 것이다.

말라르메는 「헤롯」을 쓸 무렵 가장 친한 친구 카잘리스에게 다음과 같은 편지를 보낸다.

> 나는 완전히 새로운 시학에서부터 도출하는 언어를 발명하고 있다네. 나의 노력을 다음과 같이 요약할 수 있겠지. '사물을 그리는 것이 아니라 사물이 연출하는 효과를 그리는 것.' 즉 시는 단어가 아닌 의도로 이루어져야 하고 언어는 감각 앞에서 자취를 감추어야 한다네.

그러나 난해한 내용과 모든 대상에서 자유로운 순수 언어를 추구하는 노력 때문에 말라르메는 비평가들로부터 이해 불가능한 시인이라는 평가를 받았다. 그렇기에 끝없이 길게 이어지는 문장, 꿈과 현실, 과거와 현재를 자유롭게 넘나드는 서술 형식의 소설인 「스완네 집 쪽에서」가 출판되었을 때 "구조가 없다"는 비판을 들어야 했던 프루스트와도 유사점을 찾아볼 수 있는 것이다.

말라르메와 프루스트, 두 개의 상반된 삶

하지만 막상 말라르메와 프루스트의 전기를 비교해 보면 너무나 다른 두 생애 앞에서 놀라게 된다. 말라르메는 다섯 살 때 어머니를 여의고 조부모 밑에서 자라지만 열 살 때 기숙학교로 보내진다. 그는 학교를 다닐 나이가 되어서까지 엄마의 잘 자라는 입맞춤 없이는 침대에 들지 않는 어리광쟁이 프루스트와는 엄연히 다른 유년기를 보낸다. 학창 시절 그의 침대 머리맡을 떠나지 않았던 시집은 빅토르 위고, 테오도르 드 방빌, 테오필 고티에라고 하니 말라르메 또한 당시의 십대 청소년들과 마찬가지로 낭만주의 시의 영향을 받았음을 알 수 있다.

그런 그의 시 세계에 가장 큰 분기점이 된 것은 1860년, 그가 열여덟 살 되던 해에 보들레르의 『악의 꽃』을 접한 사건이다. 도덕적인 것에서 아름다움을 발견하는 종교적이며 전통적인 사고의 틀에서 빠져나옴으로써 진정한 현대문학의 첫 장을 연 보들레르는 말라르메에게 막대한 영향을 끼쳤던 것이다. 후에 말레르메는 보들레르가 그랬듯 에드거 앨런 포의 작품을 프랑스어로 번역하여 소개하기도 한다.

마리아 게르하르트라는 독일 여성과 함께 런던에 정착한 말라르메는 어려운 환경 속에서도 영어 교사 자격증을 취득한다. 프랑스로 돌아온 말라르메는 투르농, 브장송, 아비뇽 등지의 중고등학교에서 영어 교사로 생활하면서 「목신의 오후」를 비롯한 시를 창작한다. 그러나 이 시기 말라르메는 자신에게 시인의 재능이 없는 게 아닐까 고민한다. 1866년에 이르러 그의 발목을 잡은 무언가가 어두운 심연으로 끝없이 추락시킬 것만 같은 고

보들레르.
에티엔 카르자 사진, 1862.

통스러운 의심, 회의, 불확실의 시기가 찾아온다. 그 고통스러운 시기는 약 3년이나 지속되다가 『이기투르』의 집필을 계기로 종지부를 찍는다. 이 작품은 시적이며 철학적인 내용을 담은 콩트로 결국 미완성으로 남는다.

1871년 말라르메는 콩도르세 중고등학교에 영어 교사로 부임하면서 파리에 정착한다. 콩도르세 학교는 당시 파리의 부유층 자제가 다니는 유명한 학교로 후에 천식으로 고생하던 프루스트가 가정교사로부터 받는 수업을 중단하고 처음으로 정상적인 학창 시절을 보낸 학교이기도 하다. 프루스트는 말라르메의 영어 수업을 들을 기회는 없었지만 프루스트의 잘 알려진 초상화를 남긴 화가 친구인 자크 에밀 블랑슈가 말라르메의 제자다.

이 밖에도 말라르메와 프루스트 사이의 연결고리를 찾자면, 말라르메의 가장 친한 벗으로 시인이자 의사였던 카잘리스는 역시나 의사였던 프루스트 아버지의 직장 동료이기도 했다. 또한 말라르메의 지인 몽테스키유 백작은 말라르메의 아픈 아들에게 앵무새를 선물하기도 했다. 몽테스키유 백작은 『잃어버린 시간을 찾아서』에서 샤를뤼스 남작의 실재 모델이 될 만큼 프루스트에게 강한 인상을 남긴 인물이다. 또한 중년이 된 말라르메는 메리 로랑이라는 여배우와 사랑에 빠져 그녀에게 수많은 사랑의 시를 바치고 그녀와 연인 관계로 발전한다. 메리 로랑을 살롱에서 만났던 프루스트는 소설 속에서 그녀를 스완의 아내인 오데트의 모델 중 한 명으로 삼는다.

평생을 제대로 된 직업 없이 부모에게서 물려받은 재산으로 살았던 프루스트와 달리 말라르메는 돈을 벌어야 하는 처지였다. 하긴 그에게는 프루스트에게는 없는 아내와 딸, 그리고 생후 6개월 때 병으로 숨진 아들이 있었다. 그는 평생 영어 교사라는 직업을 유지하면서 잡지 편집과 번역 등을 병행했다. 그런 와중에도 틈틈이 시를 발표하기도 했으나 대부분 평단의 무관심과 몰이해의 대상이 될 뿐이었다. 가령 야심작인 「목신의 오후」는 여러 출판사의 거절 끝에 집필 후 10년이 훌쩍 지난 1876년에 겨우 빛을 보게 된다. 이때 말라르메 시의 예술성을 높이 사던 인상주의 화가 마네가 그의 시집에 삽화를 그려 넣는다.

말라르메는 파리에 있는 자신의 좁은 아파트에서 매주 화요일마다 문인 친구들과 예술가들과 정기적으로 모임을 가졌다. 이 모임은 '화요회'라는 이름으로 금방 유명해졌다. 모임에 꾸준히 참석한 이들은 훗날 프랑스 문단에서 빼놓을 수 없게 될 앙드레 지드, 폴 클로델, 폴 발레리 등 그 목록이 화려하다. 말라르메의 '화요회'에 프루스트는 적어도 두 차례 참석한 기록이 있다.

말라르메는 꾸준히 시를 발표했다. 마침내 그의 상징주의적 시풍이 점

말라르메의 시 「목신의 오후」에 삽입한 마네의 그림, 1876.

차 인정을 받고 그를 따르는 추종자들도 생겨났다. 그러다 1884년에 겪게 되는 두 사건을 계기로 그는 단번에 작가들의 입에 오르내리는 유명인사가 된다. 그것은 폴 베를렌이 그해에 발표한 『저주받은 시인들』 가운데 세 번째 시를 말라르메에게 바친 것이다. 제아무리 천재적 재능을 갖춘 시인이 세상을 깜짝 놀라게 할 작품을 쓰더라도 현대 사회에서 그는 결국 쓸모없는 인간으로 대접받는다는 뜻에서 베를렌은 '저주받은 시인'이라고 칭한 것이다. 이 시집은 발표와 동시에 선풍적인 인기를 끌었다. 베를렌은 한때 연인 사이였던 천재 소년 시인 아르튀르 랭보와 말다툼 끝에 랭보의 손바닥에 총알을 박기도 했다. 이 사건으로 감옥에서 2년을 보낸 그가 이제는 활발히 창작 활동을 하며 프랑스 문단의 대표적인 시인이 된 것이다.

두 번째 사건은 같은 해 위스망스가 소설 『역로』에서 주인공 데 제생트가 말라르메의 시를 인용하며 그를 숭배한 것이다.

이 두 사건을 계기로 말라르메는 현존하는 프랑스 시인 중에서 가장 유명한 자리를 차지하게 되는데 음악가 드뷔시가 1894년에 말라르메의 시를 바탕으로 「목신의 오후에의 전주곡」을 작곡한 것이 이런 사실을 증명하고 있다.

 말라르메보다 서른 살이나 어렸던 프루스트는 이제 막 사교계에 입문하여 여러 예술가들과 친분을 쌓기 위해 고군분투하던 중이었다. 프루스트는 자신의 모작, 평론, 편지, 그리고 『잃어버린 시간을 찾아서』에서 말라르메를 여러 차례 언급한다. 프루스트가 플로베르의 문체를 모방한 『부바르와 페퀴셰』에서 주인공은 "말라르메는 (앙리 드 레니에보다도 더) 글재주는 없지만 말솜씨는 좋다. 그토록 머리가 비상한 사람이 정작 글을 쓸 때면 미치광이가 되니 얼마나 애석한 일인가."라고 말한다. 이는 말라르메의 난해한 시를 이해하지 못하는 많은 비평가들의 평가를 단적으로 보여 주는 표현이다. 말라르메는 '화요회' 등에 모인 많은 문인을 뛰어난 말솜씨로 휘어잡았지만 막상 시를 통해서는 내용과 표현의 난해함으로 독자들의 고개를 설레설레 젓게 만들었던 것이다.

 한편 프루스트는 편지에서 말라르메의 시를 자주 인용했음을 확인할 수 있다. 가령 프루스트가 스트로스 부인(작곡가 비제의 미망인으로 『잃어버린 시간을 찾아서』에서 게르망트 공작 부인의 실제 모델 중 한 명)에게 보낸 편지에 말라르메의 시 「한숨」을 적어 보내며 "이 시는 말라르메의 것이기는 하지만 명확하고 그렇다고 해서 시의 신비감이 줄어들지는 않습니다······. 만약 부인께서 이 시를 좋아한다면 「창문」, 「헤롯」, 그리고 「목신의 오후」와 같은 시에 대해서는 또 뭐라고 말씀하실는지요."라고 설명을 붙인다. 프루스트는 스트로스 부인의 교양과 문학적 판단에 높은 신뢰감을 가지고 있었으나 그녀가 말라르메를 그리 좋아하지 않는 편이었기에 말라르메 시의 위대함을 이해시키고자 했던 것이다.

1895년 프루스트는 레날도 안에게 보낸 편지에서 말라르메를 언급한다. 알퐁스 도데 가족이 주최하는 만찬에 초대받은 프루스트는 에드몽 드 공쿠르, 코페 등의 작가들과 자리를 함께할 기회가 있었다. 그날 저녁 다른 작가들과 대화를 나누던 프루스트는 말라르메가 그들 사이에서 몰이해의 대상으로 오해받는 사실을 발견하고 깜짝 놀란다. 프루스트는 레날도 안에게 "알퐁스 도데는 나름대로 매력이 있기는 하지만 지적으로는 너무 단순하더군. 그는 말라르메가 고의적으로 신비주의로 포장한다고 믿는다네."라고 그날의 모임에 대한 소감을 전한다.

두통을 일으키는 말라르메의 시

『잃어버린 시간을 찾아서』에 나타난 말라르메의 위상은 실제와 그리 다르지 않다. 소설 속에서 그는 주로 몰이해의 대상이며 난해한 시인으로 취급된다. 맨 처음 말라르메는 「게르망트네 쪽」에서 언급되는데, 세비녜 부인의 편지같이 주로 고전을 선호하는 할머니가 말라르메가 후기에 발표한 시에 대해 두려움과 두통을 느낀다고 화자는 전한다. 일상생활에서나 예술에 있어서 '자연스러움'을 최고의 미덕으로 여기는 할머니에게 완전히 새로운 언어를 창조하여 글을 쓰고자 했던 말라르메의 시는 인위적인 느낌을 줄 뿐 마음에 들지 않은 것은 당연하다.

소르본 대학의 교수이자 지식을 뽐내는 것을 낙으로 삼는 브리쇼 또한 말라르메에게 부정적이다. 그는 자신이 말라르메의 시 세계를 이해하지 못한다는 사실을 인정하는 대신 말라르메가 예술에 신비주의를 결합시켜 대중을 혼란에 빠뜨린다고 비난한다.

> 말라르메는 자신이 만든 신전에서 그의 패거리와 함께 신비주의 신앙을 따르는 특별 의식을 치렀을 것이 분명하네. 나는 말라르메의 숭배자들로 가득한 그러한 신전에서 이교도 취급을 당하며 몰매 맞기를 바라지는 않지만…… 예술을 무슨 종교처럼 신성시하는 그런 잘난 척하는 집단에는 이골이 난다네……. -「소돔과 고모라」

브리쇼 교수의 이러한 말에 대체적으로 매우 예의 바르게 행동하는 마르셀은 "브리쇼의 서툴고 잡다한 언행 앞에서 도저히 감탄한 척 연기할 수 없어서" 돌아서고 만다. 주인공이 말라르메를 어떻게 생각하는지 소설에서 직접적으로 언급되지는 않지만 말라르메를 매도하는 브리쇼에게 등을 돌리는 것으로 미루어 비록 그가 말라르메를 신봉하지는 않더라도 그를 부정적으로 평가하지는 않는다는 사실을 짐작할 수 있다.

말라르메의 시 「백조」를 좋아한 알베르틴

소설 속에서 말라르메가 가장 중요하게 언급되는 부분은 알베르틴과 마르셀의 짧은 동거가 그녀가 떠남으로써 끝이 나자 마르셀이 그녀에게 보내는 편지에서이다. 마르셀은 아무 말도 없이 사라진 알베르틴이 괘씸하기도 하고 또 그녀가 다른 누군가와 같이 지낼 것을 생각하자 질투로 괴롭기도 하다. 그녀에게 동성애적 성향이 있음을 확신하게 된 마르셀은 이제 그녀가 만나는 대상이 남자이건 여자이건 가리지 않고 질투를 느끼고 의심의 눈길을 보낸다.

하지만 마르셀은 알베르틴이 떠나기 전에는 그녀와의 동거는 자신의 집필에 방해가 될 뿐이며 늘 그리던 베네치아로의 여행을 막는 장애물이라고 생각한다. 내일이면 확실하게 그녀에게 이별의 말을 하려고 준비하면서 흐뭇해한다. 그러다가 막상 다음 날 아침 프랑수아즈로부터 "알베르틴 아가씨가 떠났네요."라는 말을 전해 듣는 순간, 마르셀은 세상에서 가장 사랑하는 사람을 잃은 듯한 상실감에 빠진다. 이런 마르셀에게는 소유한 것보다는 잃은 것, 혹은 아직 소유하지 못한 것에 대한 환상이 실제 그 소유욕의 대상보다도 더 큰 가치를 갖는 경우가 많다. 후에 나이 든 화자는 "진정한 천국은 바로 잃어버린 천국이다."라는 결론에 도달하지 않던가.

마르셀은 발베크의 해변가에서 산책하는 젊은 처녀 무리에서 알베르틴을 발견하고 사랑을 느꼈지만 막상 가까워져 함께 살게 되자 자신의 사랑에 회의를 느낀다. 그러다 알베르틴이 자신을 떠나 버리자 다시 그녀에게 사랑을 느낀다. 바로 이런 성향 때문에 마르셀은 사랑에서도, 우정에서도, 여행에서도 실망하고 삶의 이유를 오직 예술 창작에서 찾게 되는 것일지도 모른다.

마르셀은 알베르틴에게 보낸 편지에 그녀가 떠날 줄도 모르고 얼마 전 그녀를 위해 롤스로이스와 요트 한 척을 주문했다고 전한다. 그녀가 아직 파리에 자신과 함께 있었다면 모두 그녀의 것이 되었을 텐데 떠나서 아쉽게 됐다는 다소 유치한 작전을 펼친다. 마르셀이 실제로 자동차와 요트를 샀는지 혹은 단순히 알베르틴을 돌아오게 하려는 미끼인지 독자는 알지 못한다. 하지만 그것의 진위 여부보다 흥미로운 사실은 마르셀이 요트에 '백조'라는 이름을 붙였다는 점이다. '백조'는 알베르틴이 좋아한다고 했던 말라르메의 시 제목이었던 것이다.

요트에 당신이 좋아하던 말라르메의 시 구절을 새겨 넣을 거예요. 기억하지요? "순결하고, 쾌활하고, 아름다운 오늘"로 시작하는 시 말이지요. 아쉽게도 오늘은 더 이상 순수하지도 아름답지도 않네요. -「사라진 알베르틴」

프루스트에게 '백조'라는 단어는 특별한 의미를 지닌다. '백조'는 프랑스어로 'cygne'라고 하는데 발음이 같지만 표기가 다른 'signe', 즉 '기호', '상징'이라는 단어를 떠올리게 한다. 반면 소설 속에서 마르셀 다음으로 중요한 인물인 스완Swann은 영어로 '백조'를 가리키는 'swan'을 떠올리게 한다. 상징으로 가득한 말라르메의 시에 있어 '기호signe'가 중요하듯 시인은 '백조cygne'를 제목으로 선택했고, 프루스트 또한 중요 인물에 스완이라는 이름을 붙임으로써 다양한 의미를 내포하고자 한 것이다.

다음은 말라르메의 시「백조」다.

순결하고, 쾌활하고, 아름다운 오늘은

잊혀진 단단한 그 호수를 취한 날갯짓으로 조각내 버릴 것인가!
여러 비상에도 꿈쩍 않았던 서릿발 아래의
투명한 빙하가 있는 그 호수를.

과거의 백조는 기억한다.
불모의 겨울에서 근심이 만개했을 때
살아갈 곳을 노래하지 않았기에
찬란하지만 희망 없이 스스로를 내동댕이친 이가 바로 자신임을.

공간에 의해 구형된 백색의 임종의 순간을
백조의 목은 있는 힘껏 떨쳐 버릴 것이다.
그러나 그의 깃털을 옭아매고 있는 땅의 공포를 어이 벗어나리.

백조는 그의 순수한 광채가 빚은 유령의 모습을 한 채
소용없는 유배를 받은 이곳에서
모멸의 차디찬 꿈에 경직된다.

시를 통해 말라르메는 얼어 있는 호수에 갇혀서 날아오르려고 애쓰는 백조에 자신을 비유한다. 창작을 통한 비상. 그 어려움과 고통을 외로운 날갯짓을 통해 떨쳐 버리려는 백조로 상징한 것이다.

마르셀과 문학과 예술에 관해 얘기할 때면 알베르틴은 무지와 속물근성을 드러낸다. 17세기 네덜란드 화가 베르메르가 동시대 인물이라 생각하고 그 화가가 어느 살롱에 출입하는지 질문하는 식이다. 도스토예프스키에 대해서는 그가 사랑하는 여인을 위해 결투를 한 적이 있는지 묻고는 그렇지 않다고 하자 도스토예프스키에 대한 흥미를 잃는 등 예술에 관한 그녀의 지식과 평가는 다분히 의심스럽다. 그러한 그녀가 대학 교수인 브리쇼조차 고개를 설레설레 흔드는 말라르메의 시를 좋아한다니 아이러니다.

아고스티넬리의 슬픈 기억

소설 속 이 부분이 특히 흥미로운 이유는 실제 프루스트의 삶과 평행선을 그리기 때문이다. 프루스트는 실제로 알프레드 아고스티넬리라는 젊은 택시 기사를 짝사랑한다. 프루스트는 아고스티넬리를 카부르라는 프랑스 북부 해변가 마을에서 만나는데 카부르는 소설 속에서 마르셀이 알베르틴을 만나는 발베크의 모델이 되는 곳이다. 카부르에서 여름을 보내고 파리로 돌아오지만 프루스트는 이탈리아인의 피가 흐르는 이국적인 아고스티넬리에게 일방적으로 사랑을 느낀다. 후에 프루스트는 그를 개인 비서로 고용하여 그와 그의 여자 친구를 파리의 자신의 아파트에 머물게 한다. 이렇게 세 사람의 동거가 시작되는데 아고스티넬리의 일거수일투족을 감시하는 프루스트의 눈길은 때로 숨이 막힐 지경이다. 이때 이 둘의 관계를 바탕으로 프루스트가 소설 속 마르셀과 알베르틴의 동거를 묘사했음은 두말할 나위가 없다.

알프레드 아고스티넬리(오른쪽), 1908.

아고스티넬리는 노르망디 카부르에서 프루스트의 운전사 노릇을 했다.

아고스티넬리 역시 프루스트의 애정을 이용했다는 혐의를 벗기 어려울 듯하다. 비행기 조종에 관심이 많았던 그는 프루스트에게 돈을 타내서는 비싼 비행 수업을 받는데 이때 '마르셀 스완'이라는 가명으로 등록한다. 프루스트의 자필 원고를 타이핑하던 그가 소설 속 등장인물의 이름을 차용한 것이다. 그는 결국 여자 친구와 함께 아버지가 있는 모나코로 떠나 버린다. 하지만 아고스티넬리를 잊을 수 없었던 프루스트는 그에게 계속해서 편지를 보내 어떤 값도 치를 용의가 있으니 돌아와 달라고 애원한다. 그를 위해 경비행기 한 대를 주문하고는 비행기에 아고스티넬리가 좋아하던 말라르메의 시를 새겨 넣겠다는 편지를 보내기도 한다. 그 시가 바로 소설 속에서 마르셀이 달아난 알베르틴에게 보낸 편지에 인용한 「백조」임은 말할 것도 없다.

비행기가 소설에서 요트로 대체되고, 아고스티넬리는 여자인 알베르틴으로 둔갑하지만 프루스트가 아고스티넬리와 유지했던 관계가 소설 속 마르셀과 알베르틴과의 관계에 투영되었음은 분명하다. 프루스트는 모나코

에까지 친구를 보내 아고스티넬리를 돌아오도록 권유하게 하지만 그는 모나코의 아버지 집을 떠나지 않는다. 그러다가 비행 미숙으로 스물여섯이라는 젊은 나이에 추락사한다. 「사라진 알베르틴」에서 마르셀은 친구 로베르 드 생루를 친척 집에 머물고 있는 알베르틴에게 보내 파리로 돌아올 것을 권유하게 한다. 하지만 그녀는 마르셀의 제안을 거절하고 어느 날 산책을 하다가 낙마하여 사망한다.

프루스트는 아고스티넬리의 죽음을 두고 의도하지는 않았지만 자신이 일조했다는 생각을 지울 수가 없었다. 아고스티넬리를 "어머니, 아버지와 함께 내가 이 세상에서 가장 사랑했던 사람"이라고 표현했을 만큼 그를 잃은 고통은 컸다. 아고스티넬리가 사망하고 한참이 지난 후에도 프루스트는 그의 죽음에 죄책감을 느낀다. 친구인 에밀 스트로스에게 보낸 편지에 "만약 그가 나를 만나지 못했더라면, 나로 인해 그렇게나 많은 돈을 벌지 않았더라면 그가 비행기를 조종하는 법을 배우지 못했을 텐데 하고 오늘날에도 후회를 한다."고 전한다.

아고스티넬리에 대한 프루스트의 마음을 상징적으로 보여 주는 듯한 부분이 「소돔과 고모라」에도 있다. 마르셀이 말을 타고 숲 속을 산책하는 장면으로 소설의 큰 흐름과는 별개로 삽입된 짧은 대목이다.

내가 탄 말이 갑자기 등을 굽혔다. 기이한 소리를 들은 것이다. 나는 겨우 고삐를 쥐어 간신히 말에서 떨어지지 않을 수 있었다. 나는 눈물이 가득한 두 눈을 들어 소리가 나는 방향으로 고개를 돌렸다. 내 머리 위로 약 오십 미터 거리에 태양을 등진 채 두 개의 거대한 금속 날개 사이로 한 남자의 희미한 형상이 보였다. 나는 고대 그리스인이 처음으로 신을 봤을 때 느꼈을 법한 감동을 느꼈다. -「소돔과 고모라」

"두 개의 거대한 금속 날개"는 낮게 나는 경비행기를 묘사한 것일 테다. 마르셀의 눈에 눈물이 가득한 이유도 말에서 떨어질까 겁에 질려서라기보다는 아고스티넬리의 죽음을 애도하는 의미에서 그렇게 묘사했다고 보는 것이 더 적절할 듯하다. 비행 중에 추락하여 사망한 아고스티넬리를 기념하기 위해 삽입한 듯한 이 대목처럼 프루스트는 『잃어버린 시간을 찾아서』에 작가의 상념을 자유롭게 접목시킨다.

「어둠에 반박하여」

이렇듯 소설 속에 말라르메에게 경의를 표하기라도 하듯 그의 자취를 찾아볼 수 있는 대목을 등장시키지만 말라르메에 대한 프루스트의 평가는 냉정했다. 프루스트는 말라르메의 몇몇 시를 좋아했지만 그의 상징주의 이론에는 동의할 수 없었다. 프루스트는 1896년 『르뷔 블랑슈』지에 「어둠에 반박하여」라는 제목의 글을 발표한다. 내용과 형식의 난해함으로 말라르메의 글은 이해 불가능한 것으로 생각되어 '어둠'은 당시 말라르메를 평생 따라다녔던 꼬리표와도 같았다. 비평가들은 '말라르메=어둠'이라는 등식을 만들었는데 「어둠에 반박하여」라는 제목의 글 역시 프루스트가 간접적으로 말라르메의 난해함을 지적하려 한 것이라고 볼 수 있다.

그러나 프루스트는 이 글 어디에도 말라르메를 언급하지 않고 비난의 화살을 '젊은 상징주의 시인들'에게 겨냥했을 뿐이다. 당시 55세였던 말라르메는 결코 젊다고 할 수 없는 나이여서 프루스트가 말라르메를 직접적으로 비난했다고는 할 수 없다. 그럼에도 프루스트의 글이 자신을 공격한 것이라고 받아들인 말라르메는 그로부터 두 달 후, 같은 잡지에 「글의 신비」라는 글을 발표함으로써 대응한다. 말라르메 자신이 비난의 대상이 아니더라도 자신을 스승으로 여기고 자신의 시풍을 존중하는 젊은 상징주의 시인들을 변론하기 위한 노력이었던 듯하다.

프루스트는 「어둠에 반박하여」에서 상징주의 이론의 특징 세 가지를 비난한다. 첫째는 젊은 상징주의 시인들은 감각이나 본능이 아닌 이성과 논리에 의존해 글을 쓴다는 사실이다. 진정한 시란 논리적인 사고의 결과물이 될 수 없다는 프루스트의 생각은 「되찾은 시간」에서 마르셀이 자신이 쓸 작품은 논리가 아닌 감각과 인상에 의존해야 한다는 결론에 도달하는 것과 같은 맥락이다. 지나치게 이성적이며 지적 사고를 요구하는 상징주의 시에는 진리가 결여되어 있다는 주장이다.

둘째, 상징주의 시인들이 정의하는 새로운 언어에 대한 반박이다. 그들이 추구하는 언어는 프랑스어 고유의 감정, 역사, 개인성으로부터 자유로운 언어로 의미가 배제된 음표나 기하학적 도형, 순수한 기호와도 같은 것이었다. 따라서 특정 성당이나 그것을 장식하는 조각품이 그만의 독특한 지역성과 역사성으로 가치를 갖는다고 믿고 있던 프루스트는 프랑스어가 갖는 고유의 느낌, 어원을 무시하는 상징주의자들의 새로운 언어를 받아들일 수가 없었다.

언어에 대한 프루스트의 애정은 특히 지명이나 인명 같은 고유명사에서 더 잘 드러난다. 이는 프루스트가 1913년 『잃어버린 시간을 찾아서』의 첫 권을 출간하면서 소설을 3부작으로 출간할 계획을 알리고 두 번째 권이 될 「게르망트네 쪽」을 구성하는 여러 부분 가운데 두 개에 '지방 이름'과 '사람 이름'을 제목으로 붙일 계획임을 밝힌 데서도 증명된다. 하지만 이듬해 나머지 두 권을 발표하면서 완성하려던 계획은 1차 세계대전의 발발과 동시에 출판 활동이 정지되면서 무산된다. 또 소설의 분량이 방대해지면서 3부작으로 완성하려던 것이 7권으로 이어지고 집필 기간도 무려 13년이나 걸린다.

프루스트가 반박하는 상징주의 시인들의 세 번째이자 마지막 특성은 불변하는 진리와 우주의 영원한 법칙을 추구한다는 명분으로 시간과 공간의 우연성을 배제한다는 것이다. 프루스트는 이러한 자세가 범세계성의 이름으로 개인의 진리를 소홀히 한다고 믿었다. 프루스트는 지극히 사적인 소설을 쓰는 작가임이 분명하다. 프루스트는 우주가 아닌 개인, 이성이 아닌 감각, 불변의 법칙이 아닌 우연의 법칙에 무게중심을 두었다. 소설 속에서 마르셀은 의도하지 않을 때 가장 뛰어난 진리를 발견한다. 마르셀이 고르지 못한 포석에 우연히 발이 걸려 휘청거리는 순간, 풀 먹인 빳빳한 냅킨을 우연히 입가에 가져다 대는 순간, 과거와 현재를 이어 주는 감각이 되살아나며 과거는 현재에서 부활한다. 이러한 우연을 상징주의 시인들은 배제했다. 그들은 우연이 아닌 필연에 의해서만 진리를 발견할 수 있다고 주장했다.

다음은 「어둠에 반박하여」의 마지막 부분으로, 젊은 상징주의 시인들을 향한 조언이다.

 (상징주의) 시인들은 좀 더 자연으로부터 영감을 받을 필요가 있다. 자연에서는 모든 내용이 하나이고 어둡지만 형태는 뚜렷한 법이다. 자연은 시인들에게 인생의 비밀을 가르쳐 주고 어둠으로부터 자유롭게 할 것이다. 자연은 우리에게 태양을 감추는가? 거리낌 없이 그 찬란한 빛을 발하는 수많은 별들을 감추는가 말이다. 자연은 우리에게 거침없는 바다와 바람의 힘을 절절히 느끼게 하지 않는가 말이다. 자연은 인간 개개인에게 지구를 잠시 거쳐 가는 동안 삶과 죽음의 가장 깊은 신비를 느끼게 한다. 그렇다고 해서 그러한 신비가 속세의 인간들의 욕망과 폭력, 고통, 썩어 가는 혹은 향기 나는 언어에 의해 비밀이 밝혀지는가 말이다. 또한 나는 달빛이 자연의 진정한 '예술의 시간'인 만큼 이를 인용하지 않을 수 없다. 달빛을 통해 자연은 우리 모두의 머리 위를 부드럽게 비추지만 소수의 특권자에게만 수 세기 전부터 그 어떤 신조어 없이도 어둠과 함께 빛을 만들어 보이고 침묵과 함께 음악을 연주한다. ―「어둠에 반박하여」

말라르메의 이루지 못한 '책'
vs. 13년 만에 완성한 「잃어버린 시간을 찾아서」

프루스트는 말라르메가 쓰고자 했던 '그 책'에 대한 계획을 알고 있었다.

말년의 말라르메는 10여 년을 집필에 매달렸고 자신의 방대한 계획을 여러 차례 글로 표현했다. 하지만 결국은 원대한 꿈으로만 남았을 뿐 작품을 완성하지 못한 채 삶을 마감해야 했다. 이 사실에 대해 프루스트는 다음과 같은 글을 발표한 바 있다.

> 시인은 일종의 마법에 걸려 모든 사물에서 진귀한 정수를 발견하게 되는 상태에 이르기도 하나 이는 매우 드문 일이다. 그 상태를 경험한 후에 그는 독서 등을 통해 다시 영감을 받도록 무던히도 노력하고 사고한다……. 그렇게 되어 시인은 글을 쓰고 자신의 작품에 끊임없이 수정을 가한다……. 그러나 다시 마법에 걸리지 못한 시인은 종종 작품을 미완성으로 남기게 된다. 그리하여 시인은 숨을 거두기 전에 모든 것을 명확히 이해하게 된 돈키호테처럼 마지막 순간에 딸에게 자신의 모든 원고를 불태우라고 부탁했던 말라르메가 되는 것이다. －『생트뵈브에 반박하여』

실제로 계획을 실천에 옮기지 못하게 된 말라르메는 딸에게 영감만으로 가득한 자신의 원고를 불태우라고 말했다고 한다. 프루스트 또한 3,000쪽이 넘는 방대한 소설을 과연 완성할 수 있을까 늘 의심하였고 특히 어느 순간 찾아올지 모르는 천식의 발작으로 숨을 거두지는 않을까 불안에 떨었다. 그런 그가 마지막에는 펜을 들 기력조차 없어 충실한 하녀 셀레스트 알바레에게 받아쓰도록 시켜 결국 13년 만에 소설을 완성하고 '끝'이라는 단어를 떨리는 손으로 써 넣을 수 있었다. 마법에 걸릴 순간을 막연히 기다리지 않고 죽음을 물리치려는 노력과 집념이 승리를 거둔 순간이었다.

베르고트
Bergotte

프루스트의 작가론을 상징하는 소설 속 허구의 인물

사진은 베르고트의 모델이 된 아나톨 프랑스(Anatole France, 1844~1924)

베르고트는 프루스트에 의해 창조된 소설가라는 점에서 이 책에서 다루는 실존했던 여러 작가들과 구분된다. 프루스트가 베르고트라는 인물을 창조하고 그에게 소설가라는 직업을 부여한 것은 결코 우연이 아니다. 사실 프루스트는 시, 평론, 번역 등 다양한 글쓰기를 시도하다가 결국은 소설이라는 형태의 문학을 최종적으로 선택하는데 베르고트는 문학과 그것을 창조하는 작가에 대한 프루스트의 깊은 사유를 보여 준다. 즉 베르고트를 통해 프루스트는 자신의 문학론과 작가론을 펼친 것이다. 베르고트는 프루스트 자신과 가장 직접적으로 연결된다는 면에서 『잃어버린 시간을 찾아서』에 등장하는 다른 예술가들, 가령 작곡가이자 피아니스트 뱅퇴유, 화가 엘스티르, 연극배우 라 베르마 등과는 구분된다.

그렇다고 프루스트가 베르고트에게 이상적인 작가상을 입힌 것은 아니다. 베르고트는 프루스트가 되고자 하는 소설가와는 거리가 멀게 그려진다. 그럼에도 베르고트는 프루스트가 문학뿐만 아니라 음악, 미술 등 우리가 예술이라고 부르는 여러 분야에 종사하는 위대한 예술가들에게서 공통적으로 발견하는 요소를 가지고 있다. 소재나 내용의 독창성보다는 그것을 표현하는 예술가 고유의 방식을 베르고트가 따르고 있고 그것을 여러 소설에 자신만의 문체로 표현한 것이다.

따라서 베르고트의 소설은 그 다양함에도 모두 작가 특유의 문체로 쓰여 있어 작가가 누구인지 모르는 상태에서 몇 쪽 넘기다 보면 독자는 금방 베르고트의 소설이라는 것을 눈치챌 수 있다. 이는 미술관 안의 여러 화가의 작품들 사이에서 벨라스케스, 고야, 마네 등 자신만의 붓놀림을 가지고 있는 위대한 거장들의 그림을 금방 알아볼 수 있는 것과 같은 이치다. 우연히 음악의 한 소절을 듣고도 누구의 작품인지, 그 곡을 작곡한 이만의 '음조'를 통해 금방 판별하게 되는 것과도 같다. 이렇듯 베르고트는 프루스트가 뛰어난 예술가가 되기 위해 필수적이라 명한 조건, 즉 자기만의 특색(이를 프루스트는 작가의 경우 '문체', 음악가의 경우 '음조', 화가의 경우 '색'이라고 표현했다)을 가지고 있는 소설가다.

음악적인 리듬감으로 가득한 베르고트의 문체

마르셀은 「스완네 집 쪽에서」에서 동급생이지만 자신보다 나이가 많은 블로크라는 친구를 통해 처음 베르고트라는 이름을 접한다. 소년 마르셀의 문학적 취향은 할머니와 어머니의 영향을 받아 주로 고전작품에 쏠려 있었다. 어느 날 마르셀은 프랑스 낭만주의 시인이자 극작가인 알프레드 드 뮈세의 『10월의 밤』이라는 작품을 읽고 있었다. 그때 블로크가 나타나 마르셀에게 왜 그런 고리타분한 작품을 읽느냐며 핀잔을 준다. 블로크는 뮈세는 라신과 더불어 운율만 맞추었을 뿐 아무 의미도 없는 운문시를 쓰는 작가라며 마르셀이 좋아하는 작가들을 폄하한다. 대신 베르고트라는 생소한 소설가를 언급한다.

블로크가 말하기를 요즘 책 좀 읽는다는 사람들에게 베르고트의 최신 소설들이야말로 필독서라는 것이다. 하지만 정작 블로크는 아직 자신도 그 책은 읽어 보지 못했다고 함으로써 그가 진심으로 베르고트를 이해하고 좋아하기보다는 단순히 이곳저곳에서 얻어들은 말로 마르셀 앞에서 알은척할 뿐임을 드러낸다. 하지만 생존하는 작가의 책을 접해 보지 않았던 어린 마르셀은 블로크의 말을 듣고 베르고트에게 관심을 갖게 된다. 실제로 베르고트의 책을 읽게 된 후에는 마르셀이 여태까지 읽어 왔던 고전들과는 완전히 다른 독특한 문체에 빠져 베르고트를 존경하게 된다.

미술품 수집가이자 예술적 취향이 뛰어난 옆집 스완이 베르고트와 친분이 매우 두텁다는 사실을 알게 된 순간 이미 베르고트는 마르셀의 우상이 되어 버렸다. 마르셀은 베르고트를 좋아하게 된 이유를 음악 작품에 비교한다.

내가 좋아하게 된 베르고트의 문체는 처음부터 눈에 띄었던 것은 아니다. 마치 나중에 열광하게 될 어떤 곡조를 처음 들었을 때에는 귀에 잘 들어오지 않는 것과 마찬가지다. 그의 소설을 읽게 된 순간부터 나는 한시도 손에서 책을 놓을 수가 없었는데 나는 그 이유가 소설의 내용 때문이라고 생각했다……. 그러다가 어떤 특정한 순간이면 거의 고어에 가까운 매우 드문 표현들을 제때에 사용하는 것을 발견하게 되었다. 베르고트의 문체는 겉으로 드러나지 않는 조화로운 리듬과 내적인 전주곡으로 형성된 것이었다. -「스완네 집 쪽에서」

이렇듯 마르셀은 베르고트의 소설에서 음악적인 리듬감을 발견하고 그 매력에 빠진 것이다. 마르셀은 베르고트가 어떤 소재를 차용했는지, 어떤 이야기를 꾸려 나가는지 전달하지 않는다. 다만 베르고트가 '심리 소설'의 작가라는 사실만 얼핏 내비칠 뿐이다. 마르셀에게 작가로서 중요한 것은 내용이 아니라 그것을 고유하게 전달하는 작가의 방식이다. 이는 앞으로 마르셀이 소설가의 길을 걷게 될 때 중요한 지침이 되기도 한다. 오랜 방황과 여러 차례의 좌절을 겪은 후에 최종적으로 마르셀이 재발견하게 되는 작가의 소명은 그에게 자신의 삶(그것이 비록 보잘것없고 시시한 것이더라도)을 앞으로 쓰게 될 소설의 소재로 차용할 수 있는 용기를 준다.

"피리 부는 사람"

그러나 모든 이가 마르셀과 같이 베르고트의 문체에 열광하지는 않았다. 가령 마르셀의 아버지의 지인이자 한때는 프랑스 대사이기도 했던 노르푸아는 베르고트에 대한 매우 신랄한 비판자다. 아들이 외교관이 되기를 바란 마르셀의 아버지는 노르푸아를 초대한다. 아들은 아버지의 바람 같은 것에는 전혀 관심이 없고 다만 작가가 되기를 막연히 꿈꾸며 소설책을 즐긴다. 아버지는 그런 아들이 걱정되어 노르푸아라면 마르셀에게 문학에 대한 허황된 꿈을 접고 외교관이 되는 길을 안내하거나 적어도 작가로서 성공할 수 있는 실질적이며 효과적인 조언을 할 수 있을 것이라 기대했던 것이다. 노르푸아가 『르뷔 데 드 몽드』라는 당시 가장 유명한 문예지의 편집장과 친분이 있다는 사실을 알고 있는 아버지는 노르푸아가 아들에게 편집장을 소개해 주지는 않을까 은근히 기대한다.

　마르셀은 "고대의 두상처럼 꿈쩍도 않고 두 눈을 자신에게 고정시킨" 노르푸아 앞에서 긴장한 채 떨리는 마음으로 자신에 대해, 자신이 좋아하는 문학에 대해 이야기한다. 다른 사람 앞에서 이런 이야기를 한 것은 처음인지라 자신의 진심이 제대로 전달되지 않을까 너무나도 걱정스러운 마음에 최대한 자세하고 정확하게 이야기하려 하지만 결과적으로는 앞뒤가 맞지 않는 횡설수설이 된다.

　잠자코 듣고 있던 노르푸아는 마르셀과 똑같은 젊은이를 알고 있다며 말문을 연다. 그 젊은이 또한 마르셀과 마찬가지로 앞길이 탄탄했는데(마르셀의 아버지에게 듣기 좋으라고 하는 소리인 듯하지만) 그 길을 뒤로하고 문학의 길로 접어들었다. 청년은 물론 마르셀보다는 나이가 많지만 얼마 전에 책을 한 권 출간해서 아카데미 프랑세즈의 후보로 이름이 거론되고 있다는 것이었다. 그 말에 마르셀의 아버지는 어느새 글을 쓰는 사람도 부와 명예를 누릴 수 있다는 사실을 알게 되어 내심 크게 안도한다. 하지만 마르셀은 노르푸아가 이야기하는 여타 직업과 별다를 바 없이 돈과 명예를 좇는 작가의 길에는 환멸감을 느낀다. 현실은 자신이 생각하는 문학, 즉 콩브레에서 하루 종일 따뜻한 햇살을 받으며 잔디밭에서, 혹은 다락방에서 상상의 날개를 펴며 소설을 읽어 나가던 세계와는 너무나도 다르다는 느낌을 받는다. 마르셀 자신은 아카데미 회원이 될 수도 없을뿐더러 그럴 마음조차 없지만 아버지와 노르푸아 앞에서는 감히 내색하지 않는다.

대화 중에 베르고트가 언급되자 마르셀은 귀를 쫑긋 세운다. 그러나 노르푸아는 마르셀의 기대와는 달리 베르고트를 매우 부정적으로 평가한다. 마르셀의 어머니가 노르푸아에게 아들이 베르고트를 매우 존경한다고 하자 노르푸아는 눈썹을 치켜세우고는 "아니, 그런 말도 안 되는 일이 있나!" 하며 혀를 찬다. 덧붙이기를 마르셀이 조금 전에 보여 주었던 산문시에서 "베르고트에게서 받은 나쁜 영향"을 볼 수 있었다고 한다. 문제의 산문시는 마르셀이 콩브레에 있을 때 움직이는 마차에서 바라본 콩브레 근교 마르탱빌 성당의 두 개의 종탑과 옆 마을 성당의 종탑 한 개가 연출하는 풍경을 묘사한 것이다.

마르탱빌의 두 개의 종탑은 평평한 벌판에 홀로 버려진 듯 하늘을 향해 솟아 있었다. 곧 세 개의 종탑이 보였다. 비유비크의 종탑이 과감한 반회전을 하며 두 개의 종탑 앞에 그 모습을 뒤늦게 드러낸 것이다. 몇 분이 흘렀고 우리는 빠른 속도로 나아가고 있었지만 세 개의 종탑은 여전히 저 멀리 보였고 그 모습은 마치 햇볕을 쏘이며 벌판에 한가로이 앉아 있는 세 마리의 새 같았다. 그러다 비유비크의 종탑이 거리를 두고 멀어지자 마르탱빌의 종탑 두 개만이 석양을 받으며 남아 있었는데 먼 거리에서도 나는 그 종탑들이 언덕에서 웃으며 놀고 있는 모습을 볼 수 있었다. 종탑들과의 거리는 좀처럼 좁혀지지가 않아서 도착할 때까지 앞으로도 한참이 걸리겠구나 하고 생각하고 있을 때 방향을 바꾼 마차는 갑자기 우리를 바로 그 종탑 밑에 내려놓는 것이었다. 어쩌나 갑자기 그 모습을 드러내는지 마차는 종탑과 부딪치지 않기 위해서 급정거를 해야만 했을 정도였다. 우리는 계속해서 길을 갔다. 마르탱빌을 떠난 지 어느새 시간이 꽤 흘렀고 마을은 우리를 배웅한 후 사라졌다. 두 개의 종탑과 비유비크의 종탑은 지평선에 홀로 남아 우리가 사라지는 모습을 보면서 여전히 잘 가라는 손짓으로 마지막 햇살을 머금은 꼭대기를 흔들고 있었다. 간혹 한 개의 종탑이 사라져 나머지 두 개가 우리를 잠시라도 더 볼 수 있도록 하였다. 그러나 길이 방향을 바꾸자 세 개의 금빛 기둥과도 같은 종탑들은 마침내 눈앞에서 사라졌다. 그러나 잠시 후 거의 콩브레에 도착했을 때 해는 이미 완전히 지고 나는 마지막으로 저 멀리 있는 세 개의 종탑을 볼 수 있었는데 그 모습이 마치 들판 위에 펼쳐진 하늘에 걸려 있는 세 송이 꽃과도 같았다. 또한 종탑들은 어둠 속에서 외로움에 빠진, 신화 속에 나오는 세 명의 어린 소녀를 떠올리게 했다. 우리가 빠르게 멀어지자 종탑들은 수줍게 각자의 길을 찾아서 우아한 몸을 일으켜 서투르게 몇 걸음 딛다가 이내 체념한 듯, 매력적인 모습으로 서로 포옹하고 섞여서 분홍빛을 머금은 밤하늘 속으로 검은 점을 이루며 사라졌다. -「스완네 집 쪽에서」

이 글이 『잃어버린 시간을 찾아서』에서 중요한 의미를 갖는 이유는 마르셀이 이때 처음으로 글을 쓰는 기쁨을 느끼게 되었기 때문이다. 이 글을 쓰고 마르셀은 마치 "자신이 알을 막 낳은 암탉이 된 것만 같아 목청 높여 노래를 불렀다."고 회상한다. 마르셀은 마차가 따라가는 길의 굽이침에 따라 종탑이 세 개로 보였다가 어떤 각도에 이르러서는 두 개로, 또 다른 각도에서는 하나로 보이는 것을 경험한다. 그러다가 다시 마차가 움직이면 원래의 세 개의 종탑으로 보이는 현상을 경험하고 가슴 속에서 지금 본 풍경을 글로 묘사하고 싶은 충동이 인다. 같은 사물이라도 보는 이의 각도에 따라 얼마든지 다양한 장면을 연출한다는 사실을 깨달은 순간이다. 마르셀은 비록 어둠이 깔리기 시작했지만 방금 느낀 감동을 지금 표현하지 않으면 영영 잃을 것만 같아서 마차에 걸린 희미한 램프 불빛 아래서 그 풍경을 산문시라는 형태로 즉흥적으로 표현했던 것이다. 이 경험은 콩브레에서 보낸 비슷한 시기에 어린 마르셀이 자신이 그렇게나 좋아하던 비가 한차례 지나간 후의 산사나무 꽃 앞에서 그 아름다움을 표현하고자 했지만 입 밖으로 나온 말은 오로지 "제길, 제길, 제길, 제길!"이라는 상스러운 표현뿐이었던 것과 비교하면 장족의 발전을 한 셈이다. 자신이 그렇게나 기쁨에 넘쳐 작성한 글을 노르푸아에게 용기를 내어 보여 주었지만 돌아온 평가는 "베르고트에게서 받은 나쁜 영향이 보인다."는 것이다. 마르셀이 창피하고 화가 나는 것은 당연한 일이다.

　노르푸아는 베르고트를 "피리 부는 사람"이라며 그를 비난한다. "피리 부는 사람"이란 전달하고자 하는 내용에 깊이가 없으면서 단지 말장난이나 잔재주를 부려 멋을 부리는 사람을 가리킨다. 또한 노르푸아는 베르고트를 "예술을 위한 예술"을 하는 작가라고 폄하한다. 지금과 같이 중요한 시기에, 즉 유럽의 정세가 불안하고 전쟁의 기운이 감도는 시기에 예술을 한답시고 글재주나 부리는 베르고트를 노르푸아는 진정한 예술가라고 생각하지 않았다. 노르푸아가 생각하는 예술가의 첫 번째 임무는 애국심을 고취하고 시대에 어울리는 이슈를 다루어 작품에 작가의 이념과 사상을 반영하는 것이다. 하지만 이는 바로 프루스트가 반대하는 작가상이기도 하다.

「되찾은 시간」에서 화자는 자신이 추구할 문학에 대해 고찰하는 부분에서 "이론이 담겨 있는 책은 가격표가 붙어 있는 물건과 같다."라고 표현한다. 즉 작가의 개인적인 사상이나 믿음을 적나라하게 드러내는 책은 예술 작품이 될 수 없고 단순한 상품으로 전락한다고 보았다. 프루스트에게 책(소설)의 예술적 가치는 작가(소설가)가 믿고 추구하는 것에 따라 결정되는 것이 아니라 그것을 표현하는 방식에 있다. 같은 사상이라도 작가에 따라 얼마든지 다른 문체로 표현할 수 있기 때문이다. 그 방식은 작가 고유의 서명과도 같다. 따라서 어떤 책을 읽더라도 접하는 순간 작가의 문체를 알아보고 누구의 작품인지 식별하게 되는 것, 그것이 작가로서 진정한 가치를 결정짓는다는 믿음이다.

「되찾은 시간」에서 프루스트는 화자를 통해 이러한 작가론과 예술론을 펼치지만 프루스트 자신도 모순점을 안고 있다. "이론이 담겨 있는 책은 가격표가 붙어 있는 물건과 같다."라고 쓰는 것 자체가 이미 프루스트의 사상이 담겨 있는 말이다. 프루스트는 『잃어버린 시간을 찾아서』를 집필하기 전에 『생트뵈브에 반박하여』라는 비평서를 비롯하여 여러 편의 모작, 신문 기사, 영국인 대문호 존 러스킨의 두 편의 번역서(『아미앵의 성경』과 『참깨와 백합』), 그리고 미완성으로 남은 자전적 소설 『장 상퇴유』 같은 다양한

옥스퍼드 대학에 재직할 당시의 존 러스킨, 1879.

장르를 시도했다. 그러다 결국 소설이라는 형태를 선택하여 자신의 마지막 작품인 『잃어버린 시간을 찾아서』를 집필한다. 따라서 그의 소설은 평론서의 요소로 가득하다. 줄거리의 전개와 무관한 문학 평론, 철학적 사고에 많은 자리를 내줌으로써 『잃어버린 시간을 찾아서』는 기존 소설의 형식이나 구조에서 벗어난다.

작가 베르고트 vs. 실재의 베르고트

마르셀은 베르고트를 나이가 많은 노인으로, 육체는 쇠약할 대로 쇠약해진 데다 자식들을 먼저 저세상에 보내야 했던 불행한 인물로 상상한다. 베르고트의 책을 통해서 작가의 이미지를 그렸던 것이다. 그러나 오데트가 주최하는 모임에서 만나게 된 베르고트는 "젊고, 투박하고, 작달막하고, 단단하고, 근시에, 달팽이 껍질처럼 나선형으로 말린 빨간 코와 검은 염소수염"을 하고 있었다. 삶의 무게가 느껴지는 주름 가득한 얼굴과 고풍스러운 분위기를 상상했던 마르셀의 실망은 이루 말할 수 없이 컸다. 상상 속에서 위대하고 비극적이었던 베르고트가 와르르 무너지는 쓰라린 경험을 하게 되는 순간이다.

여기서 독자는 프루스트의 작가론의 핵심을 접하게 된다. 프루스트는 작가와 작품은 엄연히 구분해야 한다고 주장해 왔다. 그는 자신과 이름이 똑같은 마르셀을 『잃어버린 시간을 찾아서』의 주인공으로 내세우면서도 소설 속의 '마르셀'은 작가 '마르셀'이 아니라고 고집스럽게 주장했다. 프루스트가 유년기를 보낸 일리에를 소설 속의 무대인 콩브레의 모델로 삼고, 프루스트가 소년 시절 여러 차례 여름방학을 보냈던 친척집을 소설 속에서 '레오니 아주머님 댁'으로 묘사하면서도 소설은 어디까지나 소설일 뿐이라고 말한다. 소설 속 1인칭 화자인 '나'를 작가인 '나'와 엄격히 구분하려는 노력은 작품의 위대함은 그것을 창조한 작가와 구분되어야 한다는 믿음에서 비롯된 것이다. 작가의 외모는 물론 그의 경험, 성격, 사람됨 등도 포함하는 말이다.

『잃어버린 시간을 찾아서』에 등장하는 뛰어난 예술가들은 모두 공통적으로 개인으로서의 '나'와 예술가로서의 '나'가 상당히 대조적이다.

음악가 뱅퇴유는 피아노 소나타와 현악사중주를 통해 마르셀에게 음악

작품 속에 스며 있는 작곡가 고유의 서명과도 같은 악절의 위대함을 깨닫게 하지만 개인으로서의 뱅퇴유는 딸과 그녀의 동성애자 애인에게 무시와 푸대접을 받는 대상이다. 화가 엘스티르는 은유를 통해 사물을 해석함으로써 마르셀이 새로운 눈으로 세상을 바라보게 만드는 중요한 인물이지만 붓을 놓았을 때의 그는 상스러운 말을 입에 달고 다니며 시시한 농담을 일삼는 인물이다. 라 베르마라는 대여배우는 무대 위에서는 라신의 비극이 마치 그녀를 위해 특별히 쓰인 것 같은 인상을 줄 정도로 뛰어나게 작품을 해석하지만 어머니로서 그녀는 딸과 사위로부터 버림받는 존재일 뿐이다.

이렇듯 다양한 예술가들을 통해 프루스트는 예술가의 진정한 가치는 오로지 그가 창조하는 작품으로 결정되는 것이지 개인이나 가족, 사회적 잣대를 적용시켜서는 안 된다고 말하고 있다.

뛰어난 작품을 창조하기 위해서 예술가 자신이 반드시 위인이나 영웅이 될 필요는 없다. 대단한 경험이나 놀라운 사건을 목격해야만 하는 것도 아니다. 즉 역사의 현장에 있었던 이들이 모두 위대한 서사시를 남긴 호머가 될 수 없고, 빼어난 경관을 보고 모두가 뛰어난 풍경화를 그린 터너가 될 수 없는 것과 같은 이치다. 반대로 생각하면 아무리 보잘것없는 삶을 살았고 별 볼 일 없는 인물이라도 예술적으로 뛰어난 작품을 창조할 수 있다. 바로 이런 믿음 때문에 중년이 된 주인공 마르셀이 남은 평생을 소설을 쓰는 데 바치겠다고 결심했을 때 그 소재로 선택한 것이 바로 자신의 삶, 그것이 아무리 평범하고 시시해 보일지라도, 자신이 걸어 온 인생이었던 것이다.

베르메르의 그림 앞에서 숨을 거두는 베르고트

『잃어버린 시간을 찾아서』는 수십 년이라는 긴 세월 동안 펼쳐지는 이야기다. 그 특성상 등장인물 중 많은 이가 나이 들어, 혹은 병에 걸려 사망하는데 베르고트도 그중 한 사람이다. 처음 마르셀이 베르고트의 책을 통해 그를 우상화하던 것에 비하면 그의 역할은 시간이 흐름에 따라 상대적으로 약해진다. 소년 마르셀의 관심이 온통 베르고트에게 집중되어 있었다면 청년 마르셀은 더 이상 베르고트를 이야기하지 않는다. 청년 마르셀은 이름을 직접 언급하지는 않지만 '새롭게 등장한 신인작가'의 책에 한창 빠져 있어 베르고트는 관심 밖일 수밖에 없다. 그러다 「갇힌 여인」에서 베르고트가 모처럼 다시 등장하는데 바로 숨을 거둘 때다. 비극적이면서도 일종의 절정을 이루는 장면의 묘사라고 할 수 있다.

나이 든 베르고트는 신장 기능의 장애로 몇 해 전부터 심한 요독증으로 고생하고 있었다. 외출을 거의 하지 않고 방 안에만 틀어박혀 지내는 그는 이제 집필 활동도 하지 않고 독자들에게도 잊혀 가고 있는 듯하다. 그런 그가 어느 날 네덜란드 화가인 베르메르의 그림에 관한 한 미술 평론가의 글을 읽고 모처럼 외출을 결심한다. 미술 평론가는 베르메르의 「델프트의 풍경」이라는 작품에 대해 "작은 노란 벽면은 그 자체로 너무나 뛰어나서 중국의 귀한 자기와도 같다."라고 평가했던 것이다. 그 노란 벽을 직접 확인하고자 베르고트는 불편한 발걸음을 이끌고 전시장을 향한다.

그날 아침 베르고트는 덜 익은 감자를 먹고 속이 거북하다고 느끼는데 전시장에 도착하자 거북함은 한층 심해져서 현기증으로 발전한다. 베르메

요하네스 베르메르, 「델프트의 풍경」,
1659~1660, 마우리츠하위스 미술관, 네덜란드.

여러 전문가가 프루스트가 말하는 '작은 노란 벽면'에 대해 다양한 의견을 제시한다. 1번 지붕이 가장 선명한 노란색이라 눈에 띄지만 프루스트가 분명 '지붕'이 아니라 '벽'이라고 표현했기에 2번과 3번이 더 유력하다. 3번 벽은 배와 다리에 일부 가려졌기에 2번 벽이 바로 그 '작은 노란 벽면'이 아닌가 싶다.

르의 「델프트의 풍경」은 또 왜 그렇게 전시장 깊숙한 곳에 있는지, 지나면서 보이는 다른 네덜란드 풍경 화가들의 그림은 모두 무의미하게만 느껴진다. 쉬엄쉬엄 걸어서 그는 드디어 「델프트의 풍경」 앞에 서게 된다.

마침내 다른 어떤 것과도 구분되며 강렬하다고 생각한 베르메르의 그림 앞에 서서 파란색으로 표현된 작은 사람들, 분홍색 모래, 그리고 작은 노란 벽면을 구성하는 진귀한 자재를 평론가의 글을 읽고 처음으로 발견할 수 있었다. 그의 현기증은 점점 더 악화됐다. 그는 어린아이가 노란 나비를 잡으려 애쓰듯, 노란 벽의 그 소중한 작은 면에 시선을 집중했다. "나도 이렇게 글을 썼어야 했는데. 내가 마지막에 쓴 책들은 너무 건조해. 이 작은 노란 벽면처럼 내 문장도 그 자체로 진귀해질 수 있도록 색을 여러 겹 입혀서 칠했어야 했는데……." 하고 스스로에게 말했다. 그동안에도 현기증은 나아지지 않았다. 그 순간 갑자기 천상의 저울이 그의 눈앞에 펼쳐졌다. 그 저울의 한쪽 편에는 그의 생애가, 맞은편에는 그토록 완벽하게 칠해진 작은 노란 벽면이 놓여 있는 것이었다. 그는 후자를 위하여 전자를 무모하게 희생했다는 생각을 지울 수가 없었다. '이 전시회에 대한 기사의 우스꽝스러운 주인공이 돼서 저녁 신문에 실릴 수는 없는데.' 하는 생각이 들었다. 그는 되풀이해서 말했다. "처마 밑 작은 노란 벽면, 작은 노란 벽면." 그러나 그는 결국 둥근 소파 위에 주저앉았다. 동시에 그는 갑자기 긍정적이 되어서 더 이상 자신의 죽음에 대해 생각하지 않게 되었다. '덜 익은 감자를 먹어서 체한 것일 테지. 아무것도 아닐 거야.' 그때 다시 한 번 발작이 엄습해 왔다. 그가 소파에서 미끄러져 바닥에 쓰러지자 관람객들과 관리인이 몰려들었다. 그는 숨을 거두었다. ―「갇힌 여인」

작가의 죽음이라는 설정치고는 상당히 비극적으로 묘사된 이 장면은 여러 가지 상징적인 의미를 갖는다. 우선 베르고트에게 후기에 집필한 책들이 결과적으로는 실패작임을 깨닫게 하는 대상이 다른 작가의 책도 아니고 그림이라는 점에서 프루스트의 예술론의 한 단면을 보여 준다. 베르고트가 베르메르의 그림 속에서 자신의 책에서 부족한 점을 발견할 수 있는 이유는 문학과 미술을 다른 장르로 구분하는 대신 예술이라는 거대한 공통분모로 엮었기 때문이다. 이를 통해 프루스트는 서로 다른 예술 장르 사이에 교감이 가능하다는 사실을 간접적으로 드러낸다. 이는 프루스트가 뱅퇴유의 음악을 색깔 어휘를 사용하여 묘사한 것이나 오감의 상응을 노래한 보들레르를 가장 위대한 시인으로 추앙했던 것과 같은 맥락이다.

베르고트에 관한 마지막 에피소드를 서술한 한 문단 안에 '작은 노란 벽면'이라는 표현이 무려 일곱 번이나 나온다. 베르고트가 그 노란 벽면에 그토록 집착한 이유는 그 안에서 예술가로서 추구해야 할 진리를 발견했기 때문이리라. 그 진리를 추구하는 것을 그는 나이가 들면서 점차 게을리했던 것이고, 그랬기에 자신이 노후에 쓴 책들은 건조하기 짝이 없다고 한탄한 것이다. 이는 어쩌면 베르고트의 책에 푹 빠져서 어린 시절을 보냈던 마르셀이 시간이 지나면서 점점 그의 책을 외면하게 되고 다른 새로운 작가에게로 시선을 돌리게 된 근본적인 이유일 것이다.

베르고트는 최후의 순간에 이르러서야 뒤늦게 자신이 한동안 잊고 지냈던 이상적인 예술을 발견한다. 베르메르는 여러 겹으로 칠한 노란 벽면을 완성했지만 그는 문장을 완벽하게 가다듬어 새로운 책을 쓸 시간이 없다. 노란 나비는 잡으려고 애쓰는 아이의 안타까운 손짓에도 아랑곳하지 않고 하늘로 날아오르고 베르고트는 발작을 일으키며 「델프트의 풍경」 속 노란 벽면 앞에서 숨을 거둔다.

그러나 베르고트는 죽음으로써 부활이 가능해진다. 그의 장례식을 치른 날 밤, 전국의 서점은 작가를 기리기 위해 그의 책을 가장 눈에 잘 띄는 곳에 진열한다. 비록 노후에 그가 쓴 책들은 무관심 속에 묻혀 버렸지만 초기에 출간했던 책들, 즉 마르셀을 베르고트의 문체에 푹 빠지게 했던 책들은 작가가 죽음으로써 다시 한 번 빛을 발한다.

그는 영원히 죽은 것일까? 과연 누가 그렇다고 할 수 있을 것인가? 물론 그 어떤 영적인 경험과 종교적인 이론도 영혼이 존재한다는 것을 증명할 수는 없다……. 그가 땅속에 묻힌 그날 밤, 서점의 진열대에는 조명을 받아 빛나는 그의 책들이 셋씩 짝을 이루어 마치 활짝 날개를 펼친 천사들과 같은 모습으로 밤을 지새우고 있었으며, 이는 작가의 부활을 의미하는 하나의 상징과도 같았다. -「갇힌 여인」

프루스트는 베르고트의 삶과 죽음을 통해서 비록 예술가는 사라져도 위대한 작품은 영원히 살아남는다는 생각을 표현한다. 프루스트가 『잃어버린 시간을 찾아서』의 완성에 강박적으로 집착한 이유는 이렇듯 그것을 쓴 작가는 사라져도 작품만은 영원히 남아서 자신의 일부로서 존재를 유지하게 하기 위함이 아닐까. 프루스트는 병상에 누워 최후의 순간까지 집필과 수정, 교열에 힘을 쏟았고 마침내 책을 완성하지만 총 7권이 완전하게 출간된 것이 그가 사망한 뒤다. 프루스트가 집필에 전념하던 생애 마지막 8년을 그의 옆에서 충직하게 지켜 준 하녀 겸 비서인 셀레스트 알바레는

『프루스트 씨』라는 회고록에서 다음과 같이 회상한다.

  프루스트의 장례를 치른 날 우연히 지나치게 된 서점에서 소설 속 묘사와 똑같이 프루스트의 책들이 활짝 날개를 펼친 천사의 모습으로 진열되어 있었다고.

지드

André Gide, 1869~1951

해방된 자아의 행복을 만끽한 자유로운 영혼

앙드레 지드와 프루스트를 연결하는 고리는 크게 두 가지다. 하나는 두 작가 모두 동성애자로 당시 터부시되고 소송감이 될 만한 행위를 각자의 작품에 적나라하게 표현했다는 점이다. 둘째는 프루스트가 『잃어버린 시간을 찾아서』를 출간한 『누벨 르뷔 프랑세즈』라는 문예지의 창간인이자 출판인이 앙드레 지드라는 사실이다. 그러나 이러한 중요한 공통분모가 있음에도 정작 이 두 소설가는 끝끝내 서로를 완전히 이해하지 못했으며 서로의 작품관은 비슷하다기보다는 상충한다.

프루스트보다 2년 먼저 태어난 지드는 매우 여유 있는 부르주아지 집안에서 자란다. 법학과 교수이자 엄격한 개신교도였던 아버지와 가톨릭교도인 어머니를 둔 그는 파리와 어머니의 고향인 루앙이 있는 노르망디 지방을 오가며 유년기를 보낸다. 하지만 이 시기의 그는 행복했다고만은 할 수 없다. 여덟 살에 처음 들어간 학교에서는 자위행위를 하다 들켜 3개월 정학 처분을 받는가 하면 신경쇠약을 동반한 두통 때문에 자주 학교를 쉬어야 했다. 그나마 오랜만에 학교에 나가면 또래 남자아이들의 집단 놀림을 받았다. 그러다 열 살에 아버지를 여의는 등 순탄치만은 않은 유년기를 보낸다.

심약하고 예민하며 동양적인 외모의 프루스트 역시 또래와는 달라도 한참이나 달랐다. 그 역시 따돌림을 당하기 십상이었을 테지만 프루스트는 뛰어난 말주변과 천성적으로 남의 비위를 맞추려는 습관이 몸에 밴 상태라 친구들 사이에서 인기가 좋았다. 뿐만 아니라 『녹색지』라는 문예지를 만들어 글깨나 쓴다는 아이들의 대장 노릇을 했다. 지드와는 참으로 다른 유년기를 보냈던 것이다.

이런저런 이유로 지드는 주로 가정교사나 목사 등에게 개인 교습을 받는다. 그즈음 사촌 마들렌이 어머니의 외도를 알고는 괴로워하는 것을 알고부터 사촌에 대한 지드의 연민과 애정은 극에 달한다. 지드의 구애는 모든 가족의 반대를 불러왔을 뿐만 아니라 무엇보다 당사자인 마들렌조차 완강히 거부한다. 또한 막연히 자신이 다른 이들과는 '다르다'는 사실을 깨닫기 시작하면서 순탄치 않을 애정 전선을 감지한다.

1893년 그는 친구인 화가 폴 로랑스와 9개월간 알제리, 튀니지 등 아프리카 북부를 비롯하여 이탈리아를 여행하게 된다. 이 여행은 지드에게 삶의 전환점이 되는데 엄격하며 전통적인 종교와 교육의 틀이 완전히 무너지며 성적 해방감을 만끽하는 계기였다. 그는 여행 중에 아프리카에서 만난 알리라는 청년과 메리암이라는 여인을 통해서 성에 완전히 눈을 뜨는 동시에 자신이 동성애자라는 사실을 확인하고 이를 받아들이기로 한다. 자신이 동성애자라는 사실을 숨기거나 위장하지 않으리라고 결심한 것인데 이러한 성 정체성에 대한 수용은 그의 작품에도 그대로 드러난다.

『앙드레 발테르의 수기』(1891), 『나르시스론』(1893), 『팔뤼드』(1895) 등의 초기 작품이 심미적이고 어두우며 상징적인 요소로 가득하다면 자신의 동성애를 기꺼이 받아들인 후 그의 작풍은 완전히 변하여 『지상의 양식』(1897), 『배덕자』(1902), 『좁은 문』(1909), 『전원 교향곡』(1919) 등에서는 가족과 사회, 문화, 인습에서부터 해방된 자아를 찾아 삶이 주는 행복을 최대한 만끽하고자 하는 자유로운 영혼을 노래하게 된다.

지드와 프루스트의 만남은 1891년으로 거슬러 올라간다. 당시 두 젊은 청년은 글쓰기에 대한 열망으로 파리의 문인들과 예술가들이 교류하는 사교계에 입문하고자 기웃거리던 참이었다. 그러던 중 두 사람은 프루스트의 콩도르세 고등학교 동급생인 상징주의 시인 가브리엘 트라리외의 집에서 첫 만남을 갖는다. 이듬해에도 두 사람은 또 다른 만남을 갖지만 그에 대한 기록은 남아 있지 않다. 그 후 무슨 일인지 두 사람은 왕래가 완전히 끊긴다. 둘 다 비슷한 나이에 문학에 대한 넘치는 열정, 그리고 예민한 감수성과 그에 걸맞은 뛰어난 재능이라는 공통점을 갖고 있었다. 만날 기회가 빈번했던 두 작가가 동질감을 느꼈다면 역사에 남을 우정을 쌓을 수도 있었을 텐데 지드와 프루스트는 서로에게 끌리지 않았던 모양이다. 그러다가 1916년, 즉 24년 만에 재회하게 되는데 이번에는 완전히 다른 상황이 둘을 엮는다.

프루스트의 원고를 돌려보낸 지드

프루스트는 청년 시절 저녁 만찬이나 연회에 참석한 여성들의 옷차림이나 음식, 오갔던 대화 등을 기사화해 『피가로』 같은 신문에 기고했다. 지드는 프루스트의 글을 접하고는 그를 시시한 가십거리나 쓰는 돈 많고 시간 많은 한량쯤으로 여겼다. 따라서 발작성 천식 환자였던 프루스트가 중년이 되어 외부의 냄새와 소음을 차단하기 위해 아파트 전체를 코르크 마개로 막고 낮밤이 바뀐 부엉이 생활을 하며 수년간 집필에만 몰두한 사실을 모르고 있었다. 1913년, 프루스트는 『잃어버린 시간을 찾아서』의 제1권 「스완네 집 쪽에서」의 출간을 위해 여러 출판사를 알아보는데 지드가 창간한 『누벨 르뷔 프랑세즈』라는 문예지도 그중 하나였다. 하지만 다른 출판사들과 마찬가지로 『누벨 르뷔 프랑세즈』도 출간을 거절한다. 결국 프루스트는 자비로 「스완네 집 쪽에서」를 출간하게 되는데 이는 프랑스 문학사에서 매우 유명한 사건으로 회자된다.

지드의 출간 거절에 대해서 프루스트는 원고가 들어 있는 소포를 지드가 열어 보지도 않았다고 이야기한다. 프루스트에 의하면 당시 소포를 포장했던 자신의 비서 니콜라 코탱은 매우 독특한 방식으로 매듭을 짓는 재주가 있었다고 한다. 그런데 지드가 돌려보낸 소포는 코탱의 매듭 방식 그대로였다는 것이다. 지드가 풀어 보지도 않고 반송했다는 것인데 과연 프루스트의 주장이 얼마나 옳은지는 둘째치고라도 왜 지드가 프루스트의 원고를 거절했는지 지드는 나름대로 솔직한 이유를 편지에 쓴다. "며칠 전부터 저는 당신의 책을 손에서 놓지 않고 있습니다."로 시작하는 1914년 1월

11일자 편지에서 프루스트의 원고를 거절한 것이 『누벨 르뷔 프랑세즈』의 가장 커다란 오명으로 남을 것이며 거기에 자신의 책임이 컸다는 사실에 부끄러움을 느낀다고 고백한다.

 20여 년 전 몇 차례에 걸친 모임에서 당신을 만났을 때, 저는 당신은 X나 Y부인이 주최하는 사교 모임에 드나드는 그렇고 그런 사람이라는 고정관념을 가지고 있었음을 고백합니다. 저는 당신이 그런 살롱에 초대되어 그곳에 왔던 사람들이며, 오갔던 대화를 모아 『피가로』 등의 신문에 게재하는 기사들을 종종 봐 왔기 때문에 신통찮은 글쟁이라고 생각했던 것이 사실입니다. 베르뒤랑네 쪽 인물로 못 박음질을 했던 것이지요. 따라서 어떻게 보면 우리 출판사가 가장 꺼리는 성향의 작가였던 것입니다…….
 그런데 이제는 당신의 책을 좋아한다고 표현하는 것만으로는 부족할 정도입니다. 저는 당신의 소설에 완전히 빠져 있습니다. 당신에 대한 애정과 존경은 이루 표현할 수 없는 바입니다.
 더 이상 무슨 말을 할 수 있을까요……. 제가 당신을 억울하게 판단한 것처럼 당신 책의 출판을 거절하는 데 큰 몫을 한 저를 당신이 언짢게 여길 수 있다는 사실에 생각이 미치면 너무나 후회스럽고 괴롭습니다. 제 과거의 선택을 스스로 용서하게 될 날이 오지는 않을 것입니다. 다만 제가 얼마나 후회하고 있는지를 당신에게 고백함으로써 조금이나마 마음의 위안을 얻고, 또한 제 스스로 못하는 대신 당신이 저를 조금이라도 너그러이 용서해 주기를 바라는 마음입니다.

이 편지는 프루스트의 주장을 어느 정도 뒷받침하고 있다. 지드는 프루스트의 원고를 거절한 것이 아니라 프루스트라는 작가를 거절했던 것이다. 지드가 프루스트를 '베르뒤랑네 쪽 인물'로 비유하는 부분에서 독자는 「스완네 집 쪽에서」에 등장하는 베르뒤랑 부부를 떠올릴 것이다. 소설 속에서 베르뒤랑 부부는 집에서 정기적으로 사교 모임을 주최하며 교양이라고는 찾아볼 수 없고 매우 속물스러운 인물로 묘사된다. 즉 지드는 프루스트의 원고를 읽어 보기도 전에 예전에 그가 신문지상에 발표한 가십거리 기사 나부랭이 원고나 다를 바 없는 것이라 판단했던 것이다.

그라세가 운영하는 출판사를 통해 「스완네 집 쪽에서」가 출간된 것이 1913년 11월이고, 지드가 프루스트에게 사과와 후회의 편지를 쓴 것이 1914년 1월의 일이니 두 달이라는 비교적 짧은 시간 동안 프루스트에 대한 지드의 입장이 정반대로 바뀐 것이다. 이유는 지드가 출간된 프루스트의 소설을 읽게 된 것이라고밖에 생각할 수 없다. 지드가 머리를 숙여 프루스트에게 사과한 것은 물론 문학 평론가로서 자신의 실수를 깨닫게 되었기 때문일 것이다. 하지만 또 다른 이유에서, 즉 자신이 창간인이자 편집장으로 있는 『누벨 르뷔 프랑세즈』를 통해 『잃어버린 시간을 찾아서』의 후속작들을 출간함으로써 문예지의 이름을 높이는 동시에 경제적으로도 나아지리라고 기대했던 것도 사실이리라.

그 후로 지드는 꾸준히 프루스트와 편지를 왕래하고 결국 2권부터는 『누벨 르뷔 프랑세즈』를 통해 출간하겠다는 프루스트의 동의를 얻는 데 성공한다. 그렇게 하여 1914년 6월부터 「꽃핀 소녀들의 그늘에서」가 부분적으로 『누벨 르뷔 프랑세즈』에 연재된다. 그러나 곧 2차 세계대전이 발발하면서 출판 활동이 중단되고 프루스트는 출간보다는 후속 작품의 집필에 전념한다.

지드는 계속해서 프루스트에게 만나고 싶다는 편지를 보내지만 프루스트는 만남을 연기한다. 프루스트는 밤낮이 바뀐 생활, 천식과 피로 등을 이유로 댔지만 지드에게는 모두 핑계로 보였다. 원고를 거절했던 자신을 애달프게 하려는 전략이라고 생각했다. 하지만 당시 프루스트는 정말로 병마와 싸우고 있었고 하루 한 시간이라도 체력이 허락한다면 집필에 전념하고자 했기 때문에 지드와의 만남이 달가울 리 없었다. 프루스트와 지드가 다시 만나게 된 것은 그로부터도 2년이 지난 1916년의 일이다. 그 후 둘은 자주는 아니지만 꾸준히 프루스트의 방에서 만남을 가졌고 대화의 주제는 주로 둘의 공통 관심 분야였던 동성애였다.

지드는 프루스트의 소설을 높이 평가했지만 크게 두 가지 단점을 지적한다. 첫째는 프루스트가 글을 너무 빨리 써서 문법적인 오류를 범하고 잘못된 어휘를 선택한다거나 어순 등에서 실수를 자주 범한다는 점이다. 실제로 지드는 단어 하나하나의 선택에 신중하고 완벽한 프랑스어로 글을 쓰는 것을 중시했다. 지드는 프루스트의 문장이 숨이 넘어가게 길고 한 문장에서 여러 시제를 사용하는 것을 받아들일 수가 없었다. 지드는 프루스트의 어떤 문장은 7개의 단어로 되어 있는데 그중 3개가 잘못되었다고 지적하기도 한다. 이렇듯 문법적으로 용납할 수 없는 오류에도 불구하고 지드는 프루스트의 글이 훌륭하다는 사실을 부정하지 않는다. 한국 독자치고 여간한 전문가가 아닌 한 프루스트의 글에서 오류를 발견하기는 쉽지 않을 것이다. 프랑스어 전공자라고 해도 그저 내용을 이해하는 데 주력하기 바쁜 것이 프루스트의 글이다. 실제로 프루스트가 글을 빨리 써서 그의 글이 그토록 읽기 힘들고 문법적인 오류가 많다는 지드의 지적은 잘못된 것이다. 프랑스 파리 국립도서관이 소장하고 있는 프루스트의 자필 원고를 보면 최종본을 위해서 작가가 얼마나 여러 번 수정에 수정을 가하고 덧붙이고 빼기를 반복했는지 알 수 있다. 프루스트에게 지드가 지적한 오류는 사실 실수가 아니라 의도적으로 추구한 고유의 문체라고 하는 것이 정확할 듯하다.

동성애에 대한 상반된 묘사

프루스트의 '오류'투성이 문체보다 지드가 더 심각하게 받아들인 것은 동성애에 대한 프루스트의 작가로서의 입장이었다. 『잃어버린 시간을 찾아서』에는 중요한 위치를 차지하는 인물인 샤를뤼스 남작을 비롯해서 많은 인물이 동성애자로 묘사되는데 주인공 마르셀의 눈에는 이들이 여자이건 남자이건 하나같이 부정적으로 비친다는 것이다.

1권에서 마르셀은 이웃집에 사는 뱅퇴유의 딸이 아버지가 집을 비운 사이 거실에서 여자 친구와 애정 행각을 벌이는 모습을 우연히 엿보게 된다. 이들의 행위 자체보다도 두 사람이 주고받는 상스러운 말이나 아버지 뱅퇴유의 사진이 들어 있는 액자에 침을 뱉고 욕을 하는 행동 등을 통해서 여자 동성애자들에게 부도덕한 이미지를 입힌다.

또한 4권에 속하는 「소돔과 고모라」는 제목이 말해 주듯이 전반적으로 동성애 문제를 다루고 있는데 특히 시작하는 부분에서 조끼 재단사인 쥐피앵을 유혹하는 샤를뤼스 남작에 대한 묘사는 거부감을 불러일으키기보다는 우스꽝스럽다. 쥐피앵을 유혹하기 위해 주변을 맴돌며 몸을 꼬고 갖은 애교를 부리는 샤를뤼스를 화자는 난꽃을 수정시키기 위해 꽃 주변을 빙글빙글 도는 꿀벌에 비유한다. 동성애자의 애정 행각은 비생산적일 수밖에 없는데 이를 난꽃을 수정시키는 벌이라는 가장 자연에 가까운 비유를 했다는 점, 동시에 사람을 곤충에 비유함으로써 그 행위가 정상의 범주를 벗어났음을 암시하는 프루스트의 표현력에 새삼 혀를 내두르게 된다.

동성애에 관한 묘사 중에서 절정은 「되찾은 시간」에서 마르셀이 우연히 목격하는 샤를뤼스 남작의 사디스트적인 행위에 대한 묘사다. 중년이 된 마르셀은 파리 시내를 걷다가 갑자기 휘청거릴 정도로 피로를 느끼고 잠시 쉬어 가기 위해 눈에 띄는 호텔에 방을 구한다. 그 낯선 호텔에서 방에 난 구멍으로 옆방을 엿보게 되는데 그곳에는 놀랍게도 두 손이 사슬에 묶인 채 피투성이가 된 샤를뤼스가 있다. 잘생긴 청년이 회초리를 휘두를 때마다 샤를뤼스는 고통과 쾌감이 뒤엉킨 비명을 지르는 것이다. 그 호텔은 샤를뤼스 남작을 모시고 있는 쥐피앵이 남작을 위해서 경영하고 관리하는 곳으로 호텔을 가장한 남창굴이었던 것이다.

샤를뤼스는 '페데라스트 pédéraste', 즉 앳된 청년에게 이끌리는 성향의 동성애자였다. 샤를뤼스가 흑심을 품었거나 실제로 관계를 갖게 된 소년 혹은 청년 중에는 바이올린 연주자인 모렐을 비롯해 주인공인 마르셀도 끼어 있다. 단 샤를뤼스가 마르셀에게 접근했을 때는 마르셀이 아직 그의 실체를 알지 못했기 때문에 남작이 보호자 겸 후원자가 되어 주겠노라고 선심 쓰듯 제안한 의중을 눈치채지 못했을 뿐이다. 마르셀은 샤를뤼스의 제안을 받아들이는 것은 그의 애인이 되는 조건이 따른다는 사실을 후에 알게 된다.

그 밖에도 샤를뤼스는 유대인을 폄하하는 말이나 프랑스가 한창 독일과 전쟁 중이던 당시 친독일적인 발언을 서슴없이 하는 인물로 독자는 그에게 호감을 가지려야 가질 수가 없다. 그런 샤를뤼스가 매력적인 청년 앞에서 한없이 비굴하고 안절부절못하는 모습은 꽃 주변을 맴도는 벌이나 제 발 저린 도둑에 비유된다. 프루스트가 창조한 샤를뤼스는 발자크의 보트랭이라는 인물과 함께 프랑스 문학사에 길이 남을 개성 강한 동성애자로 평가된다.

하지만 지드는 자신이 속한 '페데라스티pédérastie'에 대해 샤를뤼스와 같이 비열하고 변태적인 인물로 그린 것에 배신감을 느끼는 한편 비겁한 행동이라고 생각했다. 샤를뤼스는 소설 속에서 '저주받은 인종'으로 이야기가 전개됨에 따라 사회적, 육체적으로 쇠퇴하는 모습으로 그려진다. 프루스트의 소설로 인해 그러잖아도 오해와 편견의 대상이었던 동성애자들이 다시 한 번 왜곡된 시선을 받을 것을 생각하면 화가 나는 것도 당연한 일이다. 그보다는 프루스트 자신도 동성애자이면서 남자 동성애자들을 하나같이 교태를 부리는 여자나 변태 행위에서 쾌락을 느끼는 비정상적인 인물로 묘사한 것은 자신의 실체를 감추려는 비겁한 행동이라고 생각한 것이다.

프루스트가 사망하기 몇 달 전까지 지드는 프루스트의 침상에서 서로의 작품에 대해 이야기를 나누었는데 그때마다 대화의 주제는 동성애였다. 1921년은 프루스트가 「소돔과 고모라」를, 그리고 지드가 10년 전 단 12부를 그것도 이름을 밝히지 않고 출간한 『코리동』을 21부 더 출간하고 『씨앗이 죽으면』을 13부 출간한 해였다. 지드가 이렇듯 무기명으로 최소한의 양만을 인쇄한 것은 두 권 다 남색을 다룬 소설이자 너무나 개인적인 이야기를 담고 있었기 때문이다. 지드는 『코리동』을 침상에 누워 있는 프루스트에게 한 권 빌려 주었고 프루스트는 그것을 읽고 나흘 후에 자신의 비서를 통해 지드에게 돌려주는 등 둘은 작가로서 계속 교류한다.

1921년 5월의 일기에서 지드는 프루스트와의 만남을 서술한다. 그날의 만남은 특별히 의미가 있는데 지드가 비로소 동성애에 대한 프루스트의 생각을 어느 정도 이해한 것처럼 보이기 때문이다.

그날 밤에도 역시나 대화의 주제는 동성애였다. 프루스트는 「꽃핀 소녀들의 그늘에서」를 통해 자신이 경험한 동성애에 얽힌 추억을 변형시켜 이성간의 부드럽고 매력적인 사랑을 묘사하는 데 이용한 작가로서의 유약함을 후회한다고 말했다. 반면 자신의 소설 속에 표현된 동성애는 변태적이고 비열한 행위뿐이라는 것이다. 그러다가 내가 막상 그의 소설을 읽으며 그가 동성애를 비난하는 것 같다는 인상을 받았다고 하자 상처를 받은 것 같았다. 그는 나의 말을 부정했다. 나는 결국 우리에게 거부감을 불러일으키고 손가락질당하는 행위들이 그에게는 그렇게 혐오스럽게 느껴지지 않는다는 사실을 이해하게 되었다.

그렇다면 언젠가는 그가 말하는 에로스를 젊고 아름다운 형상을 한 인물을 통해 표현하지 않겠느냐고 내가 묻자 그는 우선 자신이 매력을 느끼는 것은 외적인 아름다움과는 전혀 상관이 없는 것이라고 대답했다. 아름다움과 욕망은 별개의 것이라고도 했다. 또한 젊음은 가장 변하기 쉬운 것이기에 그의 미적 기준에 적당하지 않다는 것이다.

지드는 『위폐범들』에서 남자 주인공인 에두아르를 동성애자이면서 젊고 아름다우며 지적이고 행복한 인물로 그린다. 샤를뤼스 남작과는 정반대의 모습이다.

끝까지 프루스트를 이해할 수 없었던 지드

이렇듯 프루스트와 지드는 근본적으로 다른 작품관을 갖고 있었다. 지드는 자신에게 솔직하고 충실한 삶을 추구했는데 그 일환으로 소설을 쓸 때도 자신의 이야기를 하는 것을 작가의 의무라고 보았다. 그런 의미에서 지드는 평생에 걸쳐 써 온 일기를 살아 있을 때 출간하기도 한다. 수십 권에 이르는 지드의 일기는 작가와 작품을 이해하는 데 소중한 자료가 된다.

반면 프루스트는 일기를 전혀 쓰지 않은 몇 안 되는 작가로 유명하다. 그가 주고받은 편지는 수없이 많지만 그것들마저 프루스트는 자신이 받은 편지는 대부분 불태워 없앴고 친구들에게도 자신이 보낸 편지를 출간하지 말 것을 신신당부했다. 프루스트는 19세기를 대표하는 평론가 중 한 명인 생트뵈브가 주장한 전기에 바탕을 둔 작가론, 즉 그 작가를 가장 잘 이해하는 방법은 그와 개인적으로 만나 대화를 나누는 것이라는 주장을 정면으로 반박했다.

따라서 지드에게도 "일기에 '나'라는 표현만 쓰지 않는다면 무엇을 말해도 좋습니다."라고 이야기하지만 지드에게 그렇게 하는 것은 불가능할 뿐만 아니라 그럴 수가 없는 것이다. 이렇듯 지드와 프루스트가 추구하는 바가 근본적으로 달랐기에 둘은 끝끝내 서로를 진정으로 이해할 수 없었다.

1922년 재출간한 『코리동』의 서문에서 지드는 특별히 프루스트를 언급한다. 지드에게 프루스트는 동성애라는 터부를 작품의 소재로 차용했다는 점에서는 인정할 만하지만 그것을 표현한 방법은 동의할 수 없으며 프루스트의 소설 때문에 당시 동성애에 대한 대중의 편견을 더욱 굳히게 되었다고 비난한다.

몇몇 책들은—특히 프루스트의 소설은—대중이 모르는 척하고 있던 것들에 대해 조금 더 솔직하고 대담하게 이야기할 수 있게 만들었다……. 그러나 어떤 책들은 대중의 편견을 더욱 굳히기도 한 것이 사실이다. 마르셀 프루스트가 믿고 있는 듯한 '여자인 남자'에 관한 이론은 잘못된 것이 아닐지도 모른다. 하지만 그러한 부류는—가령 뒤바뀐 성, 여성화된 남성, 사디스트 등—동성애자들 중에서 단지 일부에 지나지 않고 나는 이 책에서 그런 부류는 전혀 다루고 있지 않다.

프루스트가 사망한 다음 해인 1923년, 앙드레 지드는 『누벨 르뷔 프랑세즈』에 「프루스트를 기리며」라는 제목의 글을 기고한다. 하지만 지드가 그 글을 통해 분석한 것은 프루스트 필생의 역작인 『잃어버린 시간을 찾아

테오 반 리셀베르그, 「에밀 베르아렝의 강의」, 1903, 겐트 미술관, 벨기에.

리셀베르그는 벨기에의 신인상주의를 대표하는 화가로서 이 작품에서 특유의 점묘법을 선보이고 있다. 벨기에 시인인 에밀 베르아렝(그림 속에서 등을 돌린 채 붉은 상의를 입고 있음)의 강의에 귀 기울이고 있는 앙드레 지드(오른편 의자에 앉아 손으로 머리를 괴고 있음)를 비롯해 상징주의 시인이자 극작가인 모리스 마테를링크(가장 오른편에 앉아 있음), 신인상주의라는 표현을 처음으로 사용한 평론가 펠릭스 페네옹(난로에 기대어 서 있음) 등 당시 활발히 활동하던 예술가, 문인들을 볼 수 있다.

서』가 아니라 프루스트가 한낱 젊은 날의 추억이자 굳이 떠올리고 싶지 않다고 여러 차례 밝힌 바 있는 그의 처녀작 『기쁨과 나날들』이었다. 지드가 『잃어버린 시간을 찾아서』에 대해서가 아니라 출간된 지 30여 년이 지났고 작가 자신이 후회가 많다고 한 작품을 굳이 들추는 저의가 의심스럽다. 지드는 이 글의 제목을 「프루스트의 한계」라고 했다가 나중에 「프루스트

지드 215

『기쁨과 나날들』(1896)의 초판 속지. 마들렌 르메르의 삽화를 볼 수 있다.

를 기리며」로 바꾸었다. 이 서문 역시 프루스트에게 긍정적인 평가를 내리기 위한 것만은 아니라는 사실을 짐작하게 한다.

지드는 『기쁨과 나날들』에서 후에 프루스트가 심혈을 기울여 쓰게 될 소설의 씨앗을 찾아볼 수 있다는 요지를 펼치고 있다. 이제는 서점에서 찾아볼 수도 없는 프루스트의 처녀작은 그 당시 인기 있던 마들렌 르메르라는 여성 화가의 삽화가 삽입되고 인기 작곡가인 레날도 안이 프루스트의 시에 음악을 붙였으며 국민적 소설가인 아나톨 프랑스가 서문을 썼던 것으로, 프루스트가 젊었을 때 얼마나 인기에 연연하고 사교계에서 많은 시간을 보냈는지를 간접적으로 보여 준다. 지드는 프루스트를 기념하기 위한 것이라며 초호화판 양장으로 된 고가의 책을 기억에서 끄집어냄으로써 독자들이 잊고 있었거나 알지 못했던 사실을 새삼 떠올리게 한다.

이 글에서 지드는 프루스트의 작가로서의 재능으로 '세부 묘사', '예리한 관찰력', '섬세함' 등을 꼽는데 이러한 평가는 프루스트가 살아 있을 때도 그에게 꼬리표처럼 따라다니던 것이었다. 정작 프루스트 자신은 그러한 특성을 부정하고 독자나 평론가들이 그렇게 느끼는 것은 자신의 의도와는 관계가 없는 것이라고 주장했다. 인터뷰나 편지 등을 통해 자신의 작품관에 대해 이야기할 때면 그는 『잃어버린 시간을 찾아서』는 '현미경'이 아닌 '망원경'을 통해 바라본 삶을 그린 것이라고 누차 강조한다. 또한 눈에 보이는 모든 것을 꼼꼼하고 자세하게 사실적으로 묘사하는 것은 자신의 관심 밖이며 그것이 작가에게 필요한 필수적인 요소라고 생각하지도 않는다고 말한다. 얼핏 보기에 지드는 프루스트를 칭찬하는 것처럼 쓰지만 결과적으로는 프루스트의 의도를 부정한 것이다.

1913년 「스완네 집 쪽에서」가 출간되었을 때 『누벨 르뷔 프랑세즈』의 편집인이자 지드의 오랜 친구이기도 했던 앙리 게옹은 이 책의 서평에서 프루스트는 세부적인 것을 지나칠 정도로 세세하게 묘사할 수 있는 능력이 있는 작가라고 비꼬아 말한 적이 있다.

소설을 하나의 숲이라고 본다면 프루스트는 그것을 이루는 나무 한 그루 한 그루를 세고 있고, 그것에 달려 있는 나뭇잎과 가지를 하나하나 세고 있다. 뿐만 아니라 그 밑에 몇 개의 나뭇잎이 떨어져 있는지도 허리 굽혀 관찰하고 있다……. 그의 과거로의 회상은 아무리 사소하고 작은 기억의 잔재들조차 놓치지 않고 나열하는 데 목적이 있다. 그는 그러한 것들을 놀라울 정도로 무의식적으로 열거한다. 따라서 그의 문장의 특징은 기억의 바다 깊숙이 던져진 고기잡이 그물이 그 바닥에 있는 온갖 잡동사니들까지 끄집어 올린 모양새가 된다. ─1914년 1월 1일 『누벨 르뷔 프랑세즈』에 실린 앙리 게옹의 서평

이에 대해 프루스트는 앙리 게옹에게 장문의 편지를 보내, 자신의 소설은 여러 조각을 담고 있지만 이들은 근본적으로 거대한 구조물을 이루기 위한 필수적인 요소라고 반박한다. 거대한 틀을 보지 못하고 그것을 구성하는 작은 요소들에만 시선을 고정한다면 당연히 자신의 소설은 의미 없는 이야기의 열거에 불과하지만 한 걸음 물러서서 보면 결국 그 요소들은 서로 긴밀하게 어우러져 단단하고 유기적인 틀을 만들고 있다는 것이다. 그 다양한 요소를 연결하는 고리를 작가는 '시간'이라고 말한다.

점과 선으로 구성된 2차원에 공간이라는 요소를 추가하여 입체감 있는 3차원의 세계로 연구의 영역을 넓혀 가는 기하학자처럼, 저는 소설에 시간이라는 개념을 삽입함으로써 그와 연결되어 벌어지는 인간의 심리를 연구하고자 한 것입니다……. 저는 당신이 친구로 둔 많은 작가들이 그러는 것처럼 그때 느낀 감동이 어땠는지 분석하여 미사여구를 깃들여 표현하지 않습니다. 그 대신 순간순간 떠오른 인상의 조각들을 엮어 나갑니다. 저는 운 좋게도 지난 수년 동안 프랑스의 이곳저곳을 여행하며 여러 성당들을 볼 수 있었습니다. 그때 각 성당들에서 받았던 인상들을 모아 저만의 거대한 스테인드글라스를 만들어 냈습니다. ─1914년 1월 2일 프루스트가 앙리 게옹에게

다양한 성당에서 받은 인상을 제각기 모양과 색깔이 다른 유리에 비유하고 그것의 전체적인 느낌을 스테인드글라스에 비교하는 것은 「되찾은 시간」에서 화자가 자신이 써야 할 소설을 거대한 성당에 비유하는 대목을 떠올리게 한다. 프루스트에게 성당은 신을 섬기고 기도하는 신성한 장소라기보다는 수백 년을 거치며 여러 건축가와 장인이 공동의 목표를 향해 정성 들여 벽돌 하나하나를, 성인을 형상화한 조각품 하나하나를 쌓아 올린 구조물이다. 각각의 벽돌과 조각품은 독립적으로도 의미를 갖지만 서로가 어우러지고 거기에 시간이라는 개념까지 덧입혀져 서로 불가분의 관계가 되는 것이다. 『잃어버린 시간을 찾아서』라는 거대한 성당을 지은 프루스트는 그런 면에서 훌륭한 건축가이자 장인이라고 할 수 있다.

  동성애를 변호하거나 아름답게 그림으로써 독자의 호감을 구하는 데 연연하지 않은 프루스트와 고대 그리스의 전통을 언급하며 동성애를 이상화하고 자신의 성 정체성에 대한 해답을 찾으려 한 지드는 가까운 사이가 될 수도 있었으나 끝내 거리를 유지한 채 각자의 자리에서 서로 다른 문학 세계를 성립했다.

바르트

Roland Barthes, 1915~1980

프루스트를 숭배한 순수한 마르셀주의자

"프루스트는 나를 찾아온다. 내가 부르지 않는데도 말이다."

– 롤랑 바르트, 『텍스트의 즐거움』

이번 장에서 20세기 중반 프랑스에서 활발히 활동했던 구조주의자 롤랑 바르트에 대해 이야기하는 것에 대해 몇몇 독자는 놀랄 수도 있겠다. 그도 그럴 것이 프루스트가 사망했을 때 일곱 살이었던 바르트는 앞에서 언급한 작가들과는 반대되는 입장에 있기 때문이다. 즉 프루스트가 『잃어버린 시간을 찾아서』에 바르트를 언급한 것이 아니라 바르트가 분석한 프루스트가 이번 장의 주제다.

1915년 프랑스의 셰르부르에서 태어난 바르트는 만 한 살이 되기도 전에 군인이었던 아버지를 전쟁으로 여읜다. 이때부터 바르트에게 아버지의 부재는 자연스러운 것이었고 대신 어머니와 강한 모자 관계를 이룬다. 또한 심한 결핵으로 프랑스와 스위스의 요양원에서 생활해야 했기 때문에 정상적인 학업을 유지할 수 없었다. 어찌 보면 이 부분은 프루스트와도 닮아 있다.

그는 소르본 대학에서 그리스어, 라틴어, 프랑스 문학과 철학사를 수학하다가 건강 때문에 2차 세계대전 당시 징집 대상에서 제외되어 이집트와 루마니아에서 대학 강사로 활동한다. 그 후 프랑스에 돌아온 그가 대중에게 처음 알려진 것은 1950년대에 문학잡지에 정기적으로 실은 문학 평론 글을 통해서였다. 이때 발표한 글을 모아 출간한 『신화론』(1957)에서 현대의 사회적 가치 체제가 어떻게 새로운 신화를 창조하는지를 분석한다. 이 모음집에서 그는 언어학자 페르디낭 드 소쉬르의 기호 체계를 새롭게 조명함으로써 현대 사회에서는 기호가 신화의 등급으로 격상하게 되었다고 분석한다.

동시에 1953년에 발표한 에세이 모음집 『글쓰기의 영도』는 문학이란 무엇인가에 대해 질문하기에 앞서 근본적으로 글쓰기 자체란 무엇인가에 대해 질문하는 작품이다. 동시에 문학적 글쓰기의 인위성을 비난하면서 그 어떤 문체나 표현 방식에서 자유로운 투명하며 중성적인 글쓰기, 즉 '글쓰기의 영도'(바르트는 그 대표적인 예로 알베르 카뮈의 『이방인』을 든다)를 실천해야 한다고 주장한다.

그 후 1960년대에 바르트는 프랑스고등연구실천원에서 교편을 잡는다. 이곳에서의 강연은 『기호학원론』(1965)과 『유행의 체계』(1967)로 발표된다. 바르트가 프랑스 신비평을 이끄는 인물로 부각된 계기는 문학 평론가 레몽 피카르에 맞서 프랑스의 전통적인 비평론을 비난하고 언어 자체에 초점을 맞출 것을 강조한 『비평과 진실』(1966)을 통해서이다. 더구나 『S/Z』

(1970) 등을 통해서 바르트는 감히 '작가의 죽음'을 이야기하는 등 여태까지 신성시되었던 작가의 절대적인 위상에 의문점을 제기한다. 반대로 독자의 능동적인 역할에 커다란 무게를 실음으로써 문단의 이단아로서 끊임없는 논쟁의 대상이 되었던 것이다. 바르트가 비난했던 대상 중에는 19세기 대표적인 전기적 비평론을 펼친 생트뵈브가 있다. 바르트와 프루스트는 비평정신을 공유하고 있었던 셈이다.

1960년대: 구조주의적 비평으로 프루스트를 읽는 바르트

바르트가 프루스트에 대해 처음 평론한 것은 1967년, 「프루스트와 이름」이라는 글을 통해서이다. 이는 1960년대에 들어서면서 기호학 및 구조주의가 바람을 일으킨 시기와 일치한다. 세계대전이 막을 내린 1940년대와 그 후 1950년대에는 프루스트의 소설이 세인의 관심 밖으로 밀려났던 것이 사실이다. 오랜 전쟁으로 피폐해진 유럽은 재건 사업에 여념이 없었고 600만 명의 유대인을 학살한 나치의 만행이 하나둘 드러남으로써 인간 본성에 대한 회의가 지배적이던 시기였다. 화려했던 부르주아지의 여유와 개인적인 인상을 노래한 프루스트의 책은 애국심을 고취하고 국민의 통합을 끌어올리는 다른 소설들에 밀려날 수밖에 없었다. 다시금 프루스트를 기호학적 관점에서 재해석하려는 붐을 일으킨 결정적 계기가 된 사건은 다름 아닌 1964년 질 들뢰즈의 『프루스트와 기호』라는 평론서의 출간이다.

강의하고 있는 바르트.

바르트의 「프루스트와 이름」은 다음과 같은 문장으로 시작한다.

우리는 『잃어버린 시간을 찾아서』가 글쓰기에 관한 이야기라는 것을 안다.

프루스트의 소설을 가장 간단하면서도 명료하게 요약한 이 유명한 첫 문장은 그 후 『잃어버린 시간을 찾아서』를 읽는 독자들에게 독서의 방향을 제시해 주는 중요한 지침이 되었다. 즉 『잃어버린 시간을 찾아서』는 비의도적 기억에 의해 과거를 되찾는 것도, 꽃 핀 처녀들에 대한 마르셀의 사랑 이야기도, 또한 샤를뤼스의 변태적인 동성애에 관한 것도 아닌 소년 마르셀이 글을 쓰고자 하는 소망을 '되찾게' 되는 이야기라는 것이다.

바르트는 『잃어버린 시간을 찾아서』를 3막으로 된 한 편의 극으로 이해했다. 우선 1막은 쓰고자 하는 욕망의 발견에 관한 것이고(「스완네 집 쪽에서」), 2막은 쓸 수 없는 무기력, 무능력의 깨달음이다(2권부터 6권까지). 그리고 마지막 3막은 비의도적 기억의 작용으로 되찾게 된 글쓰기에 관한 소명을 다루고 있다(「되찾은 시간」).

이렇듯 소설의 구조를 분석하는 데 이어 바르트는 한 걸음 더 나아가 작가 프루스트와 화자 마르셀과의 관계에 관심을 집중한다. 바르트가 가장 궁금했던 점은 프루스트가 어떻게 해서, 혹은 어떤 계기로 미완성으로 남은 여러 조각 글을 통해 거대한 유기적 구조를 가진 소설의 작가로 부활하게 되었는가 하는 것이다. 바르트는 '욕망', '좌절', '부활'이라는 세 단계를 마르셀이 거친 것과 마찬가지로 프루스트 또한 이 단계를 거쳤을 거라고 믿었다. 따라서 소설 속에서 글을 쓰고자 하는 마르셀의 욕망이 부활하게 되는 계기가 비의도적 기억의 발견이듯이 실제로 프루스트가 소설가로서 부활한 계기는 이와 유사한 무엇을 발견했기 때문이라는 것이다. 바르트는 그것을 '고유명사의 발견'이라고 명명한다.

바르트에 의하면 프루스트에게 지명이나 인명 같은 고유명사는 그 자체로 여러 복합적인 의미를 갖는 해독 대상의 기호다. 실제로 소설 속 무대가 되는 콩브레, 발베크는 그 이름 안에 고유의 문화와 역사를 내포하고 있다. 스완, 게르망트 같은 이름은 단지 한 개인을 칭하는 수단이 아니라 각 개인의 가족, 사회, 역사 등을 상징적으로 드러낸다. 마르셀이 특정 고유명사의 의미를 파악하게 될 때마다 그는 세상을 파악하게 된다. 이런 의미에서 바르트는 『잃어버린 시간을 찾아서』에 언급되는 고유명사를 모아 의미를 분석한다면 그 자체로 한 권의 백과사전을 만들 수 있을 것이라고 한 것이다.

1970년대 초의 바르트는 언어학적인 관점에서 조금 자유로워지는 듯하나 작품을 지배하는 어떤 법칙이나 구조를 발견하려는 경향은 여전하다. 가령 1971년 「'잃어버린 시간을 찾아서'에 관한 어떤 생각」에서도 계속해서 프루스트 소설의 구조에서 일정한 원칙과 체계를 발견하려고 노력한다. 이 글에서는 이름에 대해서 말하지 않는 대신 『잃어버린 시간을 찾아서』는 '반전의 법칙'에 의해 지배된다고 분석한다.

바르트는 자신의 이론에 설득력을 싣기 위해 소설 속 몇몇 에피소드를 예로 든다. 가령 마르셀이 발베크로 향하는 기차 안에서 어떤 부인을 보게 되는 장면이다. 그녀의 행동거지나 분위기가 너무나도 상스럽고 억세서 마르셀은 그녀가 분명히 매음굴의 여주인일 거라고 생각한다. 그러나 나중에 알게 된 그녀의 정체는 다름 아닌 신분 높은 쉐르바토프 대공 부인이었다. 또 다른 예로, 마르셀과 가까운 친구 로베르 드 생루는 여자들의 뒤꽁무니를 쫓아다니는 호색가로 그려지는데 후에 그는 동성애자로 밝혀진다.

이렇듯 인물의 겉모습을 보았을 때 자연스럽게 떠올리는 그 인물의 특성이 실재와는 상반되는 것을 종종 발견할 수 있는데 바르트에 의하면 이런 반전의 요소는 몇몇 등장인물에게만 한정되지 않고 소설의 근본적인 구조와 직접 연관된다는 것이다. 즉 『잃어버린 시간을 찾아서』는 '인물, 상황의 관찰→가정, 추론→반대 사실 확인'이라는 과정을 반복한다고 한다.

바르트는 그 대표적인 예로 『잃어버린 시간을 찾아서』의 첫 번째 에피소드를 분석한다. 바르트에 의하면 프루스트의 소설 전체가 약 50쪽에 달하는 이 에피소드(「상드」 편 참고)로부터 파생한다는 것이다. 즉 1)마르셀은 스완이 부모님과 함께 저녁식사를 하는 모습을 보고 2)오늘 밤은 어머니의 입맞춤 없이 잠자리에 들겠구나 싶어 절망한다. 3)그러나 스완이 돌아가자 어머니는 아버지의 허락을 받고 마르셀의 머리맡에서 밤새 책을 읽어주며 아들과 밤을 지낸다. 이렇듯 기대나 예상과는 정반대의 상황이 벌어지면서 소설은 전개된다. 이런 반전의 요소가 중요한 이유는 그 과정을 통해 주인공 마르셀이 진리를 발견하기 때문이다.

이번에는 소설의 마지막 에피소드다. 중년이 된 마르셀은 더 이상 달리는 기차의 창문 밖으로 펼쳐지는 아름다운 풍경을 보고도 감흥이 없다. 예전 같으면 글로 표현하고자 하는 욕구가 일었을 텐데 이제는 아름다움을 느끼는 데 머무를 뿐 그것을 단어로 구체화하려는 어떤 노력도 하지 않는다. 그는 완전히 작가가 되려는 꿈을 포기하고 전쟁 전에 발을 들여놓았던 사교계에 자신을 내맡기고자 게르망트 대공 부인의 오찬에 참석하라는 초청장에 응한다.

그러나 작가로서의 모든 것을 접은 가장 절망적이면서도 동시에 자유로운 그 순간에 그는 비의도적 기억의 연속 작용으로 잃어버렸던 시간(가령 어머니와의 베네치아 여행, 발베크의 호텔 방, 기차의 바퀴를 두드리는 쇠망치 소리 등)을 되찾으며 결국 자신이 나아갈 길은 자신의 삶을 담은 소설의 창조라는 사실을 확인한다. 1)아름다운 풍경을 글로 담아내고자 하는 의욕을 상실한 것을 깨닫고 2)자신에게는 더 이상 작가의 자격이 없다고 느끼지만 3)가장 기대하지 않았던 순간에 진리를 발견하는 과정은 소설의 전반에 흐르는 반전의 법칙을 충실하게 따르고 있다.

1970년대: 독자의 감정 개입을 통해 주관적으로 읽는 프루스트

그러나 바르트가 본격적으로 프루스트에 대한 평론을 남긴 것은 1960년대에 주창한 구조주의적 작품 해설에서 벗어나 개인적이며 주관적인 입장에서 작품을 마주하게 되는 1970년대에 이르러서이다. 잇달아 발표한 『신평론』(1973), 『텍스트의 즐거움』(1973), 『롤랑 바르트가 쓴 롤랑 바르트』(1975), 『사랑의 단상』(1977)은 바르트의 후기 구조주의적 관점을 잘 드러내 준다.

특히 『텍스트의 즐거움』은 제목이 말해 주듯 감정이라는 지극히 주관적인 요소를 끌어들이면서 새로운 비평을 시도한다. 바르트는 이제 프루스트를 지배하는 일정한 법칙을 발견하려고 하기보다는 자신과 프루스트와의 관계, 더 정확히 말하면 자신의 삶에 프루스트가 어떻게 연관되는지에 대해 이야기한다. 『잃어버린 시간을 찾아서』를 논하는데 그것을 쓴 소설가가 아닌 그것을 읽는 독자의 개인적인 삶이 개입하는 셈이다. 기존과는 완전히 차별되는 새로운 작품 해석 방식을 제안한 것이다.

프루스트는 세상을 읽는 완전한 체계다. 다시 말해 이 설명이 매력적이라는 이유만으로 프루스트의 체계라는 것을 조금이라도 인정한다면 우리의 일상생활에서 벌어지는 사건, 만남, 모습, 상황에서 프루스트가 한 번이라도 언급하지 않은 것을 찾아볼 수 없다는 것이다. 프루스트는 나의 기억, 나의 문화, 나의 언어가 될 수 있다. 마르셀의 할머니가 세비녜 부인을 '떠올렸던 것'처럼 나도 언제라도 프루스트를 떠올릴 수 있다. 프루스트를 읽는 기쁨(아니, 다시 읽는 기쁨이라는 표현이 더 정확하다)은 신성함과 경의를 빼고 성경을 참고하는 것과 같은 행위에서 느껴지는 기쁨이다.
―『텍스트의 즐거움』

『잃어버린 시간을 찾아서』가 바르트에게 성경과 같은 '삶의 지침서'인 이유는 살아가면서 겪는 여러 가지 일과 감정이 모두 이 소설 속에 표현되었기 때문이다. 바르트는 성경에서 삶의 지침을 발견하려 했던 것처럼 프루스트의 소설에서 인간이 경험할 수 있고 느낄 수 있는 갖가지 종류의 감정을 읽어 냈다. 프루스트 소설은 한 번 읽고 마는 것이 아니라 머리맡에 두고 수시로 꺼내 읽는 성경처럼 반복해서 읽게 되고, 또 내키는 대로 아무 데나 펼치면 그때마다 마르셀의 감정에 동화되는 것은 자신이 그런 감정을 느껴 봤기 때문이라는 것이다.

이렇듯 독자의 주관적인 감정이 소설을 읽는 잣대가 된다는 접근은 그전 1960년대에 주장한 구조주의적 비평과는 상반되는 듯하다. 그만큼 바르트가 방법론이나 일정한 법칙의 제기 방식에서 자유로워졌다는 것을 의미하는 것일까? 우리가 추측해 볼 수 있는 결론은 프루스트는 바르트에게 분석하고 비평해야 할 딱딱한 책이 아니라 즐겁게 읽고 자신을 비추는 거울로서 '텍스트의 즐거움'을 대표하는 소설의 작가라는 것이다.

바르트가 프루스트에 관해 언급한 기록으로 콜레주 드 프랑스에 재직하던 1978년 「오랫동안 나는 일찍 잠자리에 들었다」라는 제목의 강연을 들 수 있다. 이 제목은 『잃어버린 시간을 찾아서』의 첫 문장에서 따 온 것으로 바르트의 강연 주제는 '프루스트와 나'였다. 바르트는 프루스트와 자신을 비교하는 것이 아니라 프루스트와 자신을 동일시한다고 말한다. 비교한다는 것은 프루스트만큼 자신을 뛰어난 작가라고 인정하는 꼴이 되는데 자신은 그렇게 도도하거나 오만하지 않다는 것이다. 반면 프루스트와 동일시한다는 것은 글을 쓰고자 하는 욕망이 있는 독자(가령 바르트처럼)라면 프루스트의 소설을 읽을 때 그것을 완성한 위대한 작가 프루스트가 아니라 그것을 쓰고 싶어 마음을 졸이고 흥분하고 그 계획에 절대적인 가치를 부여하는 소설 속의 마르셀, 즉 작가 프루스트 이전의 프루스트와 동일시하게 된다는 의미다.

이날의 강연에 참석한 수강생이라면, 혹은 강연노트를 읽은 독자라면 바르트가 얼마나 프루스트를 부러워했는지 알 수 있을 것이다. 마치 마르셀이 공쿠르 형제의 일기를 읽으면서 그들의 문학적 재능에 탄성을 내질렀던 것처럼 바르트는 프루스트의 소설에 완전히 심취해서 작가 프루스트에 대한 모든 것을 알고 싶어 한다. 특히 작가 개인이나 가족에 관한 극히 사소하며 개인적인 부분에까지 호기심을 가지는데 바르트는 이러한 자세에 '마르셀주의'라는 표현까지 만들고 자신이 대표적인 마르셀주의자라고 했다.

그러나 작가에 대한 이러한 호기심은 생트뵈브가 말한 전기적 비평과는 구분되어야 하겠다. 생트뵈브는 작가의 극히 개인적인 특성을 작품을 해석하는 절대적인 기준으로 삼는 반면 바르트가 말하는 '마르셀주의'는 작가에 대한 순수한 열정과 호기심일 뿐 그것을 『잃어버린 시간을 찾아서』를 해석하는 기준으로 삼지는 않는다. 바로 이런 이유 때문에 바르트는 프루스트를 읽을 때 자기가 좋아하는 것에 대해(즉 프루스트에 대해) 쓰고 싶은 마음이 일기보다는 자기가 좋아한다는 그 마음 자체를 쓰고 싶어지게 된다는 것이다. 좋아하는 대상에 관한 글이 아니라 글을 쓰고자 하는 마음을 일게 한 것, 그것이 프루스트 소설이 바르트에게 끼친 궁극적인 영향이다.

바르트가 프루스트에 대해 특별한 동질감을 느꼈던 이유는 프루스트가 거쳐 온 글쓰기의 역사에서 찾아볼 수 있다. 즉 『잃어버린 시간을 찾아서』의 집필을 본격적으로 시작한 1909년 여름이 되기 전까지 프루스트는 '두 쪽' 사이에서 어느 것을 선택해야 할지 몰라서 끊임없이 망설였다. 어린 마르셀에게 스완네 쪽과 게르망트네 쪽이 두 개의 완전히 다른 산책로인 것처럼 프루스트는 평론과 소설, 비평과 창작 사이에서 고민했다. 소설의 형식을 띤 『장 상퇴유』를 천 페이지가량 썼다가 포기했고, 평론서 형식인 『생트뵈브에 반박하여』 또한 미완성인 채로 책상 서랍 한 구석에 처박혀 있었다.

그러다가 바르트에 의하면 1909년 여름, 바로 '고유명사의 발견'으로 인해 프루스트는 『잃어버린 시간을 찾아서』를 쓸 결심을 하게 된다. 그리고 최종적으로 선택한 형태는 평론서도 소설도 아닌, 그러면서도 두 개를 모두 어우르는 제3의 형태다. 스완네 쪽과 게르망트네 쪽이 질베르트(스완의 딸)와 로베르 드 생루(게르망트 공작 부인의 조카) 사이에 태어난 어린 딸을 통해 마침내 만날 수 있었던 것처럼 프루스트의 작품은 소설과 평론 양쪽 모두를 포괄한다.

그렇다면 바르트가 『잃어버린 시간을 찾아서』의 구조와 형식을 이렇게 분석함으로써 최종적으로 추구하는 것은 무엇일까? 바르트는 지극히 개인적인 결론을 이끌어 내는데 그것은 프루스트의 작품을 통해서 자신이 앞으로 써야 할 작품을 모색하는 것이다. 바르트는 다음과 같이 강연을 맺는다.

이 모든 것이 결국은 제가 소설을 쓰게 될 것임을 의미할까요? 그것은 저도 모르겠습니다. 제가 원하는 것이 '소설'이라고 이름 붙일 수 있을지도 의문입니다. 다만 그 작품이 언제나 비평의 형식을 띠었던 제 과거의 글들(물론 몇몇 소설적인 요소가 엄격한 비평의 형식을 무너뜨리기는 하지만)의 특성과는 달랐으면 하는 것이 사실입니다. 그 이상적인 소설을 제가 정말로 써야 한다고 여기는 자체가 중요합니다. 그리고 바로 여기에서 저는 그 소설을 쓸 방법을 발견합니다. 저는 '무엇에 대해' 말하는 사람이 아니라 '무엇을 하는' 사람의 입장이 됩니다. 생산품을 연구하는 것이 아니라 생산을 합니다. 담화에 관한 담화를 없애는 것입니다. 제게 세상은 사물의 형태를 띠고 다가오는 것이 아니라 글쓰기의 형태, 즉 실천의 형태로 다가옵니다. 새로운 지식이라는 새로운 형태(애호가라는 형태)로 변신한다는 점에서 체계적이라고 말할 수 있습니다. "마치 ……인 것처럼." 이 가정문이 수학과 같이 과학적인 방식의 표현 방법 아니겠습니까? 일단 가설을 세운 후, 연구하고, 그에 따르는 결과물을 발견하는 것 말입니다. 제가 어떤 소설을 쓸 것인지 가정하고 연구하면 그것을 이미 다른 사람들이 한 것이라고 여기는 것보다 그 소설에 대해 더욱 많은 것을 발견하게 되리라고 기대할 수 있습니다. 어쩌면 바로 이러한 주관성의 중심, 제가 지금까지 여러분께 말씀드린 내면의 중심, '나라는 개인의 절정'에서 제 자신도 모르게 과학적인 제 자신을 발견하게 됩니다. 비코[1]는 이를 '새로운 과학'이라 표현했는데 제 자신이 그것에 해당합니다. 이 새로운 과학은 때로는 매시키며 때로는 분노를 일으키는 세상의 광채와 고통을 표현해야 하는 것이 아닐까요?
-「오랫동안 나는 일찍 잠자리에 들었다」

프루스트의 소설은 "오랫동안 나는 일찍 잠자리에 들었다."로 시작하지만 마지막 권에서 화자는 앞으로 수많은 밤을 지새워야 할 것임을 예고한다. 소설가의 소명을 되찾기 전에는 그저 일찍 잠자리에 들었었다. 여기서 우리는 '잠자리'를 '잃어버린 시간'의 은유로 이해할 수 있다. 즉 하릴없이 살롱에서 보낸 시간, 훌륭한 작가를 부러워하며 보낸 시간, 사랑과 우정이라 믿었던 것에 쏟은 시간 등 창조와는 무관하게 보낸 시간을 의미한다. 그러나 마르셀이 남은 생을 자신의 인생을 그린 소설을 쓰기로 결심하게 되는 진리의 순간, 그는 앞으로는 일찍 잠자리에 들지 못할 것을 예감한다. 다시 말해 그에게는 남은 시간이 많지 않을뿐더러 더 이상 잃어버릴 시간도 없을 것이라는 뜻이다.

마르셀과 마찬가지로 말년의 프루스트는 문자 그대로 자신의 방을 외부

---

[1] 비코 Giambattista Vico(1668~1744)는 이탈리아의 철학자다.

와 차단하고 자신을 찾아오는 어떤 손님도 거절한 채 오로지 『잃어버린 시간을 찾아서』의 집필에만 전념했다. 당시 프루스트의 옆을 충실히 지켰던 하녀이자 비서인 셀레스트 알바레는 회고록에서 수년간 프루스트가 낮과 밤이 바뀐 생활을 하며 밤에 집필을 했다고 전한다.

바르트와 프루스트, 그리고 사진

글쓰기와 읽기를 수단으로 하는 문학뿐만 아니라 이미지를 매개로 하는 미술에도 관심이 많았던 바르트는 미술 작품에 관한 다양한 글을 남겼다. 이 글들은 사후에 『오브비와 옵투스』(1982)라는 제목으로 출간되기도 한다. 바르트가 시각예술 중에서 가장 관심을 가졌던 분야는 사진이었다. 바르트에게 사진은 과거의 모습을 재현함과 동시에 무슨 수를 써도 당시의 모습을 되찾을 수 없다는 모순을 안고 있다.

바르트의 마지막 저서 『밝은 방: 사진에 관한 노트』(1980)는 그 전해에 타계한 어머니의 죽음이 계기가 되어 쓰게 된 작품이다. 어머니의 죽음과 그에 따른 고통과 상실이라는 지극히 개인적인 감정이 이야기를 끌어가는 주된 축이다. 아버지 없이 자란 바르트가 어머니에게 가졌을 감정은 프루스트가 어머니에게 가졌던 것과 거의 같은 것이었으리라. 절대적인 애정과 신뢰, 거기에 의지까지 더해서 바르트에게 어머니는 세상에서 가장 따뜻한 존재였을 것이다.

어머니에게 안겨 있는 어린 바르트.
『롤랑 바르트가 쓴 롤랑 바르트』에 삽입된 사진 중 하나로 바르트는 이 사진에 '사랑의 요구'라는 부제를 붙였다.

『밝은 방』은 『잃어버린 시간을 찾아서』와 마찬가지로 '나'라는 1인칭 화자가 끌어가고 있다. 프루스트가 소설 속의 '나'는 작가인 '나'와는 다르다고 재차 강조했던 것과는 반대로 바르트는 『밝은 방』의 '나'가 작가 자신이 아니라고 부정하지 않는다. 그럼에도 이 저서는 자서전이라고 말할 수 없다. 자서전에 필수적인 연대기적 구성으로 자신의 이야기를 하는 것이 아니라 온실에서 천진하게 서 있는 다섯 살 때의 어머니를 담은 사진이나 해변에서 찍은 젊은 시절의 어머니 사진을 통해 작가의 슬픔이나 고통이라는 감정을 철저히 파헤치고 분석하는 형식을 띠기 때문이다. 그럴 때마다 바르트는 마르셀의 할머니가 세비녜 부인을 종종 인용하던 것처럼 자신은 프루스트를 떠올리게 된다고 말한다. 프루스트는 이제 바르트의 글에 빠짐없이 등장한다.

11월의 어느 날 저녁, 어머니가 타계한 지 얼마 지나지 않아서 나는 사진을 정리했다. 나는 어머니를 '되찾을 것'이라 기대하지 않았다. 사진에 전혀 기대를 하지 않았던 것이다. "우리가 누군가에 대해서 생각할 때 사진은 오히려 그 기억 작용을 방해한다."(프루스트) 죽음이 동반하는 가장 끔찍한 특징들 가운데 하나인 숙명성을 통해서 나는 어머니의 모습을 더 이상 절대로 기억하지 못하리라는 것, 즉 내 자신이 어머니의 완전한 모습을 떠올릴 수 없을 것이라는 사실을 알았다. 아니, 나는 발레리가 그의 어머니의 죽음을 맞아 기원했듯이 '어머니에 관한 나만을 위한 작은 묵상집'을 쓰고 싶었던 것이다(어쩌면 언젠가는 나도 그 묵상집을 쓸 수 있지 않을까? 출간이 된다면 그것은 적어도 내 명성이 유지되는 동안에는 기억에 남을 테니까 말이다). 또한 그 사진들은 내가 예전에 책에 수록했던 사진 — 랑드의 해변에서 걷고 있는 젊은 시절의 어머니를 담은 사진으로 그 사진에서 나는 어머니의 거동, 건강, 광채를 '되찾을' 수는 있지만 너무 멀어서 어머니의 얼굴은 되찾을 수 없었다 — 을 제외하고는, 내가 좋아한다고 말할 수조차 없는 사진들이었다. 나는 그것들을 뚫어지게 쳐다보거나 그것들에 깊이 빠져들지 않았다. 사진을 한 장 한 장 살펴보았지만 그 어떤 것도 내게 '좋아' 보이지 않았다. 기술적으로도 뛰어나지 못했고 사랑하는 이의 얼굴을 생생히 부활시키지도 못했다. 언젠가 그 사진들을 내 친구들에게 보여 준다고 해도 그것들이 친구들에게 아무 이야기도 들려주지 않을 것 같은 생각이 든다. — 『밝은 방』

이 글에서 바르트가 인용하는 프루스트는 사진에 대해서 부정적인 견해를 가지고 있다. 프루스트에게 사진은 기억을 돕는 것이 아니라 방해하는 것이었다. 우리가 알고 있던 인물들의 과거의 사진들을 통해서 우리는 우리가 알지 못하는 그 사람의 과거를 마주하거나, 알고 있거나 기억하고 있는 그 사람과는 다른 모습을 마주했을 때 낯섦을 느끼기 때문이다. 우리가 기억하는 사랑하는 사람은 기계가 담은 객관적인 모습이 아니라 나의 주관적이며 파편적인 인상의 총체이기 때문이다. 바르트는 사진의 '가장 끔찍한 특징들 가운데 하나인 숙명성'이 바로 이러한 개인의 인상이 배제되는 것이 아닌가 한다. 따라서 그런 사진을 아무리 여러 장 본다 한들 나는 그 속에서 내가 사랑했던 사람을 '되찾을' 수 없다. 바르트가 작은따옴표 안에 표현한 '되찾다'라는 등의 표현은 모두 프루스트의 『잃어버린 시간을 찾아서』를 암시하는 것이다.

이 글에서 우리는 바르트와 프루스트 사이에 존재하는 또 다른 평행선을 발견하게 된다. 바르트는 발레리를 인용하며 '나 자신만을 위해서 어머니에 대한 작은 묵상집을 집필하고' 싶었다고 고백한다. 언젠가는 이 묵상집을 꼭 쓸 것이라고 다짐까지 한다. 그러나 쓸 것이라 예고한 그 묵상집은 바로 다름 아닌 『밝은 방』이다. 프루스트가 마르셀을 통해 삶이 허락하는 한 자신에게 남은 시간을 소설 쓰는 데 바칠 것이라 다짐하지만 이미 그 순간 그 소설은 완성된 형태로 독자들 손에 들려 있다. 미래의 그 책은 이미 현재의 책이며 동시에 과거의 책이기도 하다. 독자가 손에 쥐고 있는 현재의 책, 그리고 이미 3,000페이지를 읽은 과거의 책이 마르셀이 앞으로 쓰게 될 미래의 책인 셈이다.

바르트가 생애 마지막에 준비한 강의의 주제가 프루스트라는 것 또한 이 두 작가의 관계에 더욱 큰 의미를 부여한다.

1980년 2월의 어느 날, 바르트는 콜레주 드 프랑스에서 하게 될 「프루스트와 사진」이라는 제목의 강연을 준비하고 있었다. 그 마지막 작업으로 수업에 쓸 슬라이드를 확인하러 학교에 가는 길에 그는 교통사고를 당한다. 결국 바르트의 강연은 무산됐지만 작가 사후에 그의 강연노트를 모아 출간된 책을 통해 독자는 그의 마지막 수업을 '읽을' 수 있게 되었다.
    바르트는 강연의 부제목으로 '잘 알려지지 않은 사진 자료 분석'을 생각했다. 바르트는 강연을 위해 총 56명의 인물을 담은 사진 슬라이드를 준비했는데 프루스트의 직계 가족인 부모님과 남동생 로베르를 제외한 친지 및 친구들을 알파벳순으로 정리하고 각각의 인물의 생애에 짤막한 설명문을 덧붙였다. 이러한 접근은 바르트의 '마르셀주의'를 다시 한 번 드러내는 것이다.
    '작가의 죽음'을 떠올리는 독자는 프루스트의 친지 및 친구들을 담은 사진을 통한 소설 읽기 방식에 어리둥절할 수 있을 것이다. 바르트 자신이 바로 작품을 해석하는 데 있어 작가 개인의 자리를 없애야 한다고 주장하지 않았던가? 그러나 모순의 해답은 바로 「프루스트와 사진」의 강연노트 안에 있다. 바르트는 이 강연을 통해 마르셀주의자인 자신을 한 번 더 드러내고 작가 프루스트가 아닌 독자 개개인의 역할을 강조하고자 했다.
    여태까지 많은 비평가는 소설 속 등장인물은 프루스트가 자기 주변에 있는 인물에 바탕을 두고 창조한 것이라고 믿고 그 관계를 밝히고자 작가의 삶을 파헤쳤다. 그 결과 작가의 편지, 노트, 사진 등의 자료를 분석하는 생트뵈브식 연구를 통해서 소설 속 스완은 실제 인물인 샤를 아스, 샤를뤼스 남작은 몽테스키유 백작이라는 등식을 수립할 수 있었다. 그러나 바르트가「프루스트와 사진」을 통해 말하려 했던 것은 사진 속 실재 '인물 A'가 소설 속 허구의 '인물 a'임을 밝히는 것이 아니었다. 바르트는 사진을 통해 실재와 허구의 관계를 찾으려 애쓰는 독자의 상상력에 초점을 맞춘다. 『텍스트의 즐거움』에서 말했듯이 작가보다는 독자의 역할이 작품을 이해하는 데 중요하다는 점을 재차 강조하고 싶었던 것이다.

바르트는 강연의 목적을 다음과 같이 요약한다.

> 이 강연의 목적은 지적이지 않습니다. 다만 여러분을 어떤 세상에 중독되게 하는 것입니다. 제게 그 사진들이 그랬고 과거에 프루스트가 그 사진들의 원본에 대해 그랬던 것처럼 말입니다.

바르트는 그의 강연에 모인 청중이 자기와 같은 '마르셀주의자'들로 가득하기를 바란다며 강연을 시작할 생각이었다. 비극적인 교통사고로 무산된 바르트의 마지막 강연은 20년 동안 지속됐던 프루스트에 대한 한결같은 애정의 절정이라고 할 수 있을 것이다. 허구의 인물들 속에서 프루스트의 친지를 발견하려 상상의 날개를 펴는 것에서 즐거움을 느꼈던 바르트. 그는 이제 더 이상 구조주의자가 아닌 순수한 프루스트 애호가일 뿐이며 바르트는 그러한 개인적인 자신을 청중 앞에서 드러내는 것을 두려워하지 않는다.

결국 바르트는 프루스트처럼 평생의 소설을 쓰지는 못한 채 삶을 마감했다. 그러나 바르트가 『잃어버린 시간을 찾아서』는 소설도, 비평도 아닌 제3의 형태라고 평가했던 것처럼 그의 마지막 강연노트는 강연도, 비평도 아닌 제3의 형태로 전해지고 있다. 우리는 그 노트를 읽고 사진들을 보면서 바르트의 강연이 어떠했을 것이라고 상상할 수 있다. 그리고 그러한 상상은 바르트가 강조한 독자의 능동적인 역할과 정확히 들어맞는다는 점에서 다시 한 번 바르트의 논지에 손을 들어 주게 된다.

프루스트 전문가이자 콜레주 드 프랑스 교수인 앙투안 콩파뇽이 지적했듯이 바르트는 '자기 자신'을 프루스트의 소설과 엮음으로써 진실에 도달할 수 있었다. 머리맡에 둔 성경과도 같이 바르트는 20여 년에 걸쳐 수시로 프루스트 읽기를 반복하면서 평론가로서, 그리고 미래의 소설가로서 변화하는 모습을 보여 주었다. 그것은 『잃어버린 시간을 찾아서』의 제1권인 「스완네 집 쪽에서」의 마르셀이 마지막 권인 「되찾은 시간」에서 게르망트 대공 부인의 서재에서 비의도적인 기억의 연속 작용으로 작가로서의 소명을 발견하게 되는 '진리의 순간'에 도달한다는 긴 여정을 떠올리게 하기도 한다. 바르트는 프루스트의 소설을 개별 작품이 아니라 본인의 글과 삶에 깊숙이 연관시키는 것으로 작가로서 자신이 나아갈 방향의 지침으로 삼았다. 그런 점에서 프루스트는 바르트에게 가장 의미 있는 작가가 아니었을까.

부록

세비녜 부인의 편지

상드와 플로베르의 편지

공쿠르 형제의 일기

프루스트와 지드의 편지

참고문헌

세비녜 부인의 편지

다음에 소개할 편지는 그리냥 백작과 결혼하여 프로방스 지방으로 떠난 딸에게 세비녜 부인이 처음으로 쓴 편지라는 점에서 의미가 있다. 이 편지를 시작으로 세비녜 부인은 사망할 때까지 30여 년 동안 딸과 상봉하던 때를 제외하고는 줄기차게 편지를 써 보냈다. 그렇게 해서 1,000여 통의 편지를 남겼고 그 첫머리를 이 편지가 장식하게 되는 것이다.

딸이 떠난 날은 1671년 2월 4일, 세비녜 부인이 편지를 쓴 것은 그로부터 이틀이 지난 2월 6일이다. 왜 딸이 떠나자마자 바로 쓰지 않고 이틀이 지나서야 펜을 들었을까? 그녀의 첫 번째 편지가 말해 주듯이 고통이 너무나 커서 감히 편지를 쓸 기력도, 여유도 없었던 것이다. 그러다가 딸의 편지를 받아 보고 나서야 어느 정도 정신을 가다듬고 딸에게 편지를 쓸 수 있었던 것이다.

이 날짜는 또 다른 측면에서 의미를 갖는다. 바로 딸이 파리를 떠난 2월 4일은 그로부터 정확히 20년 전 세비녜 부인의 남편이 목숨을 잃게 되는 결투를 치른 그 비운의 날이기도 하기 때문이다. 당시 세비녜 후작에게는 애인이 있었는데 그녀를 사이에 두고 미오샹스라는 기사와 결투를 하게 된다. 그로부터 이틀 후인 2월 6일 그는 숨을 거둔다. 이 사건으로 25세에

과부가 된 세비녜 부인에게 이 두 날은 매우 슬픈 기념일일 테지만 딸에게는 한마디도 입 밖에 내지 않는다. 딸과의 이별, 그리고 그로 인한 괴로움은 남편의 기일을 잊게 할 만큼 컸던 것일까?

이 편지는 세비녜 부인이 여러 부인을 통해 알게 된 소식도 담고 있다. 주로 지인의 결혼, 승진, 왕궁에서 벌어진 일 같은 가십성 사건이지만 시골에 정착하게 될 딸에게 최신 소식과 재미를 전하고픈 마음이 보인다. 이러한 어머니의 마음은 변함없이 유지되었고 세비녜 부인의 편지는 17세기 프랑스 귀족사회를 알게 해 주는 귀중한 자료가 되고 있다. 이 편지를 통해 알 수 있는 또 다른 사실은 세비녜 부인은 비록 딸과는 헤어졌지만 그녀는 결코 혼자가 아니었으며 그녀 주위에는 늘 많은 사람이 함께했다는 점이다. 귀족 부인들, 친지들과 가깝게 지내면서 그녀는 외롭지 않을 수 있었고 당시 사교계의 최신 동향과 흐름을 파악할 수 있었다. 또한 그녀는 딸이 지루하지 않도록 많은 소식을 전해 주고자 모임에 더욱 활발히 참석했다.

1671년 2월 6일 금요일, 파리

나의 고통은 그 어떤 적당한 표현도 찾을 수 없을 만큼 정도가 심하구나. 그것을 감히 글로 표현할 생각조차 못하겠다. 내 사랑하는 딸을 아무리 찾아보아도 이미 너는 이곳에 없고 네가 내딛는 걸음 하나하나가 모두 나에게서 멀어지게 하는구나. 나는 그만 성모 마리아 앞에서 눈물을 흘리며 괴로움에 몸부림을 쳤단다. 나의 심장과 영혼을 도려내는 듯한 이 무시무시한 이별이라니! 혼자 있고 싶다고 했으나 사람들은 나를 우세 부인의 방으로 안내한 후 난롯불을 지피더구나. 아녜스는 아무 말도 않고 나를 쳐다보기만 하고. 우리 사이 무언의 약속이지. 다섯 시까지 한 시도 쉬지 않고 흐느껴 울었단다. 그 어떤 생각을 하건 내게는 모두 죽음과 같았다. 그리냥 백작에게 편지를 썼는데 어떤 어조였는지 짐작이 가지 않니? 그리고 라파예트 부인 댁에 갔지만 나를 애처롭게 생각하는 그녀의 모습을 대하자 고통은 줄어들기는커녕 한층 더 커졌을 뿐이란다……. 여덟 시가 다 되어 라파예트 부인 댁에서 집으로 돌아왔는데 문을 여는 순간 내 심정이 어땠을 것 같니? 매일 들어가던 네 방이 이제는 모든 가구가 빠진 채 텅 빈 공간이 되어 쓸쓸한 모습을 드러내는데 그만 숨이 멎는 것 같았단다. 나의 괴로움이 어떤지 알겠니? 밤에는 수십 번을 깨고, 아침이 되어도 내 심정은 조금도 나아지지 않는다. 다음 날 저녁은 아르스날의 라 트로쉬 부인과 함께 했단다. 그리고 저녁에 네 편지를 받았는데 얼마나 기쁘던지! 그리고 이제 나는 이 편지를 쿨랑주 부인 댁에서 마저 쓸 생각이다. 이제 여러 소식을 전해 주마…….

―――

세비녜 부인의 편지는 엄마가 딸에게 진솔하게 심경을 이야기한다는 점에 감동의 핵심이 있다. 다음 편지에는 죽음을 대하는 세비녜 부인의 태도가 나타나 있다. 죽음에 대한 두려움, 신에 대한 회의와 자신이 바라는 죽음의 모습까지 구체적으로 표현하고 있다. 이렇듯 세비녜 부인의 편지는 사교계의 가벼운 소식에서부터 진지한 철학적인 사고까지 그 내용이 다양하여 세비녜 부인을 다양한 각도에서 볼 수 있게 한다.

1672년 3월 16일 수요일, 파리

나의 사랑하는 딸아, 너는 내가 여전히 삶을 좋아하는지 물어보았지. 고백하건대 삶에는 많은 괴로움이 따른단다. 하지만 죽음만큼 진저리 나는 것 또한 없단다. 모든 것을 죽음으로 끝내야 한다는 사실이 너무나 싫구나. 시간을 되돌릴 수만 있다면 그 어떤 것이라도 할 수 있을 것 같다. 죽음에 대해서 나는 곤란한 상황에 처해 있는 사람처럼 어떻게 해야 할지 모르겠다. 삶은 내 의견은 물어보지도 않고 나를 그 한가운데에 던져 놓더니 이제 그만 나오라고 한다. 대체 어떻게, 어디서부터 나와야 하는 건지? 어떤 문으로? 그것은 언제가 될 것이며 어떤 상황에서일까? 끔찍한 고통 속에서 죽음을 맞게 될까? 뇌출혈? 사고? 신 앞에서 나는 과연 어떨까? 신에게 무엇을 내보일 수 있을까? 걱정과 불안으로 나는 다시 신을 향할 것인가? 두려움 말고는 다른 감정을 느낄 수 없을 것인가? 무엇을 기대할 수 있을 것인가? 나는 천국에 합당한 자인가? 아니면 지옥에? 이것 아니면 저것이라니! 이 무슨 우스꽝스러운 상황이니! 자신의 안식처를 불확실함 속에 맡기는 것만큼 정신 나간 일이 또 있겠니! 하지만 죽음만큼 자연스러운 것도 없겠지. 내가 영위하는 이 어리석은 삶만큼 이해하기 쉬운 것도 없단다. 이런 생각을 하다 보면 죽음이 너무나 끔찍하게 느껴져서 그것에 나를 억지로 끌고 가는 이 삶이 더욱더 미워진단다. 이렇게 말하면 너는 내가 영원히 살고 싶어 한다고 생각할 수도 있겠구나. 하지만 그런 것만은 아니란다. 단지 내가 선택할 수만 있다면 유모의 품 안에서 죽음을 맞고 싶구나. 그것만 확실하다면 이것저것 근심을 덜 수 있을 텐데. 또 확실하고 쉽게 하늘로 올라갈 수 있을 텐데 말이다. 하지만 이제 그만하고 다른 이야기를 하자꾸나.

다음 편지에서 눈길을 사로잡는 것은 세비녜 부인의 독특한 표현력이다. 때로는 장난기 가득하고 때로는 진지한 표현력이 이번에는 수수께끼라는 형태를 통해 그 특별함을 더한다. "혀를 강아지들에게 던지다."라는 표현 또한 그녀가 예전에 편지에 한 번 사용한 적이 있는 것으로 수수께끼의 답 찾기를 포기한다는 의미다. 강아지들에게 던지는 것은 먹다 남은 음식처럼 쓸모없는 것을 상징하는데 '혀'를 던진다는 것은 이제 혀가 더 이상 쓸모없다는 것, 즉 아무 말도 못한다는 것, 질문에 대답하지 못한다는 것을 의미한다. 세비녜 부인이 창조한 이 표현은 인기를 끌어서 프랑스어 고유의 표현으로 수 세기 동안 사용되다가 19세기부터는 '강아지'가 '고양이'로 바뀌었다.

어머니 입장에서 세비녜 부인은 딸이 자신의 병세를 지나치게 걱정할까 봐 재미있는 수수께끼처럼 자신이 관절염으로 고생하고 있다는 사실을 간접적으로 전달하고 있다. 또한 이 편지는 아들에게 부탁하여 대필한 것으로 엄마의 필치가 아닌 것을 보았을 때 그녀가 펜을 들 수 없을 만큼 손이 붓고 아픈 사실을 눈치채면 딸이 걱정할까 봐 일부러 한층 더 밝고 재미난 문체를 사용한 것으로 이해할 수 있다. 딸에 대한 절대적인 사랑, 자신을 염려할 딸이 오히려 안쓰러워 아무렇지도 않은 듯 수수께끼를 통해 관절염을 호소하는 어머니의 모정이 읽는 이에게 그대로 전달된다.

1676년 2월 3일 월요일, 로셰

엄마가 수수께끼를 하나 낼 테니 맞혀 보겠니? 세상에서 가장 빨리 왔다가 가장 늦게 사라지는 것은? 가장 빨리 치료되는 것 같다가 가장 빨리 악화되는 것은? 가장 기분 좋은 느낌을 느끼게 했다가 가장 빨리 빼앗아 가는 것은? 최고의 희망으로 가득 들뜨게 했다가 최악의 절망으로 빠뜨리는 것은? 짐작할 수 있겠니? 아니면 포기하고 너의 혀를 강아지들에게 던지겠니? 정답은 바로 관절염이란다! 엄마는 지난 23일 동안 관절염으로 고생하고 있단다. 지난달 14일부터 열도 떨어지고 고통도 사라지면서 기분이 좋아지고 당장이라도 걸을 수 있을 것 같더니 갑자기 옆구리, 팔, 다리, 손, 발이 모두 부어오르더구나. 이렇게 붓는 것이 치유되는 과정이라고 하지만 도저히 견딜 수가 없구나.

상드와 플로베르의 편지

조르주 상드와 플로베르의 우정은 두 작가가 교환한 편지를 통해 고스란히 드러난다. 둘은 1853년부터 상드가 사망한 해인 1876년까지 수많은 편지를 교환하였는데 그 편지 묶음만으로 프랑스 갈리마르 출판사가 플레이아드판의 두꺼운 책을 한 권 출간했을 정도다. 그러나 상드가 플로베르보다 열일곱 살 연상이었으며 특히 두 작가는 근본적으로 문학에 대해 상반된 관점을 가지고 있었다는 사실을 고려하면 둘의 우정이 놀라울 따름이다. 상드가 감정과 내용을 중시하였다면 플로베르는 문체와 형식을 중시했다.

이렇듯 달랐지만 두 작가는 서로의 문학적 가치를 알고 있었고, 특히 상드는 플로베르가 『보바리 부인』을 발표하고 풍기문란죄로 고소당하는 등 곤욕을 치르고 있었을 때 공개적으로 그를 옹호하는 글을 발표하기도 했다. 또한 상드 특유의 모성애적 감정으로, 때로는 손위 누이의 애정으로 플로베르를 보살폈던 것이다.

다음 상드의 편지는 둘 사이에 끊임없이 도마 위에 오르던 문학에 관한 견해차가 명확하게 드러나는 글로, 상드의 솔직한 어조를 통해 두 사람이 얼마나 가까운 사이였는지를 느낄 수 있다.

1875년 12월 18~19일 노앙에서 상드가 플로베르에게

……곧 다시 글을 쓰기 시작하겠다구요? 나도 그래야 할 것 같아요. 『플라마랑드』를 발표한 이후로 아직 펜을 들지 못한 상태랍니다. 여름 내내 아팠는데 놀랍고도 뛰어난 나의 친구 파브르가 훌륭하게 치료해 주어 다시 한숨 돌리게 되었습니다. 이제 우리는 무엇을 하면 좋을까요? 분명히 당신은 '비탄'에 빠뜨릴 것이며 나는 '위로'를 하겠지요. 우리의 운명이 무엇인지는 모르겠습니다. 당신은 운명이 지나가는 것을 바라보며 그것을 비난하고 문학적으로 즐기기를 거부하며 자신의 감정을 최대한 숨긴 채 묘사합니다. 그럼에도 우리는 당신의 글을 통해 당신의 감정을 느낄 수 있고, 그것을 읽는 우리는 그만 슬픔에 빠지게 됩니다. 나는 내 글을 읽는 독자를 불행하게 만들고 싶지는 않아요. 절망을 뛰어넘은 나의 개인적인 승리가 내 의지의 작품이자 그전까지 내가 가지고 있었던 시각과 정반대되는 새로운 시각을 갖게 된 덕분이라는 사실을 결코 잊을 수가 없습니다.

나는 당신이 문학에 개인적인 사상이 개입되는 것이 옳지 않다고 생각한다는 사실을 알고 있어요. 하지만 과연 당신 생각이 옳은 것일까요? 그 이유가 당신 신념의 부재 때문이지 미학적인 논지 때문은 아닌 것 아닌가요? 그것을 표현하지 않는 이상 영혼은 그 어떤 철학도 가질 수 없습니다. 내가 당신에게 해 줄 문학적 조언은 아무것도 없습니다.

당신이 내게 말하고는 했던 당신의 문인 친구들에 대한 내 의견이 어떤지 말할 필요가 없듯이요. 이미 공쿠르 형제에게 나의 모든 생각을 이야기한 바이며, 다른 작가들에 관해서라면 확신하건대 그들이 나보다 훨씬 더 많이 공부했고 재능도 뛰어나다고 봅니다. 단지 그들의 시각이, 특히 인생에 대한 당신의 시각이 협소하고 고정되었다고 생각하고 있는 것은 사실입니다. 예술은 단순히 그림에 그치지 않습니다. 무엇보다 진정한 그림이라면 붓을 힘차게 이끄는 영혼으로 가득한 법입니다. 예술은 비평이나 풍자에 그치는 것 또한 아닙니다. 비평과 풍자는 진실의 한 면밖에 보지 못한답니다.

  나는 인간을 있는 그대로 보고 싶어요. 인간은 선하거나 악한 것이 아니라 선하면서 동시에 악하기도 합니다. 하지만 또한 인간은 단순히 그것뿐만은 아니랍니다. 그 뉘앙스를 어떻게 말하면 좋을까요? 그 미묘한 뉘앙스를 표현하는 것이 나의 예술의 목표입니다. 인간은 선하면서 악하기에 그 내부에는 그를 매우 선하며 조금만 악하게—혹은 매우 악하며 조금만 선하게—유도하는 힘이 존재합니다. 내가 보기에 당신은 사물의 깊은 곳을 파헤치기보다는 단순히 그 표면에 머물고 있는 것 같군요. 당신은 매우 현학적인 독자들에게만 말을 거는 것 같아요. 하지만 그 자체로 현학자는 없는 법이며 우리 모두는 우선 인간일 뿐입니다. 모든 역사와 모든 사건사고들 속에서 인간을 발견해야만 합니다. 그렇지 못했다는 것이 바로『감정 교육』의 문제점이라고 생각해요. 그 책을 읽고 이토록 튼튼하고 잘 쓰인 소설이 왜 그렇게나 많은 비난을 받았는지 곰곰이 생각해 보았답니다. 그리고 그 책의 문제는 인물들이 자신들에 대해 그 어떤 행동도 취하지 않았다는 점임을 발견했답니다. 그들은 자신에게 일어나는 일을 당할 뿐 그것을 스스로 어떻게 해보려는 아무 노력도 하지 않더군요. 내가 당신이라면 그 반대로 이야기를 전개했을 거예요. 지금 당신은 셰익스피어를 다시 읽는다고 했지요? 그게 바로 당신에게 필요한 일이라고 생각되는군요. 셰익스피어는 우리에게 인간을 행동과 마주 보게 하며 좋든 나쁘든 인간이 언제나 행동을 지배하는 것으로 묘사하지요. 인간이 행동을 이기거나 혹은 그 반대로 행동과 함께 무너지거나 말이에요…….

1875년 12월 31일경 플로베르가 상드에게

친애하는 선생님께,

18일에 쓰신 어머니와도 같이 자상한 편지는 제게 많은 생각을 하게 했습니다. 그 편지를 적어도 열 번은 반복해서 읽었습니다만 고백하건대 잘 이해가 가지 않는군요. 간단하게 말해서, 선생님은 제가 어떻게 하길 바라십니까? 조금 더 구체적으로 말씀해 주시겠어요? 저는 시야를 넓히기 위해서 계속해서 최대한 노력하고 있는 바이며 거짓 없이 진실하게 글을 쓰고자 합니다. 그 밖에 다른 것에 관해서라면 제가 할 수 있는 일은 없습니다.

저는 결코 원해서 '비탄'에 빠뜨리는 글을 쓰지 않습니다! 이것만은 믿어 주십시오. 하지만 그렇다고 저의 관점을 바꿀 수는 없는 노릇 아닙니까? 저의 '신념의 부재'에 관해서라면, 제게 신념이란 숨통을 막히게 하는 것과 같습니다. 신념이라는 말만 들어도 화가 치밀어 오를 정도입니다. 제가 이상으로 생각하는 예술이란 자신에 대해서 전혀 드러내지 않는 것입니다. 예술가는 신이 자연에서 모습을 드러내지 않듯 자신의 작품에 모습을 드러내어서는 안 됩니다. 인간은 아무것도 아닙니다. 예술 작품이 모든 것을 말해야 합니다. 이런 믿음은 잘못된 관점에서 출발한 것일 수도 있겠습니다만, 일단 이것을 제대로 지키기란 결코 쉬운 일이 아닙니다. 적어도 저는 이런 믿음을 관철시키기 위해 끊임없이 우아함을 포기하게 된답니다. 제가 생각하는 바를 글로 표현하는 것은 쉬운 일이지요. 만약 그렇게 한다면 귀스타브 플로베르라는 사람의 마음에도 들겠지만 대체 플로베르라는 사람이 어떻게 생각하는지가 왜 중요하다는 말입니까?

저도 선생님과 마찬가지로 예술은 단순히 비평이나 풍자가 아니라고 믿습니다. 저는 적어도 의식적으로 비평이나 풍자를 하려고 한 적은 한 번도 없습니다. 언제나 사물의 영혼을 보고자 노력했으며 가장 일반적인 진리를 추구하고자 했습니다. 우연이나 극적인 것에는 일부러 등을 돌리고는 했습니다. 바로 이 때문에 제 글에는 악당이나 영웅이 없습니다.

선생님은 말씀하시기를 제게 해 줄 '문학적 조언'이 없을 뿐만 아니라 저의 '문인 친구들에 대한 의견'을 말할 필요가 없다고 하셨지요? 하지만 저는 반대로 선생님의 조언에 목말라하고 있습니다! 또한 선생님의 평가를 기다리고 있습니다. 선생님이 아니라면 대체 누가 제게 그런 의견을 낸다는 말입니까? 제 문인 친구들에 대해서 선생님은 '나의 학파'라는 표현을 쓰셨지요. 하지만 저는 그 어느 학파에도 속하지 않으려 무던히도 애쓰고 있습니다……. 제게 기술적인 세부 사항이나 지역 혹은 시대에 대한 사실적인 묘사는 결코 중요하지 않습니다. 제가 절대적으로 추구하는 것은 바로 아름다움입니다. 제 동료들은 이러한 미의 추구에 별로 개의치 않는 것 같습니다. 또한 제게 감동을 주거나 공포로 몰아넣는 부분에 대해서 그들은 무신경하더군요. 경이로움으로 저의 입을 다물지 못하게 하는 문장들이 그들에게는 평범하게 느껴지는 모양입니다. 가령 공쿠르가 길을 지나가다 그의 책에 쓸 수 있는 적당한 단어를 하나 떠올렸을 때 매우 기뻐하는 모습을 본 적이 있습니다. 마찬가지로 저도 동일 모음의 반복이 한 번도 일어나지 않는 문장으로 한 쪽을 채울 수 있다면 매우 기쁠 것입니다……. 어쨌거나 저는 글을 잘 쓰기 위해서 생각을 제대로 하려고 합니다. 솔직히 말하면 글을 잘 쓰는 것이 저의 절대 목표랍니다.

1876년 1월 12일 노앙에서 상드가 플로베르에게

……내 설교가 잘 전달되지 않은 느낌이네요. 이것이 바로 내가 정교도 수도사들과 공통으로 가지고 있는 문제이지만 그렇다고 내가 정교도인이라는 말은 아니에요. 내가 가지고 있는 평등이며 권위에 대한 개념은 그들의 믿음과는 완전히 다르니까요. 당신은 내가 당신에게 어떤 믿음을 강요한다고 받아들인 것 같아요. 하지만 나는 그럴 생각은 추호도 없답니다. 어떤 관점을 가지건 그것은 개인의 자유이고 나는 그 선택을 존중합니다. 나의 믿음에 관해서라면 간단하게 다음과 같다고 할 수 있겠지요. 즉, 불투명한 유리창에 바짝 기대서서 그것에 투영되는 자신의 코밖에 보아서는 안 된다는 믿음이에요. 최대한 멀리 내다보고 여기저기 도처에 있는 선과 악을 보아야 합니다. 그럼으로써 결국은 만물이 필연적으로 중력의 법칙에 의해 끌리듯 옳고, 선하고, 진실하며 아름다운 것을 향해 가고 있다는 것을 발견해야 합니다…….

내가 『감정 교육』은 몰이해의 대상이 되었다고 강조해서 말했지만 당신은 내 말을 듣지 않더군요. 짧은 서문이나 맺음말을 통해 악을 비난하고, 실패를 되돌아보고 노력을 강조해야 한다는 내용을 포함했어야 한다고 생각해요. 책에 등장하는 인물들은 한결같이 약하고 의지가 결여되어 있더군요. 못된 사람을 빼고는 말이지요. 바로 이 점 때문에 당신은 비난을 받았던 것이에요. 독자는 악을 부추기고 고결한 노력을 무너뜨리는 무기력한 사회를 그리고자 한 당신의 의도를 이해하지 못했던 것이지요. 사람들이 자신을 이해하지 못한다면 그것은 어디까지나 자신의 잘못입니다. 독자가 무엇보다 원하는 것은 우리의 생각을 꿰뚫어보는 것인데 바로 이것을 당신은 도도하게 거부하는 것입니다. 독자는 당신이 독자를 무시하고 조롱하고 싶어 한다고 생각하고 있어요. 내가 당신의 책을 이해했던 이유는 당신을 잘 알기 때문이지요. 만약 작가가 누구인지 모른 채 당신의 책을 읽었다면 나는 아름답지만 참 이상한 책이라고 생각했을 거예요. 작가가 부도덕하거나 회의론자이거나 그것도 아니면 세상에 무관심하거나 혹은 침통한 사람이라고 생각했겠지요…….

나는 당신의 미신, 즉 똑똑한 스무 명을 위해 나머지 사람들은 염두에 두지 않고 글을 쓴다는 미신을 이미 스무 번도 넘게 부정했었지요? 하지만 책이 인기가 없을 때마다 당신이 실망하고 가슴 아파한다는 사실을 보면 그 미신은 잘못된 것이 분명해요. 더구나 그렇게 훌륭하고 잘 쓰인 당신의 먼젓번 책을 좋게 평가한 평론가가 스무 명도 안 되었잖아요? 그러니까 스무 명이 아니라 수천 명의 대중을 위해 글을 써야 한다는 말이 되지요. 읽고자 하는 열망이 있는 모든 이들과 좋은 독서를 통해 무언가를 얻을 수 있는 사람들을 위해 글을 써야 합니다. 애매모호한 도덕성을 펼치는 것이 아니라 자신이 가지고 있는 가장 고귀한 윤리를 직설적으로 드러내야 합니다. 우리는 이러한 점을 『보바리 부인』에서 발견할 수 있었습니다. 일부 대중은 이 책을 읽고는 스캔들을 외치며 경악했지만 대중의 더 많은 이들을 차지하는 건전한 정신을 가지고 있는 사람들은 의식과 신념이 없는 여인, 그리고 허영, 야망, 광기에 대한 무서운 교훈을 보았던 것입니다. 보바리 부인은 불쌍하게 묘사되지만 책에 담긴 메시지는 정확했습니다. 그럼에도 당신이 원하기만 했다면, 여주인공과 그녀의 남편, 그녀의 애인들에 대해서 당신의 생각을 조금 더 솔직하게 피력했다면 그 교훈이 조금 더 이해하기 쉬웠을 테고 더욱 많은 사람들이 그 책을 좋아하게 되었을 테지요. 현실을 있는 그대로 그린다는 것, 삶의 모험을 눈에 보이는 대로 묘사한다는 것은 내가 보기에는 옳은 선택이 아닌 듯합니다. 사물에 관해서라면 사실주의자 혹은 시인의 입장에서 묘사한다고 해도 제게는 별 상관이 없습니다. 하지만 인간의 감정에 관해서라면 이야기가 달라지지요. 이 사실만은 무시할 수 없을 것입니다. 왜냐하면 당신과 당신의 책을 읽는 독자, 모두 인간이기 때문이지요. 당신이 무슨 말을 하건 그 말은 당신과 독자 사이의 대화입니다. 당신이 그들에게 냉정하게 선을 감춘 채 악만 보여 준다면 그들이 화를 내는 것은 당연합니다. 악한 것이 자신들인지 아니면 당신인지 그들은 어리둥절해합니다. 당신이 아무리 독자를 감동시키고 몰입시키려 해도 당신 자신이 감동받지 않거나 감동받은 사실을 감춘다면 그들은 당신을 이해하지 못하고 자신들에게 무관심한 작가라고 여길 것입니다. 절대적으로 어느 편을 들지 않는 것은 인간적으로 불가능한 일이며 소설은 무엇보다 인간적이어야 합니다. 만약 그렇지 않은 소설이 있다면 독자는 그 소설이 아무리 잘 쓰였고 구성이 아무리 훌륭하다고 해도 인정하지 않을 것입니다…….

1876년 2월 6일 파리에서 플로베르가 상드에게

……이것이 우리 둘을 근본적으로 갈라놓는 문제 같습니다. 선생님은 단숨에, 한번에 저 높이 하늘로 올라가서 그곳에서 땅으로 내려옵니다. 선생님은 선험적으로 이론, 이상에서부터 출발합니다. 바로 그런 이유 때문에 인생에 대한 관용, 담담함, 한마디로 말해 위대함이 있는 것입니다. 하지만 불쌍한 저로 말할 것 같으면 저는 납덩이로 만든 굽이 있는 신을 신고 땅바닥에 달라붙어 있습니다. 이 세상 모든 것이 저를 감동시키고 오열시키며 화를 돋웁니다. 이러한 것들로부터 저는 출발해서 한 계단 한 계단 오르려 하는 것입니다……. 만약 선생님과 마찬가지로 광범위한 시각으로 세상을 바라보려 한다면 저는 그만 우스꽝스러운 광대가 되어 버릴 것입니다. 선생님이 제게 어떻게 설교를 하건 저는 지금 제 기질 말고는 다른 것을 가질 수 없습니다. 다른 미학을 가진다는 것도 생각할 수 없습니다……. 다만 저도 나름대로 다른 사람이 이해할 수 있도록 최대한 노력하고 있습니다. 이런 제게 더 이상 무엇을 바란다는 말씀입니까?

제가 등장시키는 인물들에 대해 저의 개인적인 생각을 드러낸다는

---

1 『마르탱 상賞』은 외젠 라비슈가 1876년에 발표한 3막짜리 희극이다.

점에 관해서라면 절대로, 절대로, 천번 만번 안 될 말입니다! 제게는 그럴 권한이 없습니다. 만약 독자가 책에 담겨 있는 교훈을 파악하지 못한다면 그것은 그 독자가 멍청이이거나 정확성에 있어서 책이 그릇되었기 때문입니다. 일단 진실한 모든 것은 올바른 것이기 때문입니다. 외설적인 책이 부도덕한 이유는 그것에 진실이 결여되어 있기 때문입니다……. 대중에 관해서라면 그들의 취향을 저는 점점 더 종잡을 수가 없습니다. 가령 어제 저는 『마르탱 상賞』[1]의 초연에 참석했습니다. 재치가 넘치는 희극이었습니다. 하지만 연극의 어느 대사도 관객을 웃게 만들지 못했고 제가 어처구니없다고 느낀 결말에 대해서 아무도 불평을 하지 않더군요. 그러니까 이런 대중의 마음에 들려고 노력한다는 것 자체가 무의미한 일인 것 같습니다. 이들의 마음에 들 수 있는 방법을 제게 가르쳐 줄 수 있는 사람이 존재한다고 믿지 않습니다. 작품의 성공은 그 자체로 목표가 아니라 결과여야 합니다. 비록 제가 그것을 바란다고는 하지만 성공을 위해 애쓴 적은 없고 시간이 지남에 따라 점점 더 성공에 연연하지 않게 됩니다…….

다음은 1873년 5월 3일, 조르주 상드가 딸 내외에게 보낸 편지의 일부다. 그녀가 플로베르에게 쓴 것은 아니지만 그 둘의 관계가 얼마나 격식이 없었고 친근했는지 보여 주는 대목이다. 플로베르와 상드뿐만 아니라 그들과 왕래하던 작가들이 등장하는데 당시 문인들의 모임 분위기를 엿볼 수 있다.

1873년 5월 3일 상드가 딸 내외에게

얼마 전에 나는 여느 때보다도 환상적인 플로베르와 저녁을 함께 했단다. 그는 나를 투르게네프, 공쿠르와 함께 식사에 초대했단다. 우리는 '마니' 식당에서 6시 반에 만나기로 약속했단다. 내가 약속 시간에 도착하니 바로 투르게네프가 왔고 15분 정도 기다리자 공쿠르가 질겁하며 도착하더구나.

"모임 장소가 바뀌었어요. 플로베르가 우리를 '시골 형제' 식당에서 기다린다고 해요."

"아니, 왜요?"

"여기는 자리가 너무 좁아 숨이 막힌다는군요. 어제 밤을 꼬박 새웠다나, 많이 피곤하다고 해요."

"피곤한 건 나도 마찬가지네요."

"불평하려거든 플로베르에게 해요. 버르장머리 없는 사람 같으니라고. 어쨌거나 어서 가요."

"싫어요. 난 너무 배가 고프니 여기 있겠어요. 우리끼리 여기서 식사하자구요."

우리는 다 같이 웃었단다. 그런데 공쿠르가 내게 말하기를 그렇게 하

---

2 루이 부이에Louis-Hyacinthe Bouilhet(1822~1869)는 프랑스의 시인으로 플로베르와 깊은 우정을 나누었다.

면 플로베르가 미쳐 버릴 거라나. 할 수 없이 우리는 '베푸르' 식당의 300개나 되는 끝없는 계단을 올라갔는데 도착해 보니 플로베르가 소파 위에서 자고 있지를 않니! 내가 그를 못돼 먹은 인간 취급 하자 그는 무릎을 꿇고 내게 용서를 비는 시늉을 하는 거야. 다른 두 사람은 그 모습에 포복절도했단다. 결국 우리는 저녁을 먹기는 했지만 정말 형편없었단다. 요리는 내가 싫어하는 것이었고, 자리는 마니네보다도 더 비좁았단다.

플로베르는 피곤해서 꼼짝도 할 수 없다며 엄살이 대단했지. 카르발호 극장에서 새벽 2시부터 5시까지 자신이 쓴 희곡을 낭독했는데 극장 관계자들이 열성적으로 호응했다고 자랑이었지. 그는 크르와세로 돌아가 6개월 동안 다시 작품을 손볼 계획이고, 파리에서 겨울을 보내는 동안 그 작품을 무대에 올릴 거라더구나. 이 모든 일이 골치 아픈 것은 사실이지만 부이에[2]를 위한 것이라고 하더구나. 플로베르는 먼저 떠난 친구의 기억을 좋게 하기 위해 완전히 집착한 것 같았단다. 요컨대 플로베르는 기쁨에 도취되어 있었고 그의 머릿속은 온통 그 일에 관한 생각뿐이었단다. 그는 한순간도 쉬지 않고 떠들어 댔고 투르게네프에게는 한 번도 말할 기회를 주지 않았단다. 공쿠르는 아예 입을 다물고 있었지. 나는 10시에 자리를 빠져나왔단다. 내일이면 다시 그를 볼 텐데 월요일에 떠난다고 일러둬야겠다. 이제 이 애송이한테는 질려 버렸단다. 그를 좋아하는 건 사실이지만 내 머리를 지끈지끈하게 하는구나. 그는 소음을 싫어하는데 자기가 내는 것에는 괜찮은 모양이야.

공쿠르 형제의 일기

공쿠르 형제의 일기는 그들이 함께 썼던 많은 자연주의 소설들보다 더 대중적으로 읽히며 문학사적인 가치를 인정받는다. 그 이유 중 하나는 공쿠르 형제가 일기에서 1851년부터 반세기 동안 자신들이 직접 교류한 수많은 예술가와 문인들을 언급하는데 이를 통해 프랑스 문학사에 한 획을 그은 중요한 인물들의 개인적인 면모를 엿볼 수 있기 때문이다. 공쿠르 형제와 특히 돈독한 우정을 쌓은 알퐁스 도데를 비롯하여 에밀 졸라, 플로베르, 모파상 등에 관한 내용은 이들의 작품에 익숙한 독자의 호기심을 자극하기 충분하다. 뿐만 아니라 프루스트와 동시대에 활동한 공쿠르 형제이기에 그들의 살롱에는 『잃어버린 시간을 찾아서』의 등장인물인 샤를뤼스 남작의 모델이 되는 실존 작가이자 동성애자인 몽테스키유 백작, 마르셀에게 인상주의적 시각을 일깨우는 화가 엘스티르의 모델 중 한 명인 화가 폴 엘뤼가 드나들기도 한다.

서문

이 일기는 매일 저녁에 하는 우리의 고백이다. 기쁨과 고통, 노동 앞에서 분리될 수 없는 두 개의 삶, 두 개의 영혼이 여러 사람과 사물을 대할 때 너무나도 닮고 동일하며 통일된 인상을 받기에 이 고백은 단 하나의 '나'가 확장되어 하는 것과 마찬가지다.

매일매일 쓰는 이 자서전에는 삶의 우연에 의해 우리의 길 위에 놓인 사람들이 등장한다. 우리는 이들, 남자들과 여자들의 최대한 닮은 초상화를 그리고자 했다. 이렇게 해서 그린 초상화는 전통 학자들이 소개하는 객관적이고 완벽한 역사 속의 인물들과는 거리가 멀다. 우리 일기 속에 등장하는 인물들은 그들을 접했을 때의 날과 시간, 오늘과 내일에 따라 다르게 묘사된다. 한마디로 '순간적인 진실' 속에 물결치는 인류를 재현하고자 한다는 점에서 우리의 계획이 야심 차다고 말할 수도 있겠다. 이렇게 변화하는 인물들은 우리 형제 자체가 변화하는 것을 증언하는 것은 아닐까? 이 또한 가능한 해석이다. 우리가 열정적이며 신경질적이고 극도로 영향받기 쉬우며 때로는 불공평함을 고백한다. 하지만 단언할 수 있는 것은 우리가 의식적으로 이들을 거짓으로 묘사한 적은 없다는 점이다.

즉 우리의 목적은 대화 중에 나타나는 미세한 손짓이나 표정을 통해 그 사람의 성격을 파악하고, 뚜렷이 정의할 수 없는 그 무엇을 속기술로 생생하게 표현함으로써 동시대인들을 묘사하는 것이다……. 때로는 다시 읽어 보지도 않은 일기에서 문법적인 오류를 발견할 수 있겠으나 우리는 언제나 최대한 우리의 감각과 생각을 생생하게 재현할 수 있는 표현들을 선호했다.

이 일기는 우리의 첫 번째 책이 출간된 1851년 12월 2일에 시작되었다. 이날은 쿠데타가 일어난 날이기도 하다. 원고는 우리 둘이 의논하여 동생이 받아 쓴 것이다. 동생이 사망함과 동시에 우리의 작품이 끝났다고 생각되어 나는 이 일기를 1870년 1월 20일자를 끝으로 마무리 지으려 하였다. 그러나 가여운 동생의 죽음과 그의 고통스러운 마지막 몇 달을 내 자신에게 들려주고자 하는 마음이 들었고 거의 동시에 파리 코뮌 등 비극적인 사건이 계속해서 나의 생각의 고백처인 이 일기를 쓰게 만들었다.

에드몽 드 공쿠르, 1872년 8월, 슐리어세

1861년 3월 17일

플로베르가 우리에게 말함: "나는 소설의 이야기나 줄거리에 관심이 없습니다. 내가 소설을 쓸 때 중요시하는 것은 특정한 색깔이나 톤을 살리는 것입니다. 가령 내가 카르타고에 관해 쓸 때는 검붉은 색을 표현하고자 했습니다. 그 외의 것들, 인물이나 사건은 세부 사항에 지나지 않지요. 보바리 부인의 경우, 나는 온통 회색을 빚는 데 집중했습니다. 진저리 치는 삶의 곰팡내 나는 색 말입니다. 그렇게 해서 펼쳐질 이야기가 나를 더럭 겁먹게 해서 결국은 집필을 시작하기 며칠 전, 보바리 부인을 완전히 다르게 써야겠다고 생각했습니다. 즉 같은 상황과 같은 어조이지만 신앙심 깊으며 사랑을 모르는 노처녀의 이야기를 쓰면 어떨까 생각했던 것이지요. 하지만 나는 곧 그런 인물을 묘사한다는 것이 불가능하다는 것을 깨달았던 것입니다."

1861년 4월 21일

그 후에 우리는 문장을 쓴다는 것과 그 문장에 리듬을 싣는 것이 얼마나 어려운지에 대해 토로. 리듬은 우리의 공통된 관심사이고 취향이지만 플로베르의 경우 그것은 거의 우상 숭배. 플로베르에게 책의 가치는 그것을 소리 내어 읽을 때 결정됨. 큰 목소리로 읽을 때 허파의 자연적인 리듬과 맞아떨어지지 않는 문장들로 이루어진 책은 아무런 가치가 없다고 함. 곧 그는 청동제품을 진동시킬 만큼 우렁찬 목소리로 순교자들에 관한 한 단락을 내지르듯 읽은 후 질문. "이건 리듬이 있나요? 플루트와 바이올린의 이중주와도 같군요……. 역사서들이 오랫동안 살아남을 수 있는 이유는 바로 리듬 때문이라는 것을 아셔야 합니다. 그것은 희극의 경우도 마찬가지입니다. 몰리에르가 창조한 푸르스냑이라든가 『상상으로 앓는 사나이』의 퓌르공을 한번 보세요." 그러고 나서 플로베르는 황소 같은 목소리로 그 장면을 모조리 읊어 냄.

1876년 9월 1일

플로베르는 글을 쓰느라 방에 갇혀서 보낸 두 달 동안 방의 열기가 일에 취하게 하여 매일 열다섯 시간씩 글을 썼다고 함. 그는 새벽 네 시까지 작업을 하고 다음 날 아침 아홉 시에 일어나 다시 글을 쓸 수 있었다는 사실에 자신도 놀랐다고 함……. 그렇게 해서 900시간 동안 글을 쓴 결과는 30쪽 분량의 단편 소설.

1892년 2월 3일 수요일

오늘 저녁, 대공 부인 집에서 모파상에 대한 나쁜 소식. 여전히 자신은 속고 있다고 믿음. 신경쇠약과 짜증. 뇌에 구멍이 뚫리는 모르핀 약물을 주사하기 위해 의사들이 복도에 숨어서 자신을 기다리고 있다고 함. 사람들이 자신의 돈을 빼앗아 간다고 믿음. 하인이 6천 프랑을 훔쳤다고 함. 그 액수는 며칠이 지나 곧 6만 프랑으로 불어남.

1894년 5월 6일 일요일

도데의 집에서 거대한 만찬. 초대객으로는 졸라 부부, 라파엘리 부부, 로덴바흐 부부, 샤르팡티에 부부, 레옹 도데 부부. 식사를 하며 남자, 여자 할 것 없이 목소리를 높이며 열띤 토론. 티소[3]가 묘사한 그리스도의 그림으로 대화가 이어지자 졸라는 완전히 감동했다며 그 작품에 대해 기사를 쓰지 못한 것이 애석할 뿐이라고 하고, 도데는 자기 머리가 '사

---

[3] 제임스 티소 James Tissot(1836~1902)는 영국에서 활동한 프랑스 화가이자 판화가다.
[4] 헨리크 입센 Henrik Ibsen(1828~1906)은 노르웨이의 극작가이자 시인이다.

과'로 되어 있지 않았다면 분명히 그 작품 앞에서 개종했을 것이라고 두둔함. 반면 반대파는 무섭게 이를 갈며 비난. 미술 작품을 평가하는 중요한 기준은 그것의 재현성에 있다고 누군가 말하자 또 다른 누군가는 그리스도의 삶은 지역이나 인종 등 역사적인 사실을 배제한 채 오로지 신화적 관점에서 다루어져야 한다고 받아침. 따라서 그리스도의 삶을 율리우스 시저의 삶과 마찬가지로 역사적인 것이라고 믿는 우리에게 티소의 그림은 현재 동향과 맞아떨어지는 것이라고 주장. 곧이어 대화는 그리스도에서 입센[4]으로 옮겨졌고 졸라가 프랑스의 낭만주의와 조르주 상드에 의해 입센이 탄생했다고 말하자 레옹 도데는 독일 낭만주의에 대해서 또 한마디 하고 이렇게 토론은 식탁에서 거실로까지 이어짐.

1895년 1월 31일 목요일

저녁이 거의 끝날 무렵 엘뤼[5]가 도착. 그는 이 추위에 눈에 반쯤 파묻힌 채 하루 종일 베르사유 궁전의 조각상들을 그렸다고 함. 그 풍경의 아름다움과 눈 덮인 세계에 대해 말함. 또한 브라크몽의 아들[6]의 그림에 대해서, 스테인드글라스에 대한 그의 열정에 대해 이야기하며 자신은

---

5 폴 엘뤼Paul Helleu(1859~1927)는 프랑스의 초상화가다.
6 피에르 브라크몽Pierre Bracquemond(1870~1926)은 프랑스의 화가이나 화가인 아버지 펠릭스 브라크몽에 비해 덜 알려졌다.

샤르트르와 랭스의 노트르담 대성당에서 거의 2년 동안 아침마다 살다시피 성당의 구석구석을, 땅에 떨어지지 않으려는 움직임으로 하늘에 있는 천사들 사이를 돌아다니며 그린 적이 있다고 함. 또한 어느 마을의 축제 때 주민들의 노래와 오르간 소리와 종소리를 들으며 오케스트라의 지휘자처럼 정신없이 화판 위에 붓칠을 했더라고도.

1895년 8월 15일 목요일

몽테스키유는 그야말로 흥미롭고 재미난 인물. 재기 넘치는 말과 끝없이 쏟아지는 가십거리, 박학다식함은 듣는 이의 마음에 들고자 하는 욕망과 더불어 묘한 조화……. 그의 차기 작품인 보석을 다룬 책으로 이야기가 옮겨가자 도데는 미신적으로 보석은 불길하다고 한마디. 그러자 몽테스키유는 그레퓔 백작 부인에게 흠뻑 빠져 있던 리튼 경이 매우 귀중한 보석을 그녀에게 선물했는데 그 보석에는 암호 같은 문자가 새겨져 있더라는 것. 그 문자의 의미가 궁금하여 백작 부인이 어느 심령술사에게 가져가 보였더니 당장 그 보석과 멀리하지 않으면 갑작스러운 죽음을 맞을 것이라 경고. 그런 일이 있은 후 얼마 지나지 않아 바로 리튼 경이 사망했고 백작 부인은 그 자리에서 당장 센 강가로 마차를 몰아 보석을 강물에 던져 버렸다고 함. 몽테스키유는 웃으면서 그때부터 센 강의 물이 파리 시민들의 건강을 악화시켰다는 것.

프루스트와 지드의 편지

프루스트와 지드는 작가와 출판인의 관계로 서신 교환을 시작했다가 차츰 사적인 감정과 생각을 나누는 관계로 발전한다. 그러나 두 사람 모두 동성애자라는 공통점에도 불구하고 그것을 자신의 소설에 표현하는 방식에는 커다란 차이를 보이며 끝내 서로를 진심으로 이해하지 못한다.

다음 편지는 프루스트가 소설의 제6권인 「사라진 알베르틴」에서 알베르틴의 죽음을 묘사하는 데 결정적인 모델이 되었던 알프레드 아고스티넬리의 죽음을 이야기하고 있다. 그는 프루스트의 젊은 비서이자 짝사랑의 대상이었다.

지드는 『잃어버린 시간을 찾아서』의 출판인이자 편집자로서 프루스트에게 답변한다. 그 당시 지드는 『교황청의 지하실』을 발표했으나 평단은 대체적으로 부정적인 반응을 보였다. 이미 여러 차례 프루스트와 편지를 교환하면서 프루스트가 자신의 소설을 깊이 이해하고 좋게 평가한다는 사실을 알게 된 지드는 그에게 자신의 소설을 지원하는 기사를 써 줄 것을 간접적으로 부탁한다. 하지만 결국 프루스트는 몸 상태가 좋지 않다는 핑계로 지드의 부탁을 거절한다.

1914년 6월 10~11일 프루스트가 지드에게

……저의 개인적인 슬픔과 근심을 염려해 주신 점 감사드립니다. 한 젊은 청년의 죽음이 저를 이렇게 불행하게 하는 것으로 보아 그 청년은 저의 어떤 친구들보다도 제게 소중한 존재였던 것 같습니다. 비록 비천한 태생이었고 교육도 제대로 받지 못했지만 그가 제게 보낸 편지들은 그가 작가로서 큰 재능을 가지고 있었다는 것을 증명하고 있습니다. 그는 매우 달콤한 지성의 소유자였습니다. 그러나 제가 그를 좋아한 이유가 비단 그것 때문만은 아닙니다. 그는 자신의 이러한 점을 깨닫지 못하고 있었고 저 또한 그 사실을 발견하는 데 오래 걸렸습니다. 그의 뛰어난 지성은 그의 다른 특성들과는 놀라울 정도로 어울리지 않는 것이었습니다. 제가 그의 이런 특성을 발견했을 때의 놀라움은 이루 말할 수 없었고 그에게 부분적으로나마 그 사실을 깨닫게 했습니다. 하지만 그는 자신이 진정으로 누구인지 알기 전에 죽음을 맞았고 미처 자신을 완성하지 못한 채 이 세상을 떠났습니다. 이 모든 것이 너무나 끔찍한 상황에서 벌어진 일이라 이미 약해질 대로 약해진 저는 더 이상의 고통을 어떻게 인내하고 있는지 모르겠습니다.

샤를뤼스를 너그럽게 봐주신 점 또한 감사드립니다. 저는 겉은 남자이지만 본질적으로는 여자이면서 그 사실을 인식하지 못한 채 남자들에게 매료되는 동성애자를 그리고자 했던 것입니다. 모든 동성애자들이 그와 같다는 것은 절대로 아닙니다. 하지만 이런 유형이야말로 제게는 흥미롭게 다가왔고 제가 알기로는 여태껏 한 번도 그려진 적이 없었기 때문입니다. 나머지 동성애자들과 마찬가지로 그는 나머지 인간들과도 다릅니다. 어떤 면에서는 더 나쁜 쪽으로, 또 어떤 면에서는 훨씬 좋은 쪽으로 말입니다. 우리가 일반적으로 "관절염이나 신경쇠약을 앓고 있는 사람은 다른 사람들보다 민감하다."라고 하는 것처럼 저는 샤를뤼스가 동성애자이기 때문에 그의 형제인 게르망트 공작에 비해 더 많은 것을 이해할 수 있고 더 섬세하며 민감하다고 믿습니다. 그 사실을 저는 처음부터 이해하고 있었습니다. 불행하게도 샤를뤼스에 관한 것뿐만 아니라 다른 부분에 있어서도 객관적으로 묘사하려는 저의 노력이 오히려 많은 사람들로부터 이 책이 미움을 받게 된 이유가 된 것 같습니다.

소설의 제3권에서 실제로 샤를뤼스는 중요한 부분을 차지할 텐데 동성애 혐오자들은 제가 묘사할 장면들에 경악할 것입니다. 동성애 혐오자들이 아니더라도 다른 사람들은 동성애자를 여성적인 취향의 결과로 묘사한다는 것 자체를 싫어할 것입니다…….

『잃어버린 시간을 찾아서』라는 제목에 대해서 게옹 씨가 한 해석은 저를 정말 슬프게 했습니다. '잃어버린 시간'이라는 표현이 '과거'를 의미함은 분명합니다. 제가 이미 발표했다시피 제3권의 제목은 「되찾은 시간」이고 제가 무엇인가로 '향해' 가고 있다고 명확히 표현한 바 있습니다. 제 글이 단순히 시간이 많은 한량의 넋풀이가 아님은 분명하게 했다고 생각했던 것입니다. 그럼에도 오해를 일으키는 것을 보니 마지막에 발견하게 될 진실을 아예 처음부터 알리고 시작했어야 하는 것일까요? 저는 그렇게 해야만 한다고 보지 않습니다. 스완이 오데트를 샤를뤼스에게 맡긴 이유는 샤를뤼스가 학창 시절부터 스완을 짝사랑해 왔다는 사실을 그 자신이 잘 알고 있었기에 경계할 필요가 없다고 처음에 밝히는 것이 작가로서 해야 할 일이 아니라고 확신하는 것과 같은 이치입니다.

선생님과 이야기를 나누는 것이 너무 즐거워 피곤함을 무릅쓰고 이렇게 긴 편지를 씁니다. 이만 줄이며 애정과 존경심을 담아 다시 한 번 감사의 말씀을 드립니다.

마르셀 프루스트

1914년 6월 15일 지드가 프루스트에게

친애하는 프루스트 씨께.

제가 마지막에 파리에 들렀을 때 당신을 방문하지 않았던 것을 너무나 후회하고 있습니다. 방해가 될까 염려해서였는데 그런 제 행동이 지금은 후회스러울 뿐입니다. 제가 찾아갔더라도 당신을 만났을 가능성은 희박하지만 비록 그 확률이 일 퍼센트였더라도 시도는 했어야 했는데 말입니다. 친구의 죽음으로 인해 당신의 상태가 더욱 악화되었다는 말에 제가 당신을 찾아가지 않았다는 사실이 더욱 고통스럽게 다가옵니다. 이미 여러 번 말했고 다시 한 번 강조합니다만 만약 당신이 원하기만 한다면 당장 제게 연락을 주십시오. 저는 환자라면 익숙하답니다. 제 자신이 오랫동안 병상에 누워 있었답니다. 저는 조용한 목소리로 이야기할 수 있답니다. 그리고 무엇보다도 경청할 줄 아는 능력이 있답니다. 당신에 대한 제 우정을 최대한 활용하십시오.

당신이 묘사한 샤를뤼스의 훌륭한 초상화는 사람들이 일반적으로 동성애자와 변태 성욕자를 혼동하는 것에 부채질을 할 것 같습니다. 당신이 제게 보낸 편지에 밝힌 동성애에 관한 뉘앙스와 차이점을 사람들은 당신의 책에서 발견하지 못할 것입니다. 샤를뤼스는 단순한 한 개인에서 정형화된 하나의 유형으로 인식될 것입니다. 내가 이렇게 말하는 것은 당신의 작품을 칭찬하는 차원에서 하는 것입니다……

당신이 객관성을 유지하려는 노력이 이해받지 못한다는 사실에 대해 실망하거나 무엇보다도 놀라지 마십시오(최근에 『에포크 리브르』 문예지에서 읽은 기사는 황당하기까지 하더군요). 당신의 책이 짊어진 운명은 『배덕자』나 『좁은 문』이 타고난 운명과 같은 것입니다. 이 두 책에서 평론가들은 나의 개인적인 고백의 흔적을 발견하려고 애썼지요. 내가 자서전이 아닌 소설을 쓴 것이라는 사실을 무시하고 말입니다. 당신과 나의 소설들이 그것들에 대한 잘못된 해석을 뛰어넘어 생존할 수 있도록 충분히 강하고 지속성을 가지고 있기를 바랄 뿐입니다.

그럼에도 『교황청의 지하실』에 대한 여러 좋지 않은 비평이 이 책에 대한 평가를 오랫동안 잘못된 방향으로 몰고 가지 않을까 염려됩니다. 내가 보기에도 이 책은 그러한 오해를 불러일으킬 소지가 다분하다는 것을 인정합니다. 『피가로』에 저의 책에 대해 기사를 써 주십사고 부탁하고 싶지만 당신이 요즘 많이 지쳤고 슬픔에 빠져 있다는 것 때문에 그런 부탁을 하기가 망설여집니다. 당신이 통찰력 있는 독자들 사이에서 높이 평가받고 있다는 사실을 잘 알고 있기에 저는 바로 그러한 독자들을 겨냥하고 싶은 것입니다. 뿐만 아니라 예전에 제게 보낸 편지들을 통해 당신이 제 소설을 얼마나 깊고 섬세하게 이해하고 있는지 알 수 있었기 때문입니다.

당신의 소설에 대한 게옹 씨의 평론이 당신이 말하는 것처럼 그렇게 심각한 영향을 주었고 다른 평론가들도 그를 따라서 같은 방향으로 글을 쓰고 있다고 생각하지는 않습니다. 당신의 책이 잘못된 방향으로 오해를 받고 있다면 그렇게 이해하는 것이 더 쉽고 어떤 면에서는 당신의 책 스스로가 그런 오해를 불러일으키고자 하는 경향이 있기 때문입니다. 하지만 소설의 전체적인 제목에 대해서라면 절대로 바꾸지 마십시오. 그 제목은 훌륭합니다. 또한 책이 진행되면서 서서히 진실을 밝히도록 하십시오. 독자들은 처음에 좋아하지 않았다는 이유로 나중에 더 좋아하게 될 것입니다. 각 권의 소제목들도 그대로 두십시오. 그 제목들에 이미 얼마나 많은 독자들이 친숙해져 있는지 당신은 잘 모르실지도 모르겠습니다.

당신의 소설에 대해 더 많은 이야기를 할 수 있기를 바라며 제2권이 출판되는 날을 손꼽아 기다리겠습니다. 샤를뤼스가 다음에는 어떤 모습으로 등장할지 기대해 봅니다.

이만 줄입니다. 당신이 제 편지에 답장을 쓰려고 힘들일 것이라면 저는 이 편지를 보내지 않겠습니다.

앙드레 지드

참고문헌

프루스트의 저서 및 번역

- Proust, Marcel. *A la recherche du temps perdu*, 7 vols. Editions établie sous la direction de Jean-Yves Tadié, Paris: Gallimard, 1987~1990.
- ———. *Contre Sainte-Beuve, précédé de Pastiches et mélanges et suivi de Essais et articles*, éd. par Pierre Clarac et Yves Sandre, Paris: Gallimard, 1971.
- ———. *Correspondance*, éd. par Philip Kolb, 21 vols, Paris: Plon, 1970~1993.
- ———. *Jean Santeuil précédé de Les Plaisirs et les jours*, éd. par Pierre Clarac et Yves Sandre, Paris: Gallimard, 1971.
- Ruskin, John. *La Bible d'Amiens*, Paris: Mercure de France, 1904, 3ème éd. Paris: Mercure de France, 1947.
- ———. *Sésame et les lys*, Paris: Mercure de France, 1906.

「세비녜 부인」 편

- Duchêne, Roger. "Madame de Sévigné, personnage de roman dans l'oeuvre de Proust." *Revue d'histoire littéraire de France*, no. 3, 1996, pp. 461~474.
- Goldsmith, Elizabeth C. "Proust on Madame de Sévigné's Letters: Some Aspects of Epistolary Writing." *Papers on French Seventeenth Century Literature*, vol. 8, no. 15-2, 1981, pp. 117~127.
- Labat, Alvin. "Proust's Mme de Sévigné." *L'Esprit créateur*, vol. 15, 1975, pp. 271~285.

- Sommella, Paola Placella. "Le 'mythe' Sévigné dans l'oeuvre de Marcel Proust." *Il confronto letterario; quaderni del Dipartimento di lingue e letterature straniere moderne dell'Universita di Pavia*, vol. 13, no. 26, Nov., 1996, pp. 701~712.
- Wieser, Dagmar. "Proust et Mme de Sévigné." *Revue d'histoire littéraire de la France*, vol. 100, no. 1, Janvier 2000, pp. 92~106.

「라신」편

- Chantal, René de. "Proust et Phèdre." *Etudes françaises*, vol. 1, no. 2, 1965, pp. 87~114.
- Compagnon, Antoine. "Proust sur Racine." *Revue des sciences modernes*, vol. 67-196(4), Oct., 1984, pp. 39~64.
- Jefferson, Louise M. "Proust and Racine." *Yale French Studies*, no. 34, 1965, pp. 99~105.
- Maazaoui, Abbes. "Le Racine de Proust." *Dalhousie French Studies*, vol. 49, winter 1999, pp. 193~202.
- Slater, Maya. "The Narrator's comments on *Phèdre* in *Albertine disparue*: A Character as literary critic." *The Modern Language Review*, vol. 87, no. 2, Apr., 1992, pp. 300~306.

「발자크」편

- Boni, Simonetta. "Proust et Balzac: L'argent et la mort dans A la recherche du temps perdu." *Bulletin d'informations proustiennes*, vol. 31, 2000, pp. 33~49.
- Finn, Michael R. "Le Balzac de Proust." *Une poétique du roman*, 1996. pp. 409~421.
- Goujon, Francine. "Morel ou la dernière incarnation de Lucin." *Bulletin d'informations proustiennes*, vol. 32, 2001, pp. 41~62.

- Imbert, Patrick. "La Comédie humaine en sept pages: Balzac pastiché par Proust." *L'Année Balzacienne*, vol. 5, 1985, pp. 376~392.
- Jeandillou, Jean-François. "Multiplier à l'infini les ressemblances: Proust ou le pastiche raté." *Marcel Proust Aujourd'hui*, vol. 3, 2005, pp. 101~121.
- Mein, Margaret. "Proust and Balzac." *Australian journal of French studies*, vol. 9, 1972, pp. 3~22.
- Tadié, Jean-Yves. "Proust, lecteur de Balzac." *L'Année Balzacienne*, vol. 14, 1993, pp. 311~320.

「상드」편

- Buisuine, Alain. "Matronymies." *Littérature*, vol. 54, Mai 1984, pp. 54~78.
- Ender, Evelyne. "Le triomphe de l'éros dans François le Champi." *Newsletter - Friends of George Sand, George Sand Studies*, vol. 21, 2002, pp. 84~101.
- Gray-McDonald, Margaret. "Skipping Love Scenes: The Repression of Literature in Proust." *MLN*, vol. 104, no. 5, Comparative Literature, Dec., 1989, pp. 1020~1034.
- Iwasaki, Hiroshi. "Le côté de Madeleine: *François le Champi* dans *A la recherche du temps perdu*." *Littérature*, vol. 37, 1980, pp. 86~99.
- Jack, Belinda. "Epreuve avant la lettre: George Sand et l'autobiographie renversée." *Littérature*, vol. 134, Juin 2004, pp. 121~130.
- Robert, Pierre-Edmont. "George Sand's Presence in Proust's *A la recherche du temps perdu*." *West Virginia George Sand Conference Papers*, 1981, pp. 54~60.

「플로베르」편

- Genette, Gérard. "Flaubert par Proust." *L'Arc*, vol. 79, 1980, pp. 3-17.
- ——— and Wassenaar. "One of My Favourite Writers." *Yale French Studies*, no.

89, 1996, pp. 208~222.
- Leclerc, Yves. "Proust, Flaubert: Lectures." *Bulletin Marcel Proust*, vol. 39, 1989, pp. 127~143.
- Zurowska, Joanna. "Proust et Flaubert." *Modernité de Flaubert: Actes du colloque polono-allemand organisé par l'Institut de philologie romane et le Centre interuniversitaire de civilisation*, Varsovie: Centre de civilisation française, 1994, pp. 41~47.

「공쿠르 형제」편

- Aubert, Nathalie. "Le pastiche des Goncourt dans *Le Temps retrouvé*." *Poétiques de la parodie et du pastiche de 1850 à nos jours*, Oxford: New York, Peter Lang, 2006, pp. 189~200.
- Bart, Benjamin F. "World views into style: The Goncourt brothers and Proust at the opera." *Nineteenth Century French Studies*, vol. 15, no, 1-2, Fall 1986, pp. 173~190.
- Bouillaguet, Annick. "Le pastiche des Goncourt dans *Le Temps retrouvé*: aspects stylistiques et thématiques de l'insertion." *Bulletin Marcel Proust*, vol. 43, 1993, pp. 82~91.
- Fraisse, Luc. "L'attribution du prix Goncourt à Proust en 1919." *Prix Goncourt, 1903-2003; essais critiques*, Oxford: New York, Peter Lang, 2004, pp. 77~93.
- Kazuko, Maya. "Proust et Ruskin: Autour du pastiche Goncourt dans *Le Temps retrouvé*." *Hitotsubashi Journal of Arts and Sciences*, vol. 39, no. 1-39, Dec., 1998, pp. 43~55.
- Sayce, R. A. "The Goncourt Pastiche in *Le Temps retrouvé*." *Marcel Proust: A Critical Panorama*, Ed. Larkin B. Price, Urbana: University of Illinois, 1973, pp. 102~123.

「말라르메」편

- Baldridge, Wilson. "The Time-Crisis in Mallarmé and Proust." *The French Review*, vol. 59, no. 4, Mar., 1986, pp. 564~570.
- Brix, Michel. "Aux sources de l'affrontement Proust-Mallarmé: Littérature française et platonisme." *Revue d'études françaises*, no. 5, 2000, pp. 126~139.
- Goodkin, Richard E. "T(r)yptext: Proust, Mallarmé, Racine." *Yale French Studies*, no. 76, Autour de Racine: Studies in Intertextuality, 1989, pp. 284~314.
- Lydon, Mary. "Mallarmé, Proust and Symbolism." *Yale French Studies*, no. 74, Phantom Proxies: Symbolism and the Rhetoric of History, 1988, pp. 157~181.
- Viers, Rina. "Mallarmé et Proust." *Europe; revue littéraire mensuelle*, vol. 54, no. 564-565, pp. 104~112.

「베르고트」편

- Bales, Richard. "L'Ut pictura poesis de Bergotte." *L'oeil écrit: études sur des rapports entre texte et image. 1800-1940*, volume en l'honneur de Barbara Wright, 2005, pp. 79~88.
- Bowen, Elizabeth. "Bergotte." *Marcel Proust, 1871-1922; a centennial volume*, New York, Simon and Schuster, 1971, pp. 59~75.
- Henrot-Sostero, Geneviève. "Genèse d'une métonymie: le nom propre modifié de Bergotte." *Bulletin d'informations proustiennes*, vol. 39, 2009, pp. 113~124.
- Levaillant, Jean. "Note sur le personnage de Bergotte." *Revue des sciences humaine*, Janv.,-Mar., 1952, pp. 33~48.
- Roquin, Claude. "Alphonse Daudet et la mort de Bergotte." *Bulletin de la société des amis de Marcel Proust et des amis de Combray*, vol. 30, 1980, pp. 204~210.
- Yoshida, Jo. "Genèse de la relecture de Bergotte dans *A la Recherche du Temps perdu*." *Etudes de langue et littérarture françaises*, vol. 36, 1980, pp. 114~131.

「지드」편

- Benjamin, Martin. "Jacques-Emile Blanche et ses modèles: Proust et Gide." *Bulletin des amis d'André Gide*, vol. 34, no. 151, July 2006, pp. 393~408.
- Bonnet, Henri. "Il n'est pas prouvé que Gide ait menti." *Bulletin de la société des amis de Marcel Proust et des amis de Combray*, no. 8, 1958, pp. 517-520; en réponse à Jacques-Henry Bornecque.
- Buisine, Alain. "C'est la faute à Proust..." *Magasine littéraire*, vol. 306, Jan., 1993, pp. 53~56.
- Cano, Christine. "Gide et Proust, lectures croisées." *Bulletin des amis d'André Gide*, vol. 34, no. 151, July 2006, pp. 455~465.
- Fraisse, Luc. "Gide éditeur de Proust." *Travaux de littérature*, vol. 15, 2002, pp. 249~278.
- Jay, Karla. "Male Homosexuality and Lesbianism In the Works of Proust and Gide." *The Gay Academic*, Etc Publications, 1978, pp. 216~243.
- Lesage, Laurent. "Proust and Gide, Lifelong Antagonists." *Modern Language Journal*, t. XXXVI, no. 4, avril 1952, pp. 159~165.
- Levin, Harry and O'Brien, Justin. "Proust, Gide, and the sexes." *Modern Language Association*, vol. 65, no. 4, Jan., 1950, pp. 648~653.
- Mein, Margaret. "Proust et Gide." *Bulletin de la société des amis de Marcel Proust et des amis de Combray*, vol. 28. 1978, pp. 640~661.
- Rivalin-Padiou, Sidonie. "Marcel Proust et André Gide: Autour de Sodome." *Bulletin des amis d'André Gide*, vol. 31, no. 137, Janvier 2003, pp. 43~52.

「바르트」편

- Barthes, Roland. "Longtemps, je me suis couché de bonne heure." *Le bruissement de la langue*, Paris: Seuil, 1984, pp. 313~325.
- ───. "Proust et la photographie." *La préparation du roman I et II*, Paris,

- Editions du Seuil, 2003, pp. 385~457.
- ———. "Proust et les noms." *To Honor Roman Jackobson: Essays on the occasion of his birthday*. 11 Oct., 1966, vol. 1, 1967, pp. 150~158.
- ———. "Une idée de recherche." *De Shakespeare à T. S. Eliot: mélanges offerts à Henri Fluchère*, 1976, pp. 285~288.
- Bowie, Malcolm. "Barthes on Proust." *The Yale Journal of Criticism*, vol. 14, no. 2, Fall 2001, pp. 513~518.
- Compagnon, Antoine. "Proust et moi." *Autobiography, historiography, rhetoric: A Festschrift in Honour of Frank Paul Bowman*, Amsterdam: Rodopi, 1994, pp. 59~73.
- Marty, Eric. "Marcel Proust dans *La Chambre claire*." *L'Esprit Créateur*, vol. 46, no. 4, Winter 2006, pp. 125~133.
- Pennanech, Florian. "Proust et le roman de Roland Barthes." *Marcel Proust Aujourd'hui*, vol. 6, 2008, pp. 235~253.
- Yacavone, Kathrin. "Barthes et Proust: *La Recherche* comme aventure photographique." *L'écrivain préféré, Fabula LHT (Littérature, histoire, théorie)* no. 4, 1 mars 2008.
- ———. "Reading through Photography: Roland Barthes's Last Seminar *Proust et la photographie*." *French Forum*, vol. 34, no. 1, Winter 2009, pp. 97~112.

그 외 기타 문헌

- Cocking, J. M. *Proust, collected essays on the writer and his art*, New York: Cambridge University Press, 1982.
- De Man, Paul. "Reading (Proust)." *Allegories of Reading: Figural Language in Rousseau, Nietzsche, Rilke and Proust*, New Haven: Yale UP, 1979.
- Deleuze, Gilles. *Marcel Proust et les signes*, Paris: Presses Universitaires de France, 1964.
- Duncan, J. Ann. "Artists in A la recherche du temps perdu." *Modern Language Review*, vol. 64, 1969, pp. 555~564.

- Fraisse, Luc. *L'Esthétique de Marcel Proust*, Paris: SEDES, 1995.
- Gaubert, Serge. *Cette erreur qui est la vie: Proust et la représentation*, Lyon: PU de Lyon, 2000.
- Genette, Gérard. "Métonymie chez Proust." *Figures* III, Paris: Seuil, 1972.
- ―――. "Proust palimpseste." *Figures* I, Paris: Seuil, 1966.
- Kristeva, Julia. *Le Temps sensible: Proust et l'expérience littéraire*, Paris: Gallimard, 1994.
- Maurois, André. *Le Monde de Marcel Proust*, Paris: Hachette, 1960.
- Mouton, Jean. *Le Style de Marcel Proust*, Paris: A. G. Nizet, 1953.
- Strauss, Walter A. *Proust and Literature*, Harvard University Press, 1957.
- Tadié, Jean-Yves. *Marcel Proust: Biographie*, Paris: Gallimard, 1996.
- Vial, André Marc. Proust: *Âme profonde et naissance d'une esthétique*, Paris: A. G. Nizet, 1971.